観光社会学 2.0

拡がりゆくツーリズム研究

須藤 廣・遠藤英樹 著

福村出版

まえがき——観光における選択と排除について

自然環境、社会環境双方を含めて環境が人間に与える情報は、法外に複雑であり、多義的である。人間は理解を超えた情報を抱えた社会システムに依拠しつつ、その複雑性、多義性を縮減しながら生きている。社会学者N・ルーマンが言うように、人は「世界の法外な複雑性に、無媒介で直面することには耐えられない」［Luhmann 1973=1990: 2］からである。環境が放つ複雑性の縮減をうながし、不安を取り除き、咀嚼《そしゃく》しやすくするのは社会システムの基本的な性格であり、人間（心的システム）の本性であると言える。言語、文化、宗教、法律、経済等、どの領域においても社会は、複雑性、多義性という「意味」のノイズを削ぎ落としながら、理解しやすいように変換する仕組みをもち、人間はそれに依存しながら（あるときはその仕組みを変えながら）生きている。とくに宗教は、環境と人間とを媒介する「神」という第三者の介在によって、環境の複雑性、カオス性を縮減する役割を特徴的にもっている。宗教は、カオス的偶然が創出した出来事を、神の意志という必然の秩序へと変形させる。原初的な形態が巡礼等の宗教的行為に由来する観光（第2章を参照）もまた、この特徴を多くもつ。訪問先での滞在時間を多少なりとも切り詰めざるをえない観光においては、複雑性の縮減といったシステムの性格はより明確である。なじみのない場所を旅する者は、場所が与えてくれる法外に複雑な意味に圧倒される。日常からあまりに遠い場所においてはとくにそうである。宗教が神の名において複雑性を縮減するように、観光にもまた複雑性や多義性を縮減させる手段が必要なのであり、その手段を欠いたときには、旅人は複雑極まりない環境へと放り出され、「迷子」になる。まさに旅人にとって「世界の開放性は閉鎖性にもとづく」［Luhmann 2012=2016: 153］。ここで、二〇〇五年に上梓した

『観光社会学』の初版に記された「はじめに」の部分をもう一度語ろう（一部修正してある）。

約二〇年前（二〇一八年の今となっては三〇数年前）のことであるが、私（須藤）はチベットを旅したことがあった。中国が外国人旅行者を受け入れて間もないころだったので、日本語で書かれた信頼できる中国ガイドブックはほとんどなく、中国入国のルートであった香港の書店で簡単な英文のガイドブックを手に入れた。そのガイドブックには、漢民族が住んでいる地域について当時にしては詳しく紹介されていたのだが、外国人があまり行かない（というよりは、当時行くことを禁じられていた）辺境地域についてはほとんど解説されていなかった。そのとき私は陸路でチベットまで行き、そこからバスでネパールに抜ける計画を立てていた。だが、外国人に禁止されていた陸路でのチベット行き、ましてやそこからネパールへ抜ける旅が成功する可能性はあまりないという情報を香港のゲストハウスで聞きつけて、陸路でのネパール行きはほとんどあきらめ、外国人入境禁止地区が除かれたガイドブックだけを持って中国に入国してしまった。とりあえず列車で青海省のゴルムドまで行ってみると、たまたま何の障害もなく、外国人入境禁止のラサまでのバスのチケットが買えてしまった。標高五〇〇〇メートル近い山をいくつも越え、とんでもなく空気の薄いところで一泊させられ、高山病の高熱と乗り物酔いで朦朧《もうろう》としてバスに揺られていると、遠く平原の向こうに金色に光る城のようなものが見えてきた。次第にバスは岩山にへばりつくその建物に近づいていったのであるが、そのときもかなり朦朧としていた私の目には、けばけばしい配色のその建物が非常に恐ろしいもののように見えてきた。バスはその建物の前で停まった。バスから降りて見上げると、その建物はどこかの写真で見たことのあるポタラ宮だった。そのことに気がついてやっとその場所がラサであることを悟ると、一転してその建物も物々しく恐ろしいものではなく、逆に絢爛《けんらん》豪華で美しいものに見えてきた。

安ゲストハウスに這うようにしてたどり着き、ただ寝ているだけで起き上がることができなかったのだが、二、三日で高山病もやっと快方に向かい外に出ることができるようになった。そして、そこでやっと気づいたのだが、どこを観光したらよいのか私にはまったくわからないのだ。ゲストハウスの掲示板を見ると、観光地の名前とその行き方くらいは書いてあった。でも、その観光地がどのような場所で何があり、行く価値があるのかどうかさっぱりわからないのだ。私はさらに二、三日はポタラ宮（さすがにこれだけは少々知識があった）とゲストハウスのまわりをうろうろするだけで、「観光地」巡りをせずに無為に過ごすしかなかった。せっかく持って行った重たい一眼レフのカメラのレンズをどこに向けたらよいかさえもわからなかった。そうしているうちに、同じゲストハウスに泊まっていたヨーロッパ系の若者が、私を不憫《ふびん》に思ったのか、彼が帰国する際に英語で書かれた美しいカラー写真付きのガイドブックを私に残していってくれた。まさになくしていた眼鏡を見つけた気分であった。英文を読むまでもなく写真を見るだけで行きたい場所がすぐに決まった。

当時、格安航空券に頼りながら物価の安い国々を、バックパックを背負って放浪するというのがある種の若者の流行であった。私もその中の一人で、他人があまり行っていないところを旅行した経験をマイナーな旅行雑誌に載せたりすることで得意がったりしていた。そして、当時のバックパッカーの間ではありがちなことなのだが、そのころ世界中どこにでも繰り出すようになっていた団体観光客を見下していたところがあり、旅行代理店やメディアの情報に頼って行う旅行では「本物」にふれることはできないと思っていた。バックパッカー仲間が集まると、「本物」の旅について語り合った。D・J・ブーアスティンが言うように、英語の travel の語源には、骨の折れるやっかいな仕事をするという意味があり［Boorstin 1962=1964: 96-97］、苦労や冒険を進んでするような能動的な旅行者こそが「本物」の体験をできると信じていたのかもしれない。

しかし、どんなに苦労をする「トラベラー」であろうとも、訪れるべき場所への旅の情報という眼鏡をかけなければ何も見えないのだ。ガイドブックだけではないが、さまざまなメディアから旅の情報を得ることによってはじめて、私たちは旅の目標を定めることができるし、何よりも旅の経験を枠づけることができるのである。たしかに、添乗員付き団体旅行で行くツアーとバックパッカーのツアーでは、参照するメディアが異なり、メディアからの情報がどのように体験を枠づけるかに違いはあるだろう。しかし、現代においてはどんな観光でも「イメージの消費」であることに変わりはなく、そこにメディアが介在することも同様である。あえて言えば、観光とはある種の枠づけられた幻想を体験しに行くことであり、観光客にとってまったく理解できないカオスそのものをそのまま、見たり体験したりすることではない（近代以前の「観光」においても程度の差こそあれ同様であると思うのであるが、ここでは話を「現代」に限定しよう）。観光客に理解できる幻想の体験の仕方（あるいはその演出の仕方）においてはさまざまな形態があり、それらの中で深さや強度の違いがあるだけである。

ガイドブックを手に入れた私は、さっそく朝早くラサ郊外の丘陵に鳥葬を見に行った。そのガイドブックに載っていたためである。チベットの「本物」の生活文化にふれたかった。しかし、当たり前であるが、鳥葬見物の私たち外国人観光客は葬儀に参列している家族や葬儀屋から歓迎されなかった。私たち観光客を見て怒った葬儀屋が私たちに向かって血のついた剣を振り上げ、石を投げつけてきたのだ。「これは見せ物なんかじゃないぞ」と言いたげだった。それでも私たちは岩陰に隠れながら遠巻きに「見学」させてもらったが、観光客の存在を無視して繰り広がられる鳥葬は、私には理解の域を超えた「カオス」そのものに見えたし、この場でガイドブックから得た観光の〈まなざし〉を投げかけるのはあまり心地よいものではなかった。〈まなざし〉を受ける方はなおさらだったろう、私たちの理解を拒否するのは当たり前である。『ホストとゲスト』の中でD・ナッシュが言うように、観光客とローカルの人びととでは、生きる文化の文脈が違うのだ[Nash 1989: 37-52]。いわんや葬儀においてはなおさらである。剣を振り上げ石を投げつけたのは、葬儀屋がそのことを察知し、私たち観光客のまなざしを拒否する意思表示だったのだ。そのとき私が目の前で繰り広げられている現実を「本物」として見ているような気がしなかったことを今でも覚えている。

現地の住民の経験は「本物」で観光客のそれは「偽物」なのか、あるいはその反対なのか。この議論に立ち入るのはここでは控えたいと思う。この議論は広すぎて、言語とは何か、意味とは何か、表象とは何か、メディアとは何か、といった「観光」を超えた哲学的議論が必要になるように思えるからだ。しかしながら、ホストとゲストの経験に関しても、「本物」の経験があることを前提にしなくても充分議論ができるように思う。私たちがこの本を通してやろうとしていることは、「本物／偽物」の議論をとりあえず棚に上げることである。そのうえで、観光現象、観光経験、観光開発等について、それぞれのリアリティの構造と生成のあり方について、そしてそこで巻き起こる葛藤について考えようと思う。

以上が二〇〇五年に書かれた初版の『観光社会学』の「はじめに」の（主な）部分であるが、ここで強調した観光が「本物／偽物」を超えるリアリティをもつのは、冒頭に述べたように、観光がメディアのもつ旅の環境からあるものを選び出し、あるものを排除する（そして選んだものを「誇張」する）という包摂と排除の作用をもつことの結果なのである。観光は複雑な情報の極端な縮減をともなう行為である。こういった観光がもつ複雑性の極端な縮減という特徴は、とくに意識化されなくても、現在では観光を仕掛ける観光業者のみならず、観光地住民や観光客でさえも知っている。複雑性が縮減された観光文化の創造（ときには「ねつ造」）に、現在では観光地住民や観光客でさえ参加し加担している（東京ディズニーランドにおそろいコーデで「参加する」観光客を見よ）。観光文化は複雑性の縮減された情報をもとに、「本物／偽物」を超えて再帰的に創り出される。観光的価値とは観光システム自体が自己産出するものなのである。

観光社会学という領域はある程度人びとに認知されるようになったように思われる。そこでの議論から、観光客が投影するスクリーンに映し出される観光資源（とくにイコン的な資源）は、「本物／偽物」といった水準を超えて、地元の住民を巻き込みつつ（合意や葛藤をも含みつつ）再帰的に構築されるものだということが、一般的なコンセンサスを得られるようになった。このような程度においては、私たちの意図は成功したのかもしれない。

二〇〇五年の観光社会学の紹介から一〇年以上の月日が過ぎ、私たちは、以上のような観光の再帰性と現代社会との関係について、バージョンを改めてより深く探求したいと思う。とくに、観光がもつ極端な複雑性の縮減によって「観光地」の地底に埋められたもの、観光的な価値のないものとして、隠されたもの、捨てられたものの「ざわめき」を、もう少し明るみに出そうと思う。

ルーマンは、一般的に複雑性を縮減する社会システムは「環境」よりも単純な構造をもつという。だからこそ無限のノイズを含む環境においても、社会システム（におけるコミュニケーション）が人間（心的システム）に秩序を与えていく。とはいえ、観光がもつ無限のノイズは消え去るわけではない。複雑性を縮減し単純化するシステムに取り込まれず、棄却され無視された「偶有性（contingency）」は、環境の内部に保存されて残されている（「現実」は環境が放つ情報よりも単純な構造をしているのだから）。ルーマンのシステム論においては、この「偶有性」のノイズこそがシステムに自己組織性をもたらす源泉であり、システムを自己産出する力となっている。ルーマンが言う「社会は閉鎖性によって開放性を得ている」[Luhmann 2012=2016: 153]というパラドクスはこの意味である。ルーマンは社会システムが偶有性を隠す仮面であることを見抜いていた[大澤 2015: 26]。

観光ではこのことが極端な形で起こる。観光のシステムそのものが観光資源にならないものを排除しつつ（複雑性を縮減しつつ）観光資源をつくり出す。そこには観光による観光文化の「誇張」も「ねつ造」も含まれる。観光資源に向けた排除と包摂、（「伝統の創造」を含めた「ねつ造」も）その基準自体を観光システムそのものがつくり出す。観光は極端に自己言及的な特徴をもっている。この改訂版の中では、私たちは、この観光の自己言及的、自己産出的な特徴を、（明るい面を強調したがる観光の）むしろ反対側から、「ダークツーリズム」の中にも見てゆく（第5章を参照）。観光的に無価値と捨てられた情報に復活のチャンスはあるのか。観光的に無価値とされた人びとの生活が観光の舞台に分け入って登ることはできるのか。いや「ダークツーリズム」にこそ選択と排除の論理が働いているのではないのか。私たちは、選択と排除のネガティヴな側面ばかりではなく、ポジティヴな側面こそ利用すべきなのだろうか。観光の両義性は数々の興味深い問題を投げかける。

クロード・レヴィ＝ストロースの名言を逆方向から語ろう。「私たちは旅と観光客が好きだ」。だからこそ今、観光がつくり出す社会的連帯への可能性について批判的に語ろうと思う。現在、通信技術の高度化によって観光は大きく変わろうとしている。観光への包摂と排除、あるいは観光の自己言及性について二〇〇〇年以降、劇的に進んだグローバル化を視野に入れなければならない。今や観光は、すでにグローバルなスクリーンの上で（トリップアドバイザーの書き込みやランキング、あるいは日本でもおなじみのインスタグラムやフェイスブック等で）演じられているのである。グローバルなスクリーンをめぐって、自己承認の闘い、あるいは表象の闘争や交渉がつねに行われている（このことを単に「ブランディング」というマネジメント用語で矮小化する必要はないだろう。表象のマネジメント学自体が闘いと交渉と分断の当事者だからだ）。序章ではこのことを検討し、筆者たちが焦点を当てて語ろうとしてきたこと、あるいはこれから検討することの背景をより詳細に述べよう。

［参考文献］

Boorstin, D.J.（1962）*The Image: Or, What Happened to the American Dream*, New York: Atheneum.［星野郁美・後藤和彦訳

（1964）『幻影の時代――マスコミが製造する事実』東京創元社］.

Luhmann, N.（1973）*Vertrauen: Ein Mechanismus der Reduktion sozialer Komplexität*, 2. erweiterte Auflage, Stuttgart: Enke.［大庭健・正村俊之訳（1990）『信頼――社会的な複雑性の縮減メカニズム』勁草書房］.

――――（2012）*Essays on Self-Reference*, New York: Columbia University Press.［土方透・大澤善信訳（2016）『自己言及性について』筑摩書房］.

Nash, D.（1989）"Tourism as a Form of Imperialism," in V.L. Smith ed., *Hosts and Guests: The Anthropology of Tourism*, 2nd ed., Philadelphia: University of Pennsylvania Press, pp.37-52.

大澤真幸（2015）『社会システムの生成』弘文堂.

（須藤　廣＝遠藤英樹）

〔目　次〕

序章

脱組織化資本主義社会における観光の役割

1　はじめに

世界中の多くの社会において、観光はすでに欠かすことができない産業であるばかりでなく、現代人のつながりをつくり出す実践であり、ライフスタイルと密接にかかわる文化となっている。そして観光は、名所、旧跡、名勝といった「大きな物語」が張り付いた「お約束」の場所を集団で訪れるようなマスツーリズムと呼ばれるものから、個人の異なったライフスタイルに合わせて選ばれた場所を訪れる特化した形へと変化している。生活の中心が労働から消費へと移るだけではなく、生きる意味の原点やアイデンティティの形成もまた自己表現的消費（ある種の「生産消費」）へと移るとき、観光は産業としてだけではなく、私たちの実存においても欠かすことができないものとなる。この章では、人、モノ、情報が激しく移動しつつ、変化し、流動化する生活を強いられる（あるいは楽しむ）私たち現代人にとっての観光の意味について考え、観光社会学が向かうべき方向を検討する。

2　観光社会学の視点

UNWTO（国連世界観光機関）の定義によれば、「Tourism comprises the activities of persons traveling to and staying in places outside their usual environment for not more than one consecutive year for leisure, business and other purposes.（観光とは、レジャー目的、ビジネス目的およびその他の目的で、一年を超えない期間において、自己の定住圏以外の地域を訪れ、滞在することである）」。観光庁のデータもほぼ同様の定義に基づいている[1]。この定義からすれば、観光はビジネスでの訪問も含み、今や日常の行為なのである。この定義が表す〈観光（tourism）〉とは限りなく〈移動（mobility）〉に近い。以下に挙げるような近年における移動の急速な拡大の状況から見るに、〈観光〉が〈移動〉をつくり出しているというよりも、〈移動〉の利便性の増加とある種の強制力が〈観光〉という現象をつくり出しているようにも思える。

ＵＮＷＴＯによれば、国際訪問客数だけをとっても、二〇一六年における到着数は一二億三五〇〇万人であり、二〇〇〇年の六億七四〇〇万人から倍増している［UNWTO 2016］。二〇一六年における世界の人口が約七三億人（ちなみに二〇〇〇年は約六〇億人）であることから考えても、いかに多くの人が国境を越えて移動し、さらにその数が増えているかがわかる。また、国際観光収入は一兆二二〇〇億米ドルであり、二〇〇〇年の四九五〇億米ドルから二倍超に増加している。経済面においても観光はますます重要な産業になりつつある。よく報道されているように訪日外国人の数は近年急増し、二〇一六年には、二〇〇〇年から約三倍増の約二四〇〇万人となっている。世界におけるこのような観光の拡大は、産業としてはもちろんのこと、私たちが日常生きている社会や文化を大きく変えている。いわゆる観光地ばかりでなく、私たちの日常もまた観光的要素で満たされ、「観光化」している［須藤 2008］。

観光は通常「移動をともなう、非日常経験」という枠組みでくくられる。Ｊ・アーリによれば、観光とは、一定の期間の空間的移動を含み、「家」へ戻る明確な意図があり、その〈まなざし〉を向ける対象は、通常日常の労働とは反対方向に向かう［Urry 1990=1995: 4］。すなわち日常空間を離れた非日常性の追求こそが、観光の特質であると言える。とはいえ、この特質は、きわめて歴史的、社会的な差異に基づくものであり、「社会の中にある非観光的行為との対比、とりわけ家庭と賃労働のなかに見られる慣行との対比から定まる」［Urry 1990=1995: 3］のである。日常との差異の原理さえ働けば、ある時代ある社会においては、都市が〈まなざし〉の対象となり、条件が異なれば農村が対象にもなり、労働の現場や、家庭の中の食事の風景さえその対象になる。(2)

ただし、観光対象が名所、旧跡、名勝といった伝統や宗教に裏づけられた定番のものから、観光客（や地元住民が）発見するものへ（一九七〇年代の「ディスカバージャパン」キャンペーンがつくり出した「小京都」の発見を見よ）、さらには「創造」や「妄想」といった虚構がつくり出すものへ（二〇一八年現在進行中の「ラブライブ！サンシャイン!!」の沼津のようなコンテンツ・ツーリズムを見よ）、またさらには少し前までは日常の風景であった（今でも日常の風景とも言える）街が対象となる下町観光のように（東京の谷中・根津・千駄木の下町観光を見よ）、非日常は限りなく日常へと、あるいは日常の再発見、再解釈へと進んでいる。「観光化」した日常の中で、私たちの日常経験は、観光的「非日常」経験と混合し、日常と非日常の区別さえ難しい流動的なものになりつつある。それでもなお、日常との些細な差異の視点は残されている。たとえ対象が「日常」的であっても、観光には移動する〈まなざし〉による非日常性の追求は不可欠なのである。ともあれここでは観光の定義を、「日常生活圏からの移動をともない、何らかの非日常性を含む経験」としよう。

この意味における観光の概念においては、一般的な観光概念はもう少し広い概念へと拡張されている。素早い〈移動〉という意味においては、現代社会における日常は、物理的にも非物理的にも「時間と空間の圧縮」を激しくともなうものである。たとえ自らが物理的に移動をしなくても、他者は遠くからやってくる。また、人が移動しなくても、私たちが受け取るモノや情報が激しく移動する。人の移動ばかりでなく、モノや情報の移動もまた、私たちの環境を「観光的」なものへとつくり変える。人やモノや情報の激しく素早い移動は、私たちの環境を、従来の固定的なものから流動的なものへと、リアルなものからバーチャルなものへと大きく変え、日常の感覚を揺さぶる。〈移動〉は自らするものでもあり、他所《よそ》からやってくるものでもある。どちらの意味においても現代社会を分析する視点として〈観光〉は欠かせないものとなっている。産業、労働、消費、文化、つながりといったさまざまな意味において観光は、現代人の生活の重要な要素となっており、したがって、社会学の学問的体系の中においてももはや無視できない領域になりつつある。

二〇〇五年春、筆者たちは『観光社会学——ツーリズム研究の冒険的試み』を上梓した［須藤・遠藤 2005］。そのころはまだ、日本には観光社会学という領域が確立していなかったため、「観光社会学」そのものが冒険的だという意味で、「ツーリズム研究の冒険的試み」という副題を付けた。当時、日本の観光研究は、〈観光〉という現象を（構築されたものではなく）所与のものとして、あるいは「善なるもの」として、観光的「事実」や「価値」の存在を前提にして扱っていた。たとえば、観光による「まちの活性化」の事例研究等、所与の「事実」の報告や、いかに集客を増やせばいいのかといった「価値」を前提にした、観光地およびホテル等宿泊施設や交通機関等の経営学的側面、あるいはそのためのテクノロジーを提案するもの等がほとんどであった。筆者たちのように、社会理論のパラダイムの変遷に刺激を受け、所与の「事実」や「価値」をとりあえずカッコに入れようとする、（とくに現象学的な理論の洗礼を受けた）社会学者が入り込む余地はあまりないように思えた。そんな中、筆者たちは、観光現象を一定の社会を背景に構築され制度化されたもの、あるいは構築と制度的構造の再帰的な往復運動（あるいは「言語ゲーム」、または「言語論的転回」の一つ）として理論化できるのではないか、またそれには観光対象に向けられる「真」や「美」や、それが「善」であるという価値（の共有）がいかに間主観的に構築されるのか、といったようなメタ的な視点ももちつつ観光研究に分け入った。観光の社会学は、観光学の視点の発生を問うことも含めた、再帰的な社会学の一つになりうると考えたからだ。

3　「資本主義」の変容と「観光のまなざし」

一九九五年にはＪ・アーリの『観光のまなざし』（初版）[Urry 1990=1995] が翻訳されており、またちょうどそのころアーリの盟友であるＳ・ラッシュの『ポストモダニティの社会学』の翻訳 [Lash 1990=1997] に筆者が加わったこともあり、私たちは観光文化についての社会理論を観光社会学として応用できるのではないかと考えた。とくにアーリの〈観光のまなざし〉という視点は、近代社会における構造と構築との往復運動、つまり再帰性の研究に関心をもっていた私たちのそれと共鳴するものであった。〈まなざし〉の概念は観光地、観光客、観光地住民等の表象の枠組みと観光のシステムを媒介する概念として大きな役割をもつものと思われた。

アーリは、『経済・市民社会・国家』[Urry 1981=1986]や、ラッシュとの共著である『組織資本主義の終焉』[Lash & Urry 1987]等、資本主義の変遷といったマクロの視点から現代社会論を展開する（経済学的、あるいは経済史的）社会学者であったため、『観光のまなざし』による観光理論への挑戦はどちらかといえば唐突のようにも思えた。だがしかし、観光を〈まなざし〉という概念で現代の資本主義社会研究とつなげる方法は、社会学の領域に観光を位置づける意味において妥当なものであったと言える。

『組織資本主義の終焉』におけるラッシュ＝アーリの資本主義の変遷論によれば、先進国において一九世紀末から形づくられた〈組織化された資本主義〉は二つの大戦を経て、（第二次世界大戦後の変容も含めて）コーポラティズム型の、あるいはネオ・コーポラティズム型の国民国家によって、確固としたものへとシステム化されていった[Lash & Urry 1987: 17-67]。この調整システムの背景にあったものが、強大なライン生産に基づく工場労働と収入の増加による消費社会化や大衆化、労働組合を通した労使の利害の交渉、そしてその裏側にある家族や教育といった再生産の諸装置とのシンフォニーが創り出す大量生産－大量消費の社会システム、すなわちフォーディズム体制であった。一九六〇年代後半から七〇年にかけて、堅固なシステムのように見えたこの体制は大きく揺らぎ、多品種少量生産に基づくフレキシブルなポストフォーディズム体制へと形を変えてゆく。この「脱組織化」された体制においては、生産よりも消費が主要となる。ここでは、サービス階級（技術者、専門職、管理者等、情報知識資源をもつ人たち）がヘゲモニーを握る文化の生産が主体となる（この体制に最も効率よく移行したのが米国であり、のちにこの柔軟な体制は国民国家を超えてゆく）。フレキシブルなシステムにおけるこの文化生産と消費の実態こそが、ラッシュの言うポストモダニティの背景なのであるが、アーリはこの変化を、（ラッシュがアートの変容に見たように）観光の形態と〈観光のまなざし〉の変容に見てゆく[Urry 1990=1995: 28]。

アーリは〈まなざし〉という用語を、M・フーコーから借りている。フーコーの言う〈まなざし〉とは、他者から向けられ、個人に内面化する自己に対する想像的な「見方」であり、それが学校等の規律訓練（discipline）を通して各個人に内面化されることによって、文化的社会的に制度化（「当たり前」化）される「ものの見方」総体のことである［Foucault 1972=1975］。それは主に空間における「見る／見られる」といった視覚によって形成されるものである。

フーコーは、〈まなざし〉を内面化することによって、自発的に従う主体（sujet=subject）こそが近代における権力を下方から担ってきたと言う。近代における権力は外面による強制ばかりでなく、内面からやってくるのである。フーコーはベンサムが発明したとされる視覚的監視装置「パノプティコン」の原理（受刑者が監視塔内にいる見えない監視者によって絶えずまなざされることによって、その〈まなざし〉が受刑者に内面化される）が、受刑者ではない普通の市民の生活の深層にまで至り、強制的な権力ではなく、日常的で構成的な権力を発動するに至ったと説明する［ibid.］。近代における観光によって発せられるメディア、行政、観光者の〈まなざし〉は、観光地住民の生活の意味づけ、観光者自身の労働や生活のへの意味づけ、観光業者の意味づけ等へと、再帰的に反射、浸透する。「私たちはモノを文字通り『見る』ということはない。とりわけ観光者としての私たちは対象、とくに構築物はある部分を、記号として構成されたものとして見る」のである［Urry 2011=2014: 26］。近代科学の鑑識眼と同様、主体と客体との分割に起因する〈観光のまなざし〉は、本書の「まえがき」で取り上げた観光対象における「複雑性の縮減」、それにともなう選択と排除という〈まなざし〉の枠組みともかかわっている。

このメカニズムは〈観光のまなざし〉がある種の権力（従順な主体 subject を内側からつくり出す構成的な権力）へとつながっていることを意味しているが、アーリは〈まなざし〉が構成的権力に及ぼす作用とその「メカニズム」そのものについては多くを語らない(3)。〈まなざし〉の権力については、初版では観光客と観光地住民との〈まなざし〉の交錯や観光地イメージの形成について焦点化され、第三版ではこれに加えて、ジェンダーや民族のバイアスの強化、観光の社会的コストが強調されている。

とはいえアーリは、近代初期における〈まなざし〉と階層意識との関係については詳細に語っている。観光による自己の〈まなざし〉の形成が規律訓練による他者の〈まなざし〉の内面化にあるならば、その枠づけは権威的で固定的なもの、とくに階層文化に依存しつつ再生産されるものとなるだろう。家族、学校、地域社会、労働現場や観光事業者等、中間集団の規律訓練により強く形成された〈まなざし〉は、組織化された労働中心のフォーディズム型社会においては、レジャーという快楽を用いながら（しかし多くは抑圧的に）「権力」として機能する。アーリが強調するように、近代初期の観光とは労働との対比から現出し、労働に従属するレジャー行動でありながら、あくまでも産業労働（あるいは賃労働）という頂点に向かって機能している。

とりわけ、一八世紀以降の工場労働の発展と観光（主に海浜観光）の発展、そしてそれらを仲介する観光事業者の発展は、一連の〈規律訓練〉のシステムとして切り離すことができない［Urry 1990=1995: 28-70］。この時代の英国におけるトーマス・クックらの観光事業者は起業家というよりは、よき産業労働者育成事業者であった。彼らの活動により、観光に代表される健全なレジャーは労働生産性の増強に欠かすことができないとされるようになる（第2章を参照）。第二次大戦までには、行楽はよいことであり、「人が充電するための基本である」［ibid.: 48］という見方が一般化するようになり、休暇において〈観光のまなざし〉の悦びを得ることが、「市民としての証となり、権利」［ibid.: 48］にまで昇格する。こうして〈観光客のまなざし〉は社会全体に浸透していった（第2章を参照）。

社会全体に及ぶ〈観光のまなざし〉の中で、ゲスト側の観光客の〈まなざし〉はホスト側の観光地住民の〈まなざし〉と交錯する。観光はよき労働者であり、かつ、よき観光客である人びとをつくり、また同時にそれを迎える観光地（主にその色調）を形成していったのである［ibid.: 28-70］。また、『観光のまなざし』第三版［Urry 2011=2014］では、観光客の〈まなざし〉が（環境の複雑性を縮減する度合いと方向が異なる）ホスト側住民と交錯し（コンフリクトを起こし）、ときに「負の影響」を与えていることも指摘する。とくに性的〈まなざし〉が、ホスト側（ときには観光客）の性差別を強化していることが強調されている［ibid.: 127-135］。とはいえ、自分勝手に観光地を解釈するゲスト側の権力のみならず、ホスト側も権力を行使していることが述べられてはいる。しかし、トータルに見れば観光のシステムは産業労働のシステムと共振しながら、フォーディズム的生産体制の一翼を担っていたと言えるだろう。

この労働に向けて組織化された近代初期のフォーディズム型の観光形態は、一九六〇年代後半から一九七〇年代にかけて大きく変容する。A・プーンは「一九七〇年代中葉までは、観光は自動車産業と同様、組み立てライン原理に沿って生産されていたのであるが、（中略）今日では、そのようなマスツーリズムはもはや常識ではない」［Poon 1993: 29］と言う。ポストフォーディズム社会においては、〈観光のまなざし〉は産業労働とは切り離された消費の次元、あるいは生産が消費に従属する形で機能する。この〈オールドツーリズム（マスツーリズム）〉から〈ニューツーリズム〉へのシフトも、ポストフォーディズム的観光におけるマーケットの変容の結果現れる「消費の美意識化」の一側面にほかならない［Urry 1990=1995: 26］。観光における「消費の美意識」の差異化、文節化が、多様な〈観光のまなざし〉形成の焦点となる。生産中心体制から消費中心体制に向けた観光のあり方が、生産者、消費者の自己形成、アイデンティティ形成に対して不確定的で流動的なものとして影響を与えていき、観光は産業労働のシステムにとって、必ずしも調和的、機能的ではなくなる。

J・ヤングは、先進国においては一九六〇年代後半までの「包摂型社会」のあり方によって、労働と余暇と家族が調和のとれた世界の中に組み込まれていたと言う［Young 1999=2007: 30］。フォーディズムからポストフォーディズムへの社会的変化の中で、雇用と労働形態の不安定化に晒された人びとが労働の中に見出すはずの実存的意味は、以前のような全体性を保てなくなる。そして、労働と消費において、他者との比較の中で自己アイデンティティを見出そうとする社会では「相対的剝奪感」が蔓延するという。先に述べたように、ポストフォーディズムの体制とは、文化的・政治的ヘゲモニーをもつサービス階級が文化的資源を使って柔軟な消費社会を先導してゆく体制であるが、この文化生産による社会はきわめて流動的で不安定なのがその特徴である。雇用の流動化を特徴とする「フレキシブル」な社会においては、組織化された資本主義社会がもっていた文化や社会のサブシステムすべてが生産を頂点として機能するということはない。先進国においては、一九六〇年代から強化される産業の高度化とともに、労働（職業選択）は宿命から選択へと変容する。さらには、一九八〇年代以降の新自由主義の浸透の結果現れた「フレキシブルな雇用」の制度化、一般化を背景に、「脱工業化」された労働は「好きを仕事へ」と方向づけられ、そこでは消費の傾向に連動し移ろいゆく「趣味」と自己実現とが、終わりなきマッチングとミスマッチングを繰り返すような状況が一般化していったと言えるだろう。観光をサブカルチャー、芸能、アートへと拡張する「新しい」「ニューツーリズム」の現場においては、地域住民や観光客の参加による趣味的文化の開花の可能性と同時に、創造性の搾取や感情労働による精神的消耗という問題も表面化してくる［須藤 2017］。

こうして〈組織資本主義〉社会に確固として存在していた安定的な職業労働は終わりを告げ、自己アイデンティティをそこに求めるような天職の概念も霧散する。また、レジャーの多くは〈移動〉を含むようになり、〈観光〉が自己実現と自己承認の中心部分へと躍り出る。労働と消費の枠組みの融解とともに、「ホストとゲストの差というのはこの移動社会のなかでますます流動的になって」くる［Urry 2011＝2014: 98］。このような、消費者の欲望のあり方が多様化しつつ労働と消費が混交するポストフォーディズム型の観光においては、「参加」を求める「体験型」と脱均一化と変化を求める〈ディズニー化〉が、（その消費ばかりでなく労働においても）優勢となる［ibid.: 77-83］。

インターネットによる情報やサービスがこれに拍車をかけることは言うまでもない。『観光のまなざし』第三版においては観光客のパフォーマンスについてとりわけ強調されているのであるが、ウェブ情報への書き込みや、ＳＮＳへの投稿が観光客の観光表象への参加を激しくうながしていることは、今や広く人びとに実感されていることである。観光客はウェブサイトやSNSへの投稿を媒介としながら、自らのライフスタイルやアイデンティティ、自己承認の在処《ありか》を確認している。現在では〈まなざし〉はインターネットを経由し、流動性、不安定性を強化すると同時に、それへの依存性、アディクションも生み出している。

Z・バウマンもまた、現代の消費社会をラッシュやアーリ同様に「組織化された資本主義の終焉」の特徴として、すなわち生産社会から消費社会へ、そして人を生産に駆り立てる〈規律訓練〉による「身体のテクノロジー」から「消費の美学」へ、あるいは「消費」が「生産」の文化と融合する〈生産消費〉（A・トフラー）社会へと向かう変化に見ながら、次のように述べる。

> 生産社会から消費社会への移行は、多くの根本的な変化を含んできた。しかしながら、これらの変化のうちで最も決定的なものは、人々が自分の社会的アイデンティティの要求に応じるべく、鍛え上げられ、訓練されるその仕方（つまり人々が社会秩序に「統合され」、その中に場所を与えられるその仕方）であることは間違いなかろう。
> [Bauman 1998=2003: 205]

すなわち、「フレキシブルな生産」型社会においては、消費から隔絶した生産によって自己実現を図り、アイデンティティを獲得するのではなく、消費こそが（さらには消費と生産の混合＝「生産消費」が）その役割を果たすようなるのである。そこにおいて、観光は労働を効率化させるための休息やうさ晴らし、気分転換だけではいられない。

また、P・ヴィルノは、ポストフォーディズム文化の特徴とは、動物としての未完成性を覆い尽くしていた〈疑似環境〉（＝文化）の組織的な破壊であり、「永遠の亡命」への道なのだと言う［Virno 2003=2008: 78］。労働現場においても、人間の〈ネオテニー〉性（未完成なまま生まれてくる人間の特徴）が未分化のまま晒され、疑似環境のフィルターを通さない過剰な知覚を要求される。人間は「未完成」の「動物」のまま、複雑性を増強する環境に組み込まれるのである。すなわち、「フレキシブルな生産」における労働環境が、生産へと駆り立てる〈疑似環境〉としての経済成長神話、科学的真理、社会的正義等の〈大きな物語〉［Lyotard 1979=1986: 7-12］を欠いている中、〈ネオテニー〉、すなわち人間の未完成性の表面化が進み、裸のまま放り出された人びとに要求されるのは、市場化されたその場限りのコミュニケーション能力なのである［Virno 2003=2008: 108］。「排除型社会」において市場に裸のまま投げ出される人びとが、人生における一貫した意味を失うことによって陥る感覚を、「排除型社会」について語るヤングは「存在論的不安」と呼ぶのであるが［Young 1999=2007: 11-14］、この不安の解消のための社会的アイデンティティ、自己アイデンティティ形成を目指そうとする人びとの感覚とそれに応える政治の渦中に〈観光〉が巻き込まれていることは間違いない。

もう一度確認しよう。〈大きな物語〉を欠いた不安定な消費社会に住む人びとに主として必要とされるのは、〈規律訓練〉による比較的固定化された〈まなざし〉の内面化ではない。それは、流動的で移ろいやすい「消費の美学」による自己実現であり、それによって得られる個人の実存であり、アイデンティティの形成である。とりわけ〈観光のまなざし〉は、観光する側ばかりではなく、観光される側、あるいは観光労働における自己表現、自己実現、実存やアイデンティティ（逆に言えば「感情労働」）ともかかわる。ここでは、〈まなざし〉は向けるばかりでなく、向けられ、さらに絶えず激しく交錯し、ホストとゲストの立場も入れ替わり、本来見る側のゲストでさえ、見られる側、「演じる」側へと役割の転換がなされる（ゲスト側の「感情労働」さえありうる）。アイデンティティ形成、自己承認の快楽と脅迫は、観光客を「表現者」（すなわち〈生産消費者〉）へと駆り立てる。とくに、集合的アイデンティティとかかわる「歴史への思い入れ（文化遺産産業）は、単なる歴史の資本主義的商品化の産物ではなく、再帰的近代化の一要素なのである」［Urry 1995=2003: 238］。アーリが強調するように、〈観光〉はポストモダン社会がもつ「審美的再帰性」［ibid.: 237］の重要な担い手でもあり、同時に（だからこそ）集合的アイデンティティ形成の重要な創造主なのである。

一九七〇年以降の先進国社会において、とりわけ二〇〇〇年以降の日本社会においては、〈観光〉は市民生活の付随物などではない。それは生活の意味づけに不可欠なものなのである。とくに現代においては、インターネットを経由しつつ、個人の自己実現と自己承認の重要な文化的・政治的資源となっている。ポストフォーディズム以降の〈まなざし〉の理論は、現代人の〈存在論的不安〉と自己表現の根源的可能性（あるいは不可能性）についてて私たちに教えてくれる。

アーリは観光（あるいは移動）がもたらす文化的・社会的（近年は環境やエネルギー資源といった）コストを強調しつつ、その可能性をも射程に入れるどちらかというとネガティヴな側面をベースとする観光論者であるが、この他に筆者たちはD・マキァーネルや、E・M・ブルーナー等より観光の文化創造性を強調する観光社会学者たちの〈まなざし〉理論（〈まなざし〉とははっきり言わないまでも、この理論の枠内にある）にも示唆を受けている。そのことは次の第1章で明らかにしよう。

観光社会学が最終的に目指すのは、観光が現代社会においていかなる役割をもっているのかを見据えつつ、観光がもっている社会創造性、文化創造性、さらに政治創造の可能性を明らかにすることである。しかし、そのためには観光が有する固有の陥穽についても敏感でなければならない。観光は、とりわけ不安定な現代社会において、社会的、人工的に創られる。現代人は観光が創り出す「意味」を消費しながら、自らの生活を意味づけ、社会を生成し、さらに新しい観光のあり方を編み出しているのである。現代における〈観光のまなざし〉は、ホストやゲストによって内面化され人格の奥底から人間の解釈の枠組みをつくり上げるような〈規律訓練〉的（「抑圧」的）学習によるものではなく、身体ごと軽快に表現行為へと動員し参加させる装置を使った人工的な環境そのものへと変容している。参加を特徴とする人工的な観光消費の仕組みによって、観光は流動化する現代社会に生きる意味とエネルギーを備給する創造性の源泉となるのである。そして、それはまた同時に、〈規律訓練〉による近代型のフーコー的権力に代わって、環境としての人工物が、「動物」としての人間の行為を快楽の中に閉じ込める「環境管理型権力」［東 2002］、「テーマパーク型権力」［稲葉 2006］の源泉でもある。現代における〈観光のまなざし〉は参加と自由へと向けられた力であると同時に、社会的動員へと向けられた日常偏在型の権力の装置でもあるといった両義的視点こそ、観光社会学に不可欠なものだと考える。

4 グローバル化と移動論

『観光社会学』初版の刊行から一〇年以上が過ぎ、世界は私たちの予想を超えた変化に見舞われている。二〇〇一年九月一一日には米国で同時多発テロ事件が起こり、文字通りグローバルなスクリーン上に、ツインタワービルというグローバル金融資本のイコンが崩れ落ちる姿が映し出された。二〇〇八年には低所得者向けのサブプライムローンの回収不能の事態からリーマンショックといった米国発の経済危機が起こり（この影響は現在まで続いているといってよいだろう）、二〇一一年には日本において、東日本大震災および福島第一原子力発電所の事故が発生した。この事故では、関東までが廃墟と化す暗黒の可能性も充分にありえた（この事故の影響もまだ終結していない）。リーマンショック、福島の原発事故等によって、私たちが信頼を置いていた金融工学、原子力技術といったものが、きわめて脆《もろ》いものであること、近代は発展と同時にリスクも生み出すものであることが白日のもとに晒された。

A・ギデンズは、近代化がつくり出す人工的なリスクを「人工リスク」と呼び、未来永劫変わることのない伝統や自然に関する「外部リスク」と峻別することを提案している［Giddens 1999=2001: 47-76］。核廃棄物の処理もままならない原子力発電がもっているリスク、産業の発展がもたらすCO_2排出による地球温暖化や気候変動のリスク、遺伝子組み換え作物が及ぼすリスク等は予測不能性を特徴とする「人工リスク」の典型的な例である。グローバル化と結びついたＩＴ技術の発展もまた、監視社会化、地球規模のＰＣウィルスの感染等「人工リスク」を生み出す。映画『ブレードランナー』『ブレードランナー２０４９』には、人工知能やロボット技術がつくり出す陰鬱な「人工リスク」の数々が散りばめてある（とくに『ブレードランナー２０４９』における地球規模の大停電は近未来の「人工リスク」を象徴している）。ＩＴ技術の発達とグローバル化は、資本主義のシステムをより強固にしたと同時に、さらにより不安定で、より流動的なものにしてきたのである。アーリとラッシュが一九八〇年代に『組織資本主義の終焉』で言わんとしていた、グローバル化の進展による世界の秩序（国民国家を秩序の源泉としてきた体制）の流動化や機能不全が、二〇〇〇年以降、よりリアルに実体化してきたのである（とりわけ、ここ数年のアーリは環境問題をかなり大げさと言えるほど深刻にとらえていた）。

観光現象もまた、このような世界秩序の流動化と複雑性の深化（カオス化とも言える）とともにある。ギデンズはグローバル化による世界のカオス化を「暴走する世界（runaway world）」という言葉で表現している［Giddens 1999=2001］。ギデンズは「グローバル・コスモポリタン社会は、安定した社会ではなく深い亀裂と傷痕を残す不安だらけの社会である」［ibid.: 45］と言う。ギデンズによれば、この不安は、国家間の国際秩序や紛争等の問題だけではなく、現代人の、性、人間関係、結婚、家族等、私生活に及ぶものである。広い意味における観光は、こういった私生活の不安を内包しながら、ライフスタイル、アイデンティティ、自己実現、自己承認等、現代人の「実存」とかかわる。アーリが言うように、労働に直接関係するものではない〈移動〉は「審美的再帰性の核心をなすことであり、『文化』、『歴史』、『環境』が現代西洋社会の文化にとって、ますます中心的な要素をしめるにしたがって、これまで以上に重要な要素になっている」［Urry 1995=2003: 219］のである。『観光社会学』初版で強調した構築と制度化の視点には、さらに秩序の複雑化、流動化によって生まれる自己言及的、あるいは自己産出的秩序について取り込む視点を盛り込まなくてはならないと考える。

したがってこの新版『観光社会学』では、アーリが打ち立てようとした〈移動論的視点〉［Urry 2010=2016］

を加えようと思う。グローバル化がもたらす絶え間ない〈移動〉は、日本においても、あるいは世界においても、私たちの生活における自己形成のあり方、生活における審美的なあり方、そしてグローバルな視点からとらえ返される集合的アイデンティティのあり方まで大きく塗り変えてきている。他者からの役割期待に応えながら〈一般的他者〉の役割を取得するという通常の自己形成のあり方も、絶え間ない〈移動〉の中では自己の相対化や分裂を経験しつつ、不安定なものにならざるをえない（これを「自分探し」や「自分なくし」という言葉で表現することもできるが）。また、相対化した自己は人工的に創作する審美的な自己へと自己の拡張を経験するであろう。アーリの言う「審美的再帰性」とは、このように環境に向けて人工的に拡張した自我がつくり出すものにほかならない。

さらに前述したように、観光的〈移動〉は、生活文化を含めた環境破壊やエネルギー問題等の「人工リスク」と無縁ではない。〈移動〉という側面から観光を見ることによって、グローバル化がもたらす私たちの生活一般にわたる自由の拡大とリスクとを、「再帰的な近代化」における「複雑性」と「創発性」の両義的な視点からとらえることができるのである。

一九七〇年代の多国籍企業の拡大に始まるグローバル化は、世界経済の新自由主義化と結びつき、世界中の人びとの生活を激しく塗り変えており、また世界の観光的な〈移動〉のあり方に影響を与えている。そのころから高まった人、モノ、情報の波は、国境を越え、一九八九年のベルリンの壁の崩壊、一九九一年のソビエト連邦の瓦解へとつながっていった。東ヨーロッパは欧州連合の中に包摂され、一九九〇年にはシェンゲン協定が拡大され[4]（第二次シェンゲン協定）、二〇一七年現在、二六ヵ国において圏内の国境検問は廃止され、一定期間内の渡航が自由となっている。査証の発行対象国の拡大や自由化等も含めた世界各地域における国境コントロールの自由化も観光者の急増につながった。また、一九九〇年代半ばから急速に進んだインターネット通信の拡大、金融におけるオンライン取引の拡大、多国籍企業の増大、さらに、航空券販売の規制緩和等も含めた航空の自由化、ＬＣＣ（格安航空会社）等の航空運賃の低価格化等がグローバルな移動を推し進める要因となったことも付け加えておこう。

以上のようなグローバル化の進展は、人、モノ、情報の移動を促進することによって、企業活動はもとより私たちの生活さえも文字通り「ボーダレス」なものにしていった［Ohmae 1990=1990］。世界中どこを旅行しても、街角にはマクドナルドがあり、スターバックスコーヒーがあり、H&Mがあり、（アジアでは）セブンイレブンがあり、（香港、上海、パリに行けば）ディズニーランドさえ（あるいはそれを意識しつつシミュレートした店や施設が）ある。また、クレジットカード（あるいはデビットカード）さえあれば、両替することなくどこでも買い物が可能だ。そして、スマートフォンやタブレットでWi-Fiを通してどこにでもつながることができる。国境を越えた移動やつながりは、私たちの生活の自由の拡大をもたらしていることは言うまでもない。たとえば、福岡に住む人たちにとって、釜山《プサン》を訪問することは、東京を訪問するよりも時間がかからないばかりか、値段も安い(5)。観光客だけでなく、ビジネスマンも労働者も国境をまたいで移動している。

このような変化の中、拡大する移動の時代の舞台は国境の彼方にあり、従来の国民国家がもつ、政治、経済、文化のすべての面における社会統合の役割は薄れつつあると言える。文化、社会のあり方は、国民国家の中で民主的に培われるものではなく、誰が培い、決めたでもない「グローバル」な「常識」の中に統合され組み込まれてゆく。グローバル化は、移動の自由化にともなう自由な生き方を広げるチャンスにもなったとともに、世界を画一的なものにしていった。私たちは、家族、友人、労働現場、近隣社会における交流がつくり出す道徳、習慣、文化を超えたところで（すべてを超えたわけではないが）、自己を形成し、生活の基準を見出している。身近な生活の流動性が、近隣、職場、学校といった中間集団ばかりでなく、国民国家さえあっさりと超え、「グローバル」なものとつながっている。

たしかにグローバル化がもたらした第一のものは、近隣や国家の常識にとらわれることのない人間の自由（ひいき目に評価すればであるが）の拡大であった。一方でこの自由は、グローバルな生産や情報やモノ、あるいはそれらを生産する仕組みに規定されていることを見逃すことができないのである。観光地に対する〈まなざし〉のあり方も同様である。国境を越えた人、モノ、情報の移動が観光地のイメージを形成している。地球上の人間はどんな辺境にあっても「グローバルなスクリーン」［Urry 2003=2014: 130］に映し出され、ローカルなイメージやアイデンティティさえ、グローバルな〈まなざし〉の中で形成されている。「メディアを介して消費の営みに加わることで、人々は自分自身、拡散するグローバルな市民らしさの一部となっていることを体感する」［ibid.: 205］。グローバル化の結果生成するローカルな秩序を「グローカル化」と呼べば、まさにグローカル化はグローバル化自体がつくり出すものである。

グローバルなスクリーンに映し出されるローカルなイメージやアイデンティティはいかなる広がりをもつものだろうか。「グローバルスクリーン」はローカルなイメージを画一化する。たとえば、中国の観光地はどこに行ってもよく似たつくりになっているという指摘はよくなされる。グローバルスクリーンを通して見た自らの姿は画一的なものになる。おそらく日本の観光地も外から見れば、多かれ少なかれ状況は似たようなものであろう。しかしながら、グローバルなスクリーンに映し出されるがゆえに、ローカルの個性が強調され、ローカルは独自の創造性を発揮することもある。その創造性が「グローバルスクリーン」に逆から反映することもある。グローバリゼーションがローカルに及ぼす作用も「グローカル」な両義性をもっている。ギデンズが言うように「一方で在来型の国民国家の縛りを緩め、他方では、地域的ナショナリズムの台頭を誘う」［Giddens 1999=2001: 34］のである。グローバル化は再ローカル化とつながっている［Urry 1995=2003: 265］。

グローバリゼーションの両義性については、アーリ、ギデンズとも同様に語りながらも、アーリは「懐疑論」の比重が大きく（とくにアーリが急死する二年前、二〇一四年に書かれた『オフショアリング』［Urry 2014］は懐疑論に終始している）、ギデンズは「楽観論」の比重が大きいように思われる。しかしながら、「はじめに」で取り上げたルーマンの自己組織性の理論に関して、アーリはシステムの創発について一定の評価はしつつも、「ルーマンの説明は機能主義的であり、『カオスの淵』にある現代世界に関わりのある、平衡から遠く離れた偶発的なプロセスを捉えるものではない。正のフィードバックよりもむしろ、負のフィードバックの方が優勢である」［Urry 2003=2014: 151］と批判している。ここから見えるのは、システムの淵（反対側から見れば〈カオスの淵〉）で創発する力が、システムを維持するのではなく、システム自体を内破しながら、新しいシステムをつくり上げてゆくこと（「正のフィードバック」）を視野に入れようとするアーリの姿勢である。「懐疑的」あるいは「楽観的」視点の程度の差こそあれ、アーリ、ギデンズの両者とも最終的には〈コスモポリタニズム〉に希望を見出しているところは同一である［ibid.: 199-206, Giddens 1999=2001: 103-104］。とくに、アーリが提起し、私たちが進めようとしているコスモポリタニズム的〈移動論的〉視点は、グローバル化のパラドックスにおける（ぎりぎりの）創発の可能性を浮き彫りにするものである。アーリが言うように「コスモポリタニズムによって、グローバルな複雑性理論は、『カオスの淵』でバランスを保つ新たな世界秩序を捉え、再表象、パフォームする主要な手段のひとつとして広がってゆく」［Urry 2003=2014: 211］。

筆者たちは、観光のもたらすリスクを十分に分析し考察しながら、一方で観光社会学の学問的知見を観光がもつ人びとの連帯と文化の創造に向けた力――アーリはこれを「グローバルな贈与」、あるいは「日常のコスモポリタニズム」と呼ぶのであるが［ibid.: 205-207］――へとつなげていこうと思う。その際グローバルな世界と生活世界とを媒介しながら、〈カオスの淵〉で創発し、再表象し、パフォームする重要な媒体の一つが、広い意味における〈観光〉なのである。

5　本書の構成

激しく移動する社会において、視点を〈移動〉という現象に置いたとき、はじめて見えてくるものがある。移動によって場所の意味が、あるいはそのイメージがどのように変容するのか、移動にともなうネットワークは人間の解放につながるのか、人間の関係性を分断するのか、また移動手段（や移動のネットワーク）を持つ者と持たざる者の階層の分化といったような抑圧的な体制へとつながってゆくのか、移動によって得るもの失うものとは何か、〈移動〉という視点によって観光学はより広い視野を獲得できる。筆者たちは今、その作業に着手しようと思う。

以上のようなことから、この新版『観光社会学』では、二つの柱が掲げられている。一つは、従来からもち続けている、現代社会における観光が創り出す「意味」やつながりの多様性をどうとらえたらよいのかについてである。本書の中で新しく導入したダークツーリズムの意味も、観光地の多様性、多声性の視点の延長線上にある。もう一つの柱は〈移動論〉という視点から観光をとらえ直したものである。各章において〈移動論〉的視点を導入することを意識しつつ、初版本を書き換えたが、とくにこの点について焦点を当てた新しい章も付け加えた。

第1章は、序章で述べられた、観光社会学に対する筆者たちの向き合い方とは別に、観光社会学がこれまでたどってきた、学問としてのベーシックを簡単にまとめたものである。初学者はまずはここから読んでほしい。

第2章では、観光の近代史と、それに対する観光社会学の視点をまとめたものである。観光は近代がつくり出した場所の「幻想」とその「消費」のあり方なのである。ここでは、近代という特殊な時代の中で、観光という「幻想」がどのようにつくり出されていったのかを描き出す。

第3章からは、観光社会学の理論を現実の観光地や観光のあり方の分析に応用する。第3章は観光地のイメージがどのように生成されてゆくのかについて、神戸を例に見てゆく。神戸というまちのイメージも、観光がもつイメージの選択と排除といった「政治」の結果生まれたものであることがわかる。

第4章は、日本人の海外旅行における変容のパターンを、ハワイを例にとって分析したものである。ハワイは日本人の海外旅行の目的地としては特殊なケースとも言えるが、ある意味においては、日本人の海外旅行のあり方のエッセンスがハワイ観光を通して理解できる。

第5章は、観光の対象として「選択」されるものと「排除」されるものについて、従来の観光がもっている「選択」と「排除」とは違った形で取り上げられるダークツーリズムの表象について検討する。観光は主に「明るい」ものを対象として「選択」するが、あえて「暗い（ダークな）」ものを対象とする観光のあり方も、「観光されるべき」対象とそうではないものが複雑な形で区分けされている。こういったダークツーリズムの区分けについて、再整理を試みた章である。

第6章は、「観光まちづくり」の成功例と言われている由布院における、観光客と観光にかかわる現地の住民の〈まなざし〉の絡み合いについて分析する章である。観光地には多様な「現実」が存在している。観光地ばかりでなく、それを分析する観光学も、観光地がもっている多様な現実の「多様性」や「多声性」を単純化し、一枚岩の「イメージ」に落とし込めるといった傾向をもっている。ここでは、観光地の多様な現実を分析するにはどのような視点で挑むべきなのかを調査から、観光地の現実の姿を通して考える。この章には、観光研究そのものが「ステレオタイプ」な〈まなざし〉に囚われているのではないか、という問題提起も含まれている。

第7章は、本章でも登場した「移動論的視点」について検討した章である。観光社会学がこれまで焦点を当ててきた「言語論的視点」といった観光システムの「選択」と「排除」の問題、あるいはそれらの「争い」や「交渉」に焦点を当てた「文化論的視点」とともに、この章ではさらにその先の視点に向かう道筋について考える。この章は、私たちが行ってきた観光社会学における視点探しの軌跡を再検討したものであり、この本全体の結論部分でもある。

それぞれの章は須藤と遠藤が議論を深めつつ著したものであるが、「はじめに」、序章、第2章、第4章、第6章は須藤が、第1章、第3章、第5章、第7章、および「おわりに」は主に遠藤が担当した。「はじめに」と序章は、新しい版のためにとくに書き加えた章である（他の章も大幅に書き直したものであるが）ので、初学者には第

1章から読み始め、もう一度この序章に戻ることをお薦めしたい。

[注]

（1）ただしT・ウグルル［Ugurlu 2010］は、すべての travel が tourism に含まれるわけはなく、tourism はレクリエーションや友人や親戚訪問に限定されるべきだと言うが、筆者はUNWTOの定義を字義通りにとろうと思う。

（2）ベルリンのDDR（東ドイツ）博物館では、一九八九年のベルリンの壁崩壊以前の東ベルリンにおける人びとの生活の様子が展示されているが、その後もそのまま同じような住まいでの生活を長くしていた人びとがいるにもかかわらず、展示の生活の様子が「非日常」に見えてしまうのである。

（3）アーリは〈まなざし〉という概念をM・フーコーから借りてきていることは宣言しているが、〈観光のまなざし〉という概念における権力関係についてゲストのまなざしのホストへの影響やその相互性にふれてはいるものの、その「内面化」のプロセスや、構成的な権力、あるいは〈生権力〉（禁止する権力ではなく、むしろ欲望を鼓舞し生かす権力）の発生メカニズムについては詳しく説明してはいない。

（4）欧州の国家間において国境検査の撤廃を進めるシェンゲン協定は、一九八五年にベネルクス三国、旧西ドイツ、フランスの間で合意された。欧州連合二八ヵ国すべてではないが、一部は欧州連合諸国外にもシェンゲン圏は広がっている。

（5）時期によっては、釜山から福岡へ行く方が、釜山からソウルへ行くより簡単で安いということさえ起こっている。

[文献]

東浩紀（2002）「情報自由論第3回　規律訓練から環境管理へ」『中央公論』9月号、インターネット版、中央公論新社 http://www.hajou.org/infoliberalism/3.html［二〇一八年四月二八日アクセス］.

Bauman, Z.（1998）“Chapter 2, From the Work Ethic to the Aesthetic of Consumption,” in *Work, Consumption, and the New Poor,* Philadelphia: Open University Press, pp.23-42.［渋谷望訳（2003）「労働倫理から消費の美学へ――新たな貧困とアイデン

ティティのゆくえ」山之内靖・酒井直樹編『総力戦体制からグローバリゼーションへ』平凡社、pp.203-234〕.

Elliott, A. and J. Urry（2010）*Mobile Lives*, London: Routledge.〔遠藤英樹監訳（2016）『モバイル・ライブズ――「移動」が社会を変える』ミネルヴァ書房〕.

Foucault, M.（1972）*Histoire de la Folie à L'Âge Classique*, Paris: Gallimard.〔田村俶訳（1975）『狂気の歴史――古典主義時代における』新潮社〕.

Giddens, A.（1999）*Runaway World: How Globalisation is Reshaping Our Lives*, London: Profile Books.〔佐和隆光訳（2001）『暴走する世界――グローバリゼーションは何をどう変えるのか』ダイヤモンド社〕.

稲葉振一郎（2006）『モダンのクールダウン』ＮＴＴ出版.

Lash, S.（1990）*Sociology of Postmodernism*, London: Routledge.〔田中義久監訳、清水瑞久他訳（1997）『ポスト・モダニティの社会学』法政大学出版局〕.

Lash, S. and J. Urry（1987）*The End of Organized Capitalism*, Cambridge: Polity Press.

Luhmann, N.（1973）*Vertrauen: Ein Mechanismus der Reduktion sozialer Komplexität*, 2. erweiterte Auflage, Stuttgart: Enke.〔大庭健・正村俊之訳（1990）『信頼――社会的な複雑性の縮減メカニズム』勁草書房〕.

―――（2012）*Essays on Self-Reference*, New York: Columbia University Press.〔土方透・大澤善信訳（2016）『自己言及性について』筑摩書房〕.

Lyotard, J.-F.（1979）*La Condition Postmoderne*, Paris: Les Éditions de Minuit.〔小林康夫訳（1986）『ポストモダンの条件』水声社〕.

Ohmae, K.（1990）*The Borderless World: Power and Strategy in the Interlinked Economy*, New York: HarperCollins Publishers.〔田口統吾訳（1990）『ボーダレス・ワールド』プレジデント社〕.

大澤真幸（2015）『社会システムの生成』弘文堂.

Poon, A.（1993）*Tourism, Technology and Competitive Strategies*, New York: Cab International.

須藤廣（2008）『観光化する社会――観光社会学の理論と応用』ナカニシヤ出版.

――――（2012）『ツーリズムとポストモダン社会――後期近代における観光の両義性』明石書店.
――――（2017）「観光者のパフォーマンスが現代芸術と出会うとき――アートツーリズムを中心に、参加型観光における『参加』の意味を問う」『観光学評論』5(1): 63-78.
須藤廣・遠藤英樹（2005）『観光社会学――ツーリズム研究の冒険的試み』明石書店.
トフラー、A、田中直毅（2007）『アルビン・トフラー――「生産消費者」の時代』NHK出版.
Ugurlu, T.（2010）Definition of Tourism (UNWTO Definition of Tourism) / What is Tourism? http://www.tugberkugurlu.com/archive/definintion-of-tourism-unwto-definition-of-tourism-what-is-tourism〔二〇一七年一一月一〇日アクセス〕
UNWTO（2016）Tourism Highlights, 2016 Edition 日本語版　https://www.e-unwto.org/doi/pdf/10.18111/9789284418367〔二〇一八年四月二八日アクセス〕.
UNWTO（2017）Tourism Highlights, 2017 Edition 日本語版　https://www.e-unwto.org/doi/pdf/10.18111/9789284419296〔二〇一八年四月二八日アクセス〕
Urry, J.（1981）*The Anatomy of Capitalist Societies: The Economy, Civil Society and the State,* London: Macmillan.〔清野正義監訳（1986）『経済・市民社会・国家――資本主義社会の解剖学』法律文化社〕.
――――（1990）*The Tourist Gaze: Leisure and Travel in Contemporary Societies*. London: SAGE Publications.〔加太宏邦訳（1995）『観光のまなざし――現代社会におけるレジャーと旅行』法政大学出版局〕.
――――（1995）*Consuming Places*, London: Routledge.〔吉原直樹・大澤善信監訳（2003）『場所を消費する』法政大学出版局〕.
――――（2003）*Global Complexity*, Cambridge: Polity Press.〔吉原直樹監訳（2014）『グローバルな複雑性』法政大学出版局〕.
――――（2014）*Offshoring*, Cambridge: Polity Press.
Urry, J. and J. Larsen（2011）*The Tourist Gaze 3.0*, London: SAGE Publications.〔加太宏邦訳（2014）『観光のまなざし〔増補改訂版〕』法政大学出版局〕.
Virno, P.（2003）*Scienze Sociali e "Natura Umana." Facoltà di Linguaggio, Invariante Biologico, Rapporti di Produzione*, Rome:

Rubbettino Editore.〔柱本元彦訳（2008）『ポストフォーディズムの資本主義――社会科学と「ヒューマン・ネイチャー」』人文書院〕.
Young, J.（1999）*The Exclusive Society*, London: SAGE Publications.〔青木秀男・伊藤泰郎・岸政彦・村澤真保呂訳（2007）『排除型社会――後期近代における犯罪・雇用・差異』洛北出版〕.

（須藤　廣）

第1章

「観光社会学」の対象と視点

リフレクシヴな「観光社会学」へ

1　はじめに

『平成28年版　観光白書』によると、世界の外国人受け入れ総数は二〇一五年（平成二七）において一一億八〇〇〇万人であった。A・ギデンズによれば、伝統社会の人びとがローカルな状況に埋め込まれていたのに対し、近代社会の人びとはローカルな状況から引き離されるのだとされる［Giddens 1990=1993: 35-44］。ギデンズはこれを「脱埋め込み化」という用語によって表したが、近代社会は多くの人びとが自由に旅行できるようになった社会として、「脱埋め込み化」の帰結である「移動」によって特徴づけられていると言える。

そのため観光という現象を考察することを通して近代社会のあり方を探っていくということは、社会学にとって戦略的に興味深く、重要な分析視角を提供していると言えよう。それにもかかわらず、これまで「観光社会学」は充分に展開されてきたとは言い難い状況であり、まだなお未開拓な領域も多い。

それゆえ本章では、「観光社会学」をよりいっそう深化させていくための準備作業として、この領域が何をどのように研究するものであるのかを検討したいと考えている。以下では、まず「観光社会学」が何を扱うのかという対象を明確にし、次にその視点について検討を加えていくことにする。さらに、そういった視点が社会的に編成されることを明瞭にし、結論として、そこから浮かび上がる課題を指摘していきたい。

2　「観光社会学」の対象

観光をめぐっては、三つの立場がある。第一にそれは、「ツーリスト（観光を消費する者）」である。ツーリストのいない観光など、およそ考えられない。しかし観光には別の立場も必要である。それは旅行会社、宿泊業者、

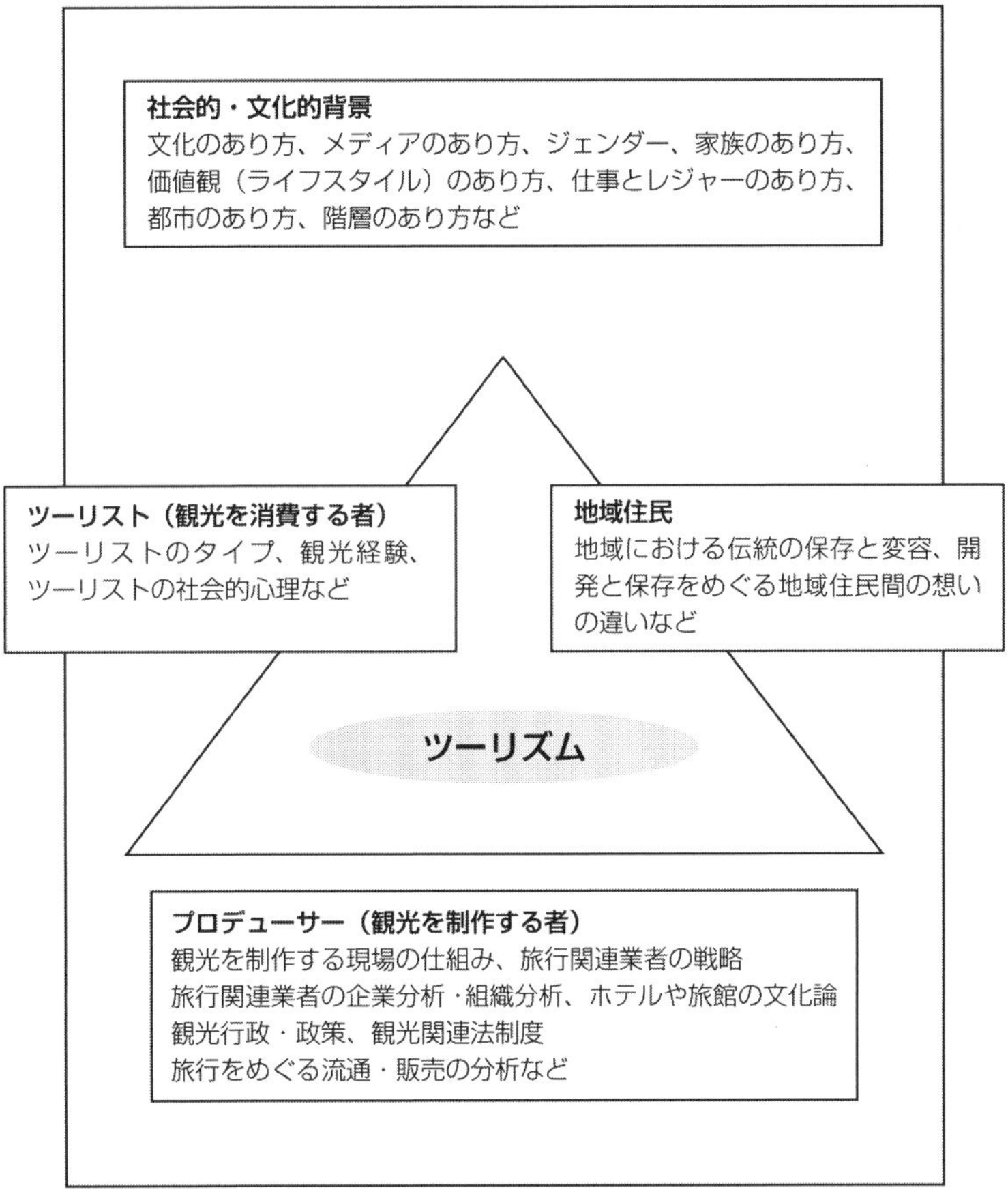
社会的・文化的背景
文化のあり方、メディアのあり方、ジェンダー、家族のあり方、
価値観（ライフスタイル）のあり方、仕事とレジャーのあり方、
都市のあり方、階層のあり方など
ツーリスト（観光を消費する者）
ツーリストのタイプ、観光経験、
ツーリストの社会的心理など
地域住民
地域における伝統の保存と変容、開
発と保存をめぐる地域住民間の想い
の違いなど
ツーリズム
プロデューサー（観光を制作する者）
観光を制作する現場の仕組み、旅行関連業者の戦略
旅行関連業者の企業分析・組織分析、ホテルや旅館の文化論
観光行政・政策、観光関連法制度
旅行をめぐる流通・販売の分析など

図1　「観光社会学」の枠組み

交通業者などをはじめとする「プロデューサー（観光を制作する者）」、そして「地域住民」である。観光をめぐるこれら三つの立場からすると、「観光社会学」は図1のような枠組みを有すると言える。(1) 以下、この図を手がかりに、「観光社会学」が何を対象とするのか検討していくことにしよう。

(1) ツーリストの分析

まず「観光社会学」では、観光を消費する者としてのツーリストをめぐる分析がある。「ツーリストは観光においで何を経験しているのか」といった観光経験に関する分析などが、これに相当する。たとえば、E・コーエンは観光経験を「気晴らしモード」「レクリエーション・モード」「経験モード」「体験モード」「実存モード」の五つのタイプに分けている［Cohen 1979=1998］。

「気晴らしモード」とはただ、日常の退屈さから逃れようとする際の観光経験のことを意味しており、旅行は単なる気晴らし、うさ晴らしだとされる。同様に「レクリエーション・モード」も、娯楽的な色彩の強い観光経験であるが、この経験のもとで人びとは心身の疲労を癒し元気（well-being）を取り戻す。そのため、この経験は単なるうさ晴らし以上の「再生（re-create）」の意味合いももっているのだとされる。

次に「経験モード」とは、自分たちが訪問した場所で生きる人びとの生活様式や価値観に憧憬の念をもち、それこそがオーセンティックな生のあり方だと考えるに至る観光経験のことを言う。さらに「体験モード」におけるツーリストは、他者の生活に憧憬の念をもつだけでなく、実際そこに参加し体験しようとするものである。最後に「実存モード」におけるツーリストは、単なる「体験」にとどまらず自分たちの生活様式や価値観といったものを捨て去り、旅で知った他者の生活様式や価値観を永遠に自分のものにしようとする人びとである。

(2) 地域住民の分析

しかし、ツーリストをめぐる分析だけでは、観光を社会学的に充分解明できないであろう。観光にあっては、地域住民の分析も重要となる。その例として、北海道・札幌のイベントである「ＹＯＳＡＫＯＩソーラン祭り」を挙げよう。

これは、高知県の「よさこい祭り」と北海道の「ソーラン節」がミックスされて生まれた新しい祭りである。一九九二年六月に一回目の祭りが開催されて以来、札幌の初夏を彩る風物詩として定着するに至っている。この祭りによって多くのツーリストたちが六月の札幌を訪れるようになったのだが、実はここには見過ごすことができない論点が内在している。

それは、本来高知県の祭りであった「よさこい祭り」を北海道の「ソーラン節」に取り入れることで、地域の伝統やアイデンティティが変容してしまっているのではないかということである。(2)そのため地域住民には、この祭りに対するアンビバレントな想いが生じてきている。観光開発やイベントの創出による地域の伝統やアイデンティティの変容、それに対する地域住民の想い、こういった問題を分析することも「観光社会学」では大切なのだ。(3)

(3)プロデューサー（観光を制作する者）の分析

また「観光社会学」では、旅行業者、宿泊業者（ホテル・旅館・ペンションなど）、交通業者（鉄道・飛行機・船舶・バス・タクシーなど）、観光開発業者、飲食業、土産品業、観光行政、観光協会・連盟等々、プロデューサー（観光を制作する者）に関する分析も必要であろう。

たとえば阪急・東宝グループの分析は、その一例として興味深いものになるのではないだろうか。阪急・東宝グループには鉄道業（阪急電鉄、阪急バス、阪急タクシーなど）、旅行業（阪急交通社など）、宿泊業（大阪新阪急ホテル、宝塚ホテルなど）、飲食業（阪急三番街、阪急32番街など）、百貨店・ショッピングモール（阪急百貨店、阪急三番街、阪急32番街、HEP NAVIO、HEP FIVE、MOSAICなど)、映画・演劇関連業(宝塚大劇場、帝国劇場など)、開発業(阪急不動産)など、非常に多種多様な側面がある。

これらに共通しているのは、レジャーを対象とした事業を積極的に展開しているということである。実はこれは、創生期の阪急を牽引した小林一三《いちぞう》の影響を深く受けていると思われる。小林一三は、大阪府の池田市・豊中市をはじめ新興住宅地の建設を行い、日本初のターミナルデパートである阪急百貨店を創業し、宝塚歌劇団を結成・育成した人物として知られているが、彼は「家庭本位」「大衆本位」「娯楽本位」の健康的娯楽空間づくりを目指して、大正モダニズムの影響の中で観光開発を推し進めていった事業家なのである[津金澤 1991]。観光のあり方を理解するためには、プロデューサー(観光を制作する者)がもつこうしたバックグラウンドを掘り起こしていかなければならないであろう。

(4) 相互関係の分析

さらに「ツーリストとプロデューサー(観光を制作する者)」「プロデューサー(観光を制作する者)と地域住民」「地域住民とツーリスト」「ツーリストとプロデューサー(観光を制作する者)と地域住民」、これらの相互関係をめぐる分析も重要である。

その一例として、「地域住民とツーリスト」の相互関係をめぐる分析において、G・D・ドクシーによる「イラダチ度モデル」を挙げることができる。「イラダチ度モデル」によれば、観光開発が地域住民の価値体系を次第に破壊し、地域のアイデンティティを喪失させるにつれて、地域住民にストレスを与え始め、観光という行為やツーリストたちに対する「イラダチ」が増大するとされている。そのプロセスは、①幸福感(euphoria)→②無関心(apathy)→③イラダチ(irritation)→④敵意(antagonism)→⑤最終レベル(final level)と時系列的に進行するとされる。またR・W・バトラーによる「ホスト–ゲスト関係の類型化」では、ツーリストに対する地域住民の反応について、「肯定的－否定的」・「能動的－受動的」といった二つの軸をクロスさせ、①肯定－能動「熱烈な推進支持」、②肯定－受動「諦めの受容」、③否定－能動「猛烈な反対」、④否定－受動「暗黙の反対」といった四つの類型が表されている［安村 2001: 49-52］。

こういった相互作用の分析が一定の到達点を迎え、数多くの成果を生み出すが、その一つがV・L・スミスによって編集された『観光・リゾート開発の人類学――ホスト&ゲスト論でみる地域文化の対応』である［Smith 1989=1991］。ここにはホストたる地域住民とゲストたるツーリストが相互作用において、プロデューサー（観光を制作する者）を巻き込んで、いかに観光現象を生成せしめているのかが興味深く論じられている。この研究は「観光社会学」を展開していくうえで、先行研究として見過ごすことのできないものとなっている。

以上、「観光社会学」にあっては、ツーリストとプロデューサー（観光を制作する者）と地域住民、それぞれの立場や相互関係のもとで、観光現象がいかに生成するのかが考察される。ただしここで強調しておきたいことは、観光現象は決して「社会のあり方」と無関係に生成するのではないということである。[4] 観光現象は自我、価値観（ライフスタイル）、階層、[5] ジェンダー、[6] 文化、メディア、地域・都市、社会・世界システム等[7]に見られる「社会のあり方」と交差しつつ生成するのだ。

一例を挙げるなら、観光のオーセンティシティ（authenticity：本物性、本来性、真正性）という現象もまた、ツーリストとプロデューサー（観光を制作する者）と地域住民、三者間の相互関係のもとで、文化やメディアといった「社会のあり方」と交差し生成するものである。観光状況のオーセンティシティは、ツーリストたちが見たり聞いたりするものが観光業者や現地の人びとによって観光用に創り上げられたものではなく、本来その観光地に存在する〈真正なもの〉であることを意味している。「観光社会学」では、ツーリストたちがこうしたオーセンティシティをはたして享受できているのか否かが問題視され、多様な議論が展開されてきたのである。

そこで次には、遠藤［2003］に従って、観光のオーセンティシティをめぐる視点を概観し検討することを通して、「観光社会学」の対象ばかりではなく、その視点についても考察を加えていくことにする。(8)

3 観光のオーセンティシティをめぐる視点

(1) D・J・ブーアスティンの視点

観光のオーセンティシティをめぐっては、一方で、観光をオーセンティシティとはかけ離れたもの、人工的なものとして見る立場があり、もう一方でオーセンティシティが希求される空間としてとらえる立場がある。以下では二つの立場をそれぞれ代表するものとして、D・J・ブーアスティンとD・マキァーネルによる視点を検討していくことにしよう。

現代社会において、メディアはその力を非常な速度で強めつつある。その結果、メディアは現実を構成したものであるにもかかわらず、メディアによって構成されたイメージが一人歩きしだし、現実以上の力をもつに至っている。このように現実よりも、写真・映画・広告・テレビなどさまざまなメディア、すなわち複製技術によって演出され創り出された現実のイメージの方が現実感をもつという「知覚のあり様」をブーアスティンは「擬似イベント」という概念でとらえようとしている。

D・J・ブーアスティン
『幻影の時代』

ブーアスティンは「擬似イベント」の一つの例として観光を取り上げ考察を展開しているが、そこで彼は、観光がメディア（観光情報誌や観光パンフレット、新聞広告、テレビ等）によって提供されるイメージを確認するだけのものになっていると論じている。彼によれば、「観光客の欲求は、彼自身の頭のなかにあるイメージが、（観光地において）確かめられた時、最も満足する」とされる［Boorstin 1962=1964: 120］。ブーアスティンは、ツーリストたちがただメディアによって構成されるイメージを追認しているにすぎず、彼らの経験が擬似的で人工的なものだと考えているのである。

(2) D・マキァーネルの視点

しかしながらはたして、観光とはメディアによってつくり上げられた「擬似的なもの」にすぎないのだろうか。マキァーネルは、ブーアスティンの問題提起を受け止めつつも、そういった疑問を次のように述べている。

私がこれまで述べてきたことには、ツーリストたちが表層的でわざとらしい経験だけを欲しているというブーアスティンの主張を支持するものは何一つなかった。むしろツーリストたちは、ブーアスティンの言うところのオーセンティシティを望んでいるのである。［MacCannell 1976: 104］

マキァーネルによれば、ツーリストたちは、つくり上げられ飾り立てられた観光空間を望んではおらず、観光地で暮らす人びとの本物の暮らし、本来の何も手が加えられていない真正な文化を経験したいという、オーセンティックなものに対する願望に駆り立てられているとされる。マキァーネルはそうした状況を社会学者E・ゴフマンの用語を借りて、「表舞台（front）」ではなく「舞台裏（back）」をツーリストが求めているのだと表現する。

表舞台は、ホストとゲストが、あるいは顧客とサービス提供者がであう場所である。舞台裏は、内輪のメンバーが出番までリラックスしたり準備をしたりする場所である。……その区分は主として社会的なものである。それは、ある場所で演出される社会的パフォーマンス、さらには、その際の社会的役割を基盤としているのだ。ゴフマン自身は次のように述べている。「あるパフォーマンスが行なわれたとして、我々は、三つの重要な役割を各機能にもとづいて区分することができる。それは、パフォーマンスを行なう者、パフォーマンスを見る者、パフォーマンスを行なうのでも見るのでもない部外者である。この三つの重要な役割は、役割遂行者がどの領域に関わっているのかにもとづいている。パフォーマンスを行なう者は、表舞台にも舞台裏にも姿を見せる。観客は表舞台だけを知っている。部外者は、どちらの領域からも除外されている」。

[MacCannell 1973=2001: 94]

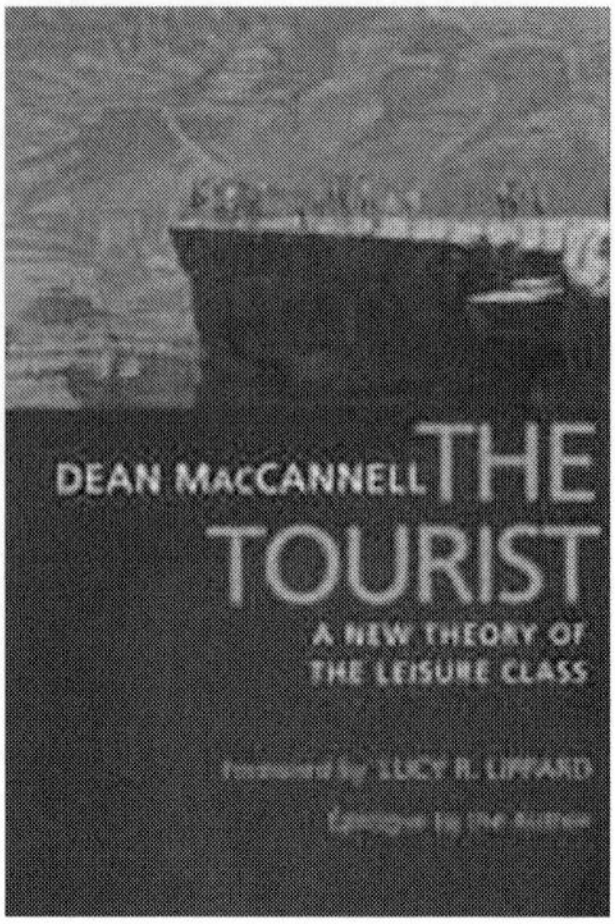

D・マキァネール
『ザ・ツーリスト』

「表舞台」と「舞台裏」というゴフマンのこれらの概念を利用しつつ、マキァーネルは、ツーリストたちが現地の人たちのオーセンティックな生活というような「舞台裏」を希求しているのだと主張するのだが、しかしツーリストたちの経験がはたしてオーセンティックなものかどうかは、結局のところ確かめられはしない。舞台裏に入ったと思っていたのに、実はそこは、ツーリストたちが訪問してもいいようにセットが組まれた表舞台だったりする。現代社会の観光状況においては、オーセンティックな舞台裏そのものが演出されていると言えよう。その意味でツーリストたちは、擬似的で人工的なパスティーシュ（模造品）に満ちた「表舞台」と、オーセンティシティに満ちた「舞台裏」が交差する、ねじれた空間を旅しているとマッキァーネルは言う。

⑶ポストモダニズムの視点

しかし観光状況においては、擬似的／オーセンティック、コピー／オリジナルという区別そのものが意味をなさなくなる地点がある。たとえば、その一つにディズニーランド（あるいはディズニーワールド）を挙げうると思われるが、このことを指摘し論述を展開したものとして、U・エーコやJ・ボードリヤールによる研究がある。彼らはポストモダニズムの視点から、観光のオーセンティシティの問題にアプローチしており、注目すべき議論を行っている。エーコは以下のように述べる。

> ディズニーランドは蠟人形館よりもハイパーリアルである。その理由とは、蠟人形館では、見ているものはリアリティを完璧に再現しているのだと人びとにまだ信じさせようとしているのに対し、ディズニーランドでは、その魔法の囲いの中には、まさしくファンタジーこそが完璧に再現されているということを明らかにしようとしているからだ。　[Eco 1986: 43]

U・エーコ『トラベルズ・イン・ハイパー・リアリティ』

エーコによれば、蠟人形館ではリアリティそのものが最初にオリジナルとして存在し、それを人形という形でそっくり再現・複製することで成り立っているが、それに対し、ディズニーランドは参照されるべき、あるいは再現・複製されるべき実在をもってはいない。ディズニーランドではすべてがファンタジーであり、コピーされるべき実在物などないのである。そのためディズニーランドでは擬似的／オーセンティック、コピー／オリジナルという区別そのものが無効化される。

ディズニーランドでは、メディアによって構成されたイメージや表象によってリアリティが写し取られているのではなく、イメージや表象こそがリアリティなのだ。これについて、ボードリヤールは、「ディズニーランドこそアメリカでオーセンティックだと言える。映画とテレビはアメリカのリアリティである」と述べている［Baudrillard 1988: 104］。ディズニー映画やテレビがディズニーランドという観光地を映し出しているのではなく、ディズニー映画やテレビで映し出されたミッキー・マウスやドナルド・ダックこそがディズニーランドをつくり上げているのである。

⑷ 構築主義の視点

Ｅ・Ｍ・ブルーナーは、ボードリヤールやエーコの理論に代表されるポストモダニズムの視点を批判的に考察し、文化はすべて絶えず創造され続けるとする構築主義的な立場からオーセンティシティの問題にアプローチしようとする。「文化とは何かを問うのではなく、文化がいかに達成され創られるのかを考えていくべき」だとブルーナーは主張するが［Bruner 1989=2002: 16］、それによって彼は、オリジナル／コピー、オーセンティックなもの／オーセンティックでないものといった対立を乗り越えていこうと考えているのである。

その際、彼は米国イリノイ州の中央部にある歴史名所ニュー・セイラムを事例とする。ニュー・セイラムは、一八三〇年代にエイブラハム・リンカーンが暮らしていた土地であり、その当時を再建した村とミュージアムから成り立っている観光施設である。ここはキャンプ場やピクニックコースを含む六四〇エーカーある公園の中に位置しており、年間五〇万人以上のツーリストが訪れる。この場所は、イリノイ州が所有する公共施設で、一二三のログハウスがあり、ほとんどのログハウスにはインタープリター（解説者）がいる。彼らはリンカーン当時の衣服をまとい、ツーリストたちを迎え入れ、一八三〇年代の生活について語り、その家にもといた住人について話をし、ツーリストたちの質問に答える。その他、ここでは民芸のデモンストレーションが行われ、鍛冶、料理、鋤、毛糸織りや染物、さらにはロウソク、石けん、箒《ほうき》、靴、スプーンなどの製作を目にすることができる。

このニュー・セイラムのパンフレットには、「オーセンティックな複製」という形容矛盾した記述が見られる。ブルーナーはこれに注目し、オーセンティシティの意味を明らかにしようとする。

彼によるとニュー・セイラムではオーセンティシティに四つの意味が認められるという。それは、①「本物らしさ（verisimilitude）」、②「真実さ（genuineness）」、③「オリジナリティ（originality）」、④「オーソリティ（authority）」である。「本物らしさ（verisimilitude）」とは現代の人間がニュー・セイラムの村に入り、「まるで一八三〇年代のようだ」と言うときの意味で、たとえ時代考証的には不正確であっても当時のアメリカの雰囲気を伝えているかどうかが重要となる。これに対し「真実さ（genuineness）」とは時代考証的に正確で、当時の人間がもし生きていれば彼らに「まるで一八三〇年代のようだ」と言われるかどうかが重要となる。次に「オリジナリティ（originality）」とは、コピーではないオリジナルなものであるということを示している。最後に「オーソリティ（authority）」とは正式にオーソライズされ認可されていること、法的に妥当なことを意味している。

ブルーナーは、このようにオーセンティシティの意味を四つに分けるが、それ自体はとくに重要ではない。重要なのは、これら四つの意味がニュー・セイラムにおいて人びとにどのように運用され構築されているのかという視点から、彼がオーセンティシティの問題にアプローチしようとしていることなのである。ニュー・セイラムというテクストに書かれているオーセンティシティの意味は、ツーリストたちに前もって「与えられている」ものではなく、それは、ツーリストたちがニュー・セイラムというテクストをいかに「読み解いていく」のかという彼らの実践にかかっており、オーセンティシティの意味は、ツーリストがお互い同士や観光地のスタッフと相互作用することを通じて構築してい

E・M・ブルーナー
『カルチャー・オン・ツアー』

くものなのだ。

このようにオーセンティシティをとらえるならば、観光地がオーセンティックか、オーセンティックでないか、オジリナルかコピーかという対立は意味をなさなくなるであろう。オーセンティックなものもいつかオーセンティックでなくなり、その逆もありうる。たとえば、一九三〇年代にはニュー・セイラムにいるインタープリターたちは、ジーンズ、綿毛のシャツ、革のブーツを身につけ、当時の住民たちの役を演じていた。ジーンズ、シャツ、ブーツは一九三〇年代の人びとにとっては昔風の服装として受け入れられるものであったのだ。しかし現代では、たいていの学生や訪問客自身がそういった服装をしているため、そうではなくなっている。「本物らしさ（verisimilitude）」の観点から言って、一九三〇年代には昔風のオーセンティックな服装であったものが、現代ではそうではなくなったのだ。

また、コピーとされていたものがオリジナルに対する我々の見解を変容させることもある。たとえば、現代の「ニュー・セイラムはエイブラハム・リンカーンのニュー・セイラムを強調しすぎており、彼がそれ以前に過ごしたインディアナ時代やバンダリア時代を無視する傾向がある。観光名所としてのニュー・セイラムが創られることによって、リンカーンの伝記のなかでニュー・セイラム時代の重要性が誇張されるようになったのではないか。こうして二〇世紀における観光の表象がプロフェッショナルな歴史家の言説をつくりかえ、一八三〇年代当時に対する我々の理解のしかたにも影響を与えることになったのである」[Bruner 1994=2001: 118]。

このように構築主義の視点からすれば、観光のオーセンティシティとは何か、それは擬似的なものとどのように異なるのか、そして両者の対立はいかに乗り越えられるのかといったことは重要ではない。オーセンティシティは存在するのではなく、それは観光地というテクストをいかに「読み解いている」のかという人びとの実践活動の中で絶えず構築されるのである。

4　視点の社会的編成——リフレクシヴな「観光社会学」へ

以上見てきたように、観光のオーセンティシティという同じ対象を扱っていても、採るべき視点によって、まったく異なる議論が展開されていることがわかるだろう。それゆえ「観光社会学」が何を扱うのかという対象を明確にするだけでは、「観光社会学」のあり方を浮き彫りにすることはできない。そのためにはつねに、対象がどの視点から論じられているのかを問う必要があるのだ。

ただし、こうした視点は一個人や、一グループによってのみ形成されたものではない。ブーアスティンの視点にせよ、マキァーネルの視点にせよ、エーコやボードリヤールらによるポストモダニズムの視点にせよ、ブルーナーによる構築主義の視点にせよ、それは社会的に編成されたものなのである。以下では、このことについて社会学や他の学問領域の流れと関連づけて考察してみよう。

ブーアスティンの議論をきっかけに観光のオーセンティシティが議論され始めた一九六〇年代後半から一九七〇年代中ごろにかけて、社会学では、T・パーソンズの「構造ー機能主義」に対する批判が積極的に展開されようとしていた。パーソンズの「構造ー機能主義」によると、社会システムが存続するうえで必ず満たしておかなくてはならない要件として、①「社会システムが資源を獲得し適応する機能（adaptation）」、②「社会システムが自らの目標を設定し達成する機能（goal attainment）」、③「社会システム内部の秩序を維持するために成員をまとめ統合する機能（integration）」、④「社会システムの課題を達成する際に成員に対して充分な動機づけを与える機能（latent pattern maintenance）」の四機能があり、これらの機能的必要を満たすために、さまざまな行為や行為のサブシステムが分化してくるとされていた［Abercrombie et al. 1994=1996: 237-239］。

パーソンズの議論そのものにはより真摯に検討されるべき論点が多いと思われるが、一九五〇年代のアメリカにおいて彼の「構造−機能主義」が受け入れられたのは、その時代には、安定した社会システムを前提とすることにリアリティがあったからではないか。安定した社会システムがあり、そのもとで個人が機能的に社会システムに貢献することが、個人の豊かさや幸福にも直結する。こうしたことにリアリティがあったからこそ、パーソンズの「構造−機能主義」は社会学界をはじめ多くの人びとに受け入れられたのである。しかし、こうしたリアリティはベトナム戦争をきっかけにした反戦運動やステューデント・パワーによる学生運動等を経て、一九六〇年代後半から一九七〇年代中ごろにかけて崩れ始め、それとともにパーソンズ批判が展開されるようになる。

ブーアスティンの議論も、そのことと無関係ではない。メディアは現実を構成したものであるにもかかわらず、メディアによって構成されたイメージの方が現実以上に現実感をもつ。ブーアスティンの「擬似イベント」論におけるこのような視点はまさに、もはや安定した社会システムや確固たる現実などないのだという認識が生じることで現れてきたものである。ただしブーアスティンは、メディアによるイメージの方が現実よりも現実感をもつという「知覚のあり様」の存在を指摘し嘆くにとどまっており、メディアによるイメージがどれほど現実感を帯びようとも、それは結局「擬似」的なもの、偽りのものなのだと考えている。それゆえ彼は、かつての旅行(travel)が「長期にわたる準備、大きな費用、時間の莫大な投資を必要とした」能動的なものであったのに対して[Boorstin 1962=1964: 96]、現代の観光(tourism)がメディアによって「稀薄化され、作りあげられたものになってしまった」と述べているのである[ibid.: 91]。

マキァーネルはブーアスティンの問題提起を引き継ぎながらも、ツーリストたちが擬似的なパスティーシュとオーセンティシティが交差する空間を旅していると主張し、「演出されたオーセンティシティ(staged authenticity)」という概念を提唱した。これによって、オーセンティシティも演出され創られるということをブーアスティン以上に明快に言及できるようになったのだ。

その際に、マキァーネルが自らの議論を展開するうえで主に援用していたのが、ゴフマンによる「表舞台」

「舞台裏」という概念であった。パーソンズに対する批判として、一九七〇年代にシンボリック・インタラクショニズムや現象学的社会学が提唱される。安定した社会システムや確固たる現実などどこにもないという認識のもと、社会システムや機能に回収しきれない人びとが織りなす「意味」、それこそが現実を創り出しているとシンボリック・インタラクショニズムや現象学的社会学は主張したのである。ゴフマンもまた、社会学の分野で、これらと親和性をもつ議論を展開していたのだ。

またマキァーネルが援用した理論として、レヴィ＝ストロースによる構造主義的人類学や記号論が挙げられるが、ゴフマンを含め、これらすべてに共通しているのが「言語」や「意味」に対する着目である。その意味で、マキァーネルの視点は彼によって個人的に形成された視点というよりも、シンボリック・インタラクショニズムや現象学的社会学、ゴフマンといった社会学の流れ、レヴィ＝ストロースによる構造主義的人類学、記号論などの諸理論が展開された社会のあり方と交差しつつ、これら諸理論とのネットワークにおいて社会的に編成されたものなのである。

さらに一九七〇年代中ごろから一九八〇年代にかけて、社会学やその他の学問領域ではポストモダニズムによる諸理論が現れてくる。この理論によると、もはや純粋な「現実そのもの」を考えることなど不可能であって、イメージや表象の外部に世界は存在しないとされる。現実はシミュレーションと別に存在しているのではなく、現実そのものがシミュレーションとなっており、逆に言うならばシミュレーションとは現実のあり方そのものだと主張する。

こうした考え方が生じてきたのは、反戦運動や学生運動が退潮を迎え、世界そのものが情報や記号を機軸に再編成されていく社会のあり方と無関係でなかったのではないか。その意味で、この時代に、ポストモダニズム的視点から観光について論じられたのは偶然ではなかったと言えよう（一九八三年には、東京ディズニーランドが開園している）。私たちはつねに、映画、テレビ、雑誌等々といったメディアによる表象の力学に影響を受け、それらとかかわり続けながら暮らしている。私たちはメディアの世界の住人なのであり、メディアの世界を抜け出すことはできない。メディアの外部に世界が存在しているのではなく、世界そのものがメディア化されている。観光もまた同様であり、観光そのものがメディア化されている。ポストモダニズムの視点は観光のこうしたあり方をえぐり出したのだ。

ではブルーナーはどうなのだろう。観光のオーセンティシティが創られるというアイデアをポストモダニズムと共有しながらも、ブルーナーはそこにとどまることなく、観光のオーセンティシティがいかにして創られるのかといったプロセスに目を向ける。こうしたブルーナーの視点は、社会学や人類学の領域において一九九〇年代に顕在化するようになった構築主義の流れに属するものである。

構築主義は言説や表象の外部に世界が存在しないとするポストモダニズム的現実観の影響を色濃く受けつつも、言説や表象をめぐる実践によって現実がどのように構築されるのかというプロセスを詳細に描き出そうとする。阪神・淡路大震災、地下鉄サリン事件、米国同時多発テロ事件をはじめとする出来事を前に言説や表象の力が信じられなくなりつつある時代にあって、構築主義は、私たちと世界をつなぐ回路を今一度模索しようとしているのだとも言えるが、ブルーナーの視点はまさに、こうした流れの中で形成されているのだ。

以上、観光のオーセンティシティを観察し分析する視点がいかに形成されてきたのかを検討してきた。このように見てくるならば、「観光社会学」の視点は個人的に形成されるのではなく、社会的に編成されてくるものであることがわかる。それらは、社会学や他の学問領域における諸理論のネットワークの中で、社会のあり方と交差しつつ、社会性・制度性・歴史性を帯びて形成されてくるのだ。観光現象を観察するということは、その観光現象を観察する視点が社会的に編成されているコンテクストと深くかかわっている。それにもかかわらず、これまでの観光研究は、このことをあまり自覚的に考えてこなかったように思われる。(9) それゆえ、自らの観察する視点が社会的に編成されているコンテクストそのものをつねにリフレクシブに問い続けていくこと、このことが観光研究、とりわけ「観光社会学」に今後、強く要求されるであろう。(10)

［注］

（1）この図は、鈴木［1997］や北野［2001］で用いられていた図式に示唆を受けて観光の領域に応用したものである［鈴木 1997: 30, 北野 2001: 14］。

（2）これと同様の例では、奈良市で毎年行われているイベント「なら燈花会《とうかえ》」を挙げることができよう。「なら燈花会」は、奈良市で毎年八月初旬から中旬にかけて行われているもので、夏の夜に奈良の街並みをロウソクの灯りで照らし出すという「光と闇のイベント」である。このイベントが行われるようになったのは、一九九九年（平成一一）からのことである。このイベントにおいても、地域に最初から「存在」していたものにとらわれることなく、そのイメージを打破し、新しい地域の形を模索しようとしているが、このイベントに対する地域の反応もやはりさまざまである。ただしこのイベントにあっては、これまでに存在していた伝統を拒絶するのではなく、それらを利用しつつ展開されているため、ほとんどの世代の地域住民に肯定的に受け止められているようだ［遠藤 2005］。

（3）たとえば古川・松田［2003］における諸論考は、地域住民の分析に焦点を当てたものと考えることができよう。

（4）観光経験もツーリスト個人のレベルにとどまらず、価値観（ライフスタイル）、階層、文化といった社会的なレベルと交差しているものである。

（5）観光（とりわけサステイナブル・ツーリズムという観光形態）が階層に深くかかわっていることについては、池田［1996］を参照。ここでは、P・ブルデューの理論を用いながら、観光という行為が階層といかに絡み合っているのかが考察されている。

（6）観光がジェンダーといかに交差しているのかについては、たとえば安福［2004］を参照。

（7）たとえばコーエンとP・ケネディは『グローバル・ソシオロジー』第一二章において、グローバリゼーションとの関連で観光について論述している［Cohen & Kennedy 2000=2003］。

（8）第3節「観光のオーセンティシティをめぐる視点」は、遠藤［2003］をもとに加筆修正したものである。

（9）ただ、これまでの観光研究がこのことについてまったく気づいていなかったわけではない。このことを自覚して観光研究を行っていこうとする研究も数少ないながら存在する（たとえば、安村［2004］）。

（10）N・ルーマンの用語を用いるならば、観光現象を観察することを「第一次的観察」、観光現象を観察している視点そのものを観察することを「第二次的観察」と呼ぶこともできる［Kneer & Nassehi 1993=1995: 118］。ルーマンが言うように、これら「第一次的観察」と「第二次的観察」を同時に行うことはできないが、併行して行うことはできる。「第二次的観察」を併行して行うことで、「第一次的観察」を絶えずモニタリングし、自分自身の立場を相対化できるようになるだろう。

［参考文献］

Abercrombie, N. et al.（1994）*The Penguin Dictionary of Sociology*, 3rd ed., London: Penguin Books.［丸山哲央監訳・編集（1996）『新しい世紀の社会学中辞典』ミネルヴァ書房］.

赤川学（2001）「言説分析と構築主義」上野千鶴子編『構築主義とは何か』勁草書房、pp.63-83.

Baudrillard, J.（1988 [1986]）*America*, London: Verso.

――――（1994 [1981]）*Simulacra and Simulation*, Ann Arbor: University of Michigan Press.

Boorstin, D.J.（1962）*The Image: Or, What Happened to the American Dream*, New York: Atheneum.［星野郁美・後藤和彦訳（1964）『幻影の時代――マスコミが製造する事実』東京創元社］.

Böröcz, J.（1996）*Leisure Migration: A Sociological Study on Tourism*, Oxford: Pergamon Press.

Brooker, P.（1999）*Cultural Theory: A Glossary*, London: Arnold.［有元健・本橋哲也訳（2003）『文化理論用語集――カルチュラル・スタディーズ＋』新曜社］.

Bruner, E.M.（1989）"Tourism, Creativity, and Authenticity," *Studies in Symbolic Interaction*, 10: 109-114.［遠藤英樹訳（2002）

「ツーリズム、創造性、オーセンティシティ」『奈良県立大学研究季報』13(3): 13-18.

―――（1994）"Abraham Lincoln as Authentic Reproduction: A Critic of Postmodernism," *American Anthropologist*, 96(2): 397-415.〔遠藤英樹訳（2001）「オーセンティックな複製としてのアブラハム・リンカーン――ポストモダニズム批判」『奈良県立大学研究季報』12(2): 103-129〕.

―――（2005）*Culture on Tour: Ethnographies of Travel*, Chicago: University of Chicago Press.

Cohen, E.（1979）"A Phenomenology of Tourist Experiences," *Sociology*, 13(2): 179-201.〔遠藤英樹訳（1998）「観光経験の現象学」『奈良県立商科大学研究季報』9(1): 39-58〕.

Cohen, R. and P. Kennedy（2000）*Global Sociology*, London: Palgrave Publishers.〔山之内靖監訳、伊藤茂訳（2003）『グローバル・ソシオロジーⅠ・Ⅱ』平凡社〕.

Eco, U.（1986）*Travels in Hyper Reality*, San Diego: HBJ.

遠藤英樹（2003）「観光のオーセンティシティをめぐる社会学理論の展開」山上徹・堀野正人編著『現代観光へのアプローチ』白桃書房、pp.197-210.

―――（2004）「観光空間・知覚・メディアをめぐる新たな社会理論への転回」遠藤英樹・堀野正人編著『「観光のまなざし」の転回――越境する観光学』春風社、pp.83-98.

―――（2005）「地域のかたち――地域社会学からの視点」奈良県立大学地域創造研究会編『地域創造への招待』晃洋書房、pp.13-20.

Giddens, A.（1990）*The Consequences of Modernity*, Cambridge: Polity Press.〔松尾精文・小幡正敏訳（1993）『近代とはいかなる時代か?――モダニティの帰結』而立書房〕.

古川彰・松田素二編（2003）『観光と環境の社会学』新曜社.

池田光穂（1996）「コスタリカのエコ・ツーリズム」青木保他編『岩波講座　文化人類学　第7巻　移動の民族誌』、pp.61-93.

片桐新自編（2000）『歴史的環境の社会学』新曜社.

北野圭介（2001）『ハリウッド100年史講義――夢の工場から夢の王国へ』平凡社.

Kneer G. and A. Nassehi（1993）*Niklas Luhmanns Theorie Sozialer Systeme*, München: Wilhelm Fink Verlag.［舘野受男・池田貞夫・野崎和義訳（1995）『ルーマン 社会システム理論』新泉社］.
国土交通省編（2004）『平成16年版 観光白書』国立印刷局.
MacCannell, D.（1973）"Staged Authenticity: Arrangements of Social Space in Tourist Settings," *American Journal of Sociology*, 79(3): 589-603.［遠藤英樹訳（2001）「演出されたオーセンティシティ――観光状況における社会空間の編成」『奈良県立商科大学研究季報』11(3): 93-107］.
――――（1976）*The Tourist: A New Theory of the Leisure Class*, New York: Schocken Books.
大塚英志（2004）『「おたく」の精神史――一九八〇年代論』講談社.
千田有紀（2001）「構築主義の系譜学」上野千鶴子編『構築主義とは何か』勁草書房、pp.1-41.
Smith, V.L.（1989）*Hosts and Guests: The Anthropology of Tourism*, Philadelphia: University of Pennsylvania Press.［三村浩史監訳（1991）『観光・リゾート開発の人類学――ホスト&ゲスト論でみる地域文化の対応』勁草書房］.
鈴木みどり編（1997）『メディア・リテラシーを学ぶ人のために』世界思想社.
坪井善明・長谷川岳（2002）『YOSAKOIソーラン祭り――街づくりNPOの経営学』岩波書店.
津金澤聰廣（1991）『宝塚戦略――小林一三の生活文化論』講談社.
安福恵美子（2004）「ツーリズム・プロダクトとジェンダー」遠藤英樹・堀野正人編著『「観光のまなざし」の転回――越境する観光学』春風社、pp.169-182.
安村克己（2001）『社会学で読み解く観光――新時代をつくる社会現象』学文社.
――――（2004）「観光の理論的探究をめぐる観光まなざし論の意義と限界」遠藤英樹・堀野正人編著『「観光のまなざし」の転回――越境する観光学』春風社、pp.7-24.
渡會知子（2004）「『構築主義論争』再考――ラディカル構成主義を手がかりに」『ソシオロジ』49(1): 21-37.

（遠藤英樹）

第2章

観光の近代と現代

観光というイデオロギーの生成と変容

1　はじめに

観光社会学が確立されたのは、先進国においてマスツーリズムがピークを越えた一九七〇年中葉であった。マクロな視点から社会を構造としてとらえ、人間の諸行為や諸制度ついては構造を支える機能として考える一九六〇年代の構造－機能主義に対抗して、このころの社会学では、人間の「意味的行為」の社会構成的側面に注目するさまざまな学派が形成されていた。このような中で、「意味的行為」をその中心にもつ観光現象が注目されるようになったと考えられる。(1) 一九八〇年代以降の急激な観光客の増加と一大産業として観光が認知されるようになったこと、またマスツーリズムに対し世界各地でさまざまな問題が取り上げられたこと等が、観光社会学の必要性をさらに推し進めたと考えられる。一九八〇年代には、欧米において観光社会学は独自の領域として認知されたのであるが、近代観光に比較的早くから体系的に注目していたのは社会学ではなく文化人類学の方であったため、社会学者もその枠の中で人類学的なフィールドと方法を使い、観光現象をとらえる研究がなされていた。(2)

文化人類学の世界において観光がはじめてテーマになったのは、一九七四年にメキシコシティで開かれた米国人類学会のシンポジウムであったという［山下 1996: 6, Smith 1989］。このころから、文化人類学においては、先進国の学者や旅行者が「未開」に向ける〈まなざし〉について自省的に論じるという構えが成立するようになる。「未開」という現代社会とははっきりと区別できるフィールドをもつ学問であるがゆえに、観光客のみでなく研究者自身がもつ「鑑識眼」的〈まなざし〉について、文化人類学はナイーブではありえなかったのであろう。また、交通の発達によって、観光客があらゆる「未開」を〈観光のまなざし〉の対象とするようになったこと、あるいは観光客が運んでくる先進国の文化や観光収入が「未開」の文化、社会を大きく変えていったことも、文化人類学が観光に早くから注目していた理由であろう。また、観光客が「未開」を客体化して観察しようとする「上から目線」の〈まなざし〉のあり方に対する批判が、自身への批判として観光人類学者に向けられたことも大きな理由の一つであった。一九八九年には『ホストとゲスト——観光人類学』（*Hosts and Guests: The Anthropology of Tourism*）という題名で、観光人類学の集大成としてのアンソロジーが出版されている。

文化人類学が観光についてもたらした重要な貢献は、（観光人類学者自身も含めた）〈観光のまなざし〉をめぐる未開と文明との文化接触や文化変容の問題だけではなかった。近代観光と未開の文化との関係に注目するようになる以前に文化人類学は、観光の原点でもある巡礼についての研究をすでにその中心的テーマとしてもっていた。巡礼が宗教現象でもあるため、この研究は「通過儀礼」の研究として位置づけられていった。一連の通過儀礼の過程の中では、巡礼のような儀礼行為は俗なる日常的な行為から分節された聖なる行為であり、巡礼の旅という聖別化された時間を経ることにより、人は違う人間に「生まれ変わる」のだとされる。古くから人間が行ってきた旅も、一つの通過儀礼と見ることにより、旅のもつ独特の特徴が人間性と社会関係の深層に存在することがわかる。「日常」から「非日常」への飛躍こそ人を旅行や観光へと駆り立てるものであるという視点は、現在の観光現象を分析するうえでも重要である。先進国の観察者の〈まなざし〉そのものがもつ問題点とともに、観光の儀礼的本質という古くから考えられてきたテーマは、観光と「未開」の地域文化、社会との関係、観光と研究者のまなざしとの関係、という比較的新しいテーマとともに、文化人類学が観光の社会学に提供する重要なものとなっている。

Ｅ・コーエンによれば、観光に関する最初の社会学的研究は、一九三〇年代にＬ・フォン・ヴィーゼらドイツの研究者の間で行われていたという［Cohen 1996: 51］。しかし、大衆的な観光現象自体が幅広く出現するのが第二次世界大戦後なので、とりあえずここでは観光社会学の起源を戦後に絞った方が有益だろう。文化人類学における観光研究に触発されつつ、一九七〇年代中葉、社会学においてもＤ・マキァーネル、Ｅ・コーエン等、観光社会学を体系的に打ち立てようとする社会学者が出現している（第1章を参照）。その中でもマキァーネルは、Ｅ・

ゴフマンの儀礼的行為の研究を現代の観光客の行為に応用し、現代人の観光の中に「儀礼」を発見しようとする[MacCannell 1999=2012]。産業化された現代の観光行為に焦点を当てながらも、マキァーネルの視点はどちらかというと文化人類学的である。一方、コーエンの観光客の社会的「役割」行為理論は、巡礼等の宗教的側面、亡命、放浪等の政治・経済的側面から、現代の観光客の「役割」行為を分離、抽出するモデルを提示している点において、より社会学的であると言える。両者の論文を見ても、観光を単にちょっとした変化を求めてであれ、何らかの非日常的な体験を求めて場所を移動する意味的行為であると考えており、観光に通過儀礼的要素があることを否定するものではない。観光における社会学と文化人類学の線引きは難しく、人間や社会に対して独特の効果をもつ観光を文化人類学的位相から完全に引きずり出し、単純に現代の消費社会論や情報社会論等の中に編入することはできない。しかし、近・現代の観光の特徴を前近代の巡礼や旅とまったく同じものであるかのように分析したりするのでは、産業化された（あるいは政治化された）近・現代の観光の本質（たとえそれが、産業化に対抗するものであっても）を見落としてしまうであろう。観光社会学は、観光から近・現代社会の特徴を読み取るものだと言える。

また、近・現代の観光現象は、テクノロジーによる身体の移動と独自の身体感覚の変容をともなうこと、現代においても依然、近・現代化された儀礼的側面が存在し、それが政治的にも利用されること等、観光社会学に独特のテーマを与えている。社会学的観光研究は、観光現象の近・現代性に注目するものであり、他の社会学領域と重なりつつも独自の領域をもつものであると筆者は考える。

この点において、社会学的な文化論や社会変動論の知見を生かしつつ、独自な領域として観光を分析したJ・アーリの観光研究への功績は大きい。アーリは観光客の〈まなざし〉の変容[Urry 1990=1995]、あるいは観光における「場所」消費の変容[Urry 1995=2003]について、M・フーコーの視点を使いながら、観光を資本主義社会の枠組みの変動という流れの中でとらえている。アーリの視点には、現代の資本主義社会にとって、都市空間の変容も含めて観光イメージの生産がより重要性を増しているという含意がある。アーリの『観光のまなざし』が出されてから、社会学のフィールドの中で、それまでほとんど無視されてきた観光が「まじめに」議論されるようになったのも、資本主義の変動の中でより重要な意味をもちつつある観光を、彼が社会学理論の中に位置づけたことによる。

アーリのどちらかというと理論的な業績の他に、観光が経済的にも政治的にも重要な要素となるにつれ、観光をめぐる社会的イシューもまた注目されるようになる。観光と環境破壊、観光と犯罪、観光化と地元社会の対立等、政策科学的に社会学が介入して解決しなくてはならない問題も生じてくる。こうして理論的にも実証的にも機が熟したときにまとめられたアンソロジーが『観光社会学——理論研究と実証研究』(*The Sociology of Tourism: Theoretical and Empirical Investigations*) である。

ここでは、コーエン、アーリ等の代表的な観光社会学者が各章を担当している。この本の中にコーエンが執筆した「観光社会学——アプローチ、イシュー、そしてその知見」と題した章があり、その冒頭で彼は観光社会学を「観光動機、役割、関係性、制度、およびそれらが観光客や観光客を受け入れる社会に及ぼすインパクトについての研究に関連して創発する専門分野」〔Cohen 1996: 51〕と定義している。この定義から考えると、観光社会学のテーマは、理論的なものから応用的で実践的なものまでかなり幅広いことがわかる。筆者は、幅広い実証的研究の必要性は充分認めるものであるし、フィールドに足を運ぶ努力を惜しんでいないつもりである。しかし最も重要なことは、観光社会学の旅に出るには、拡散するフィールドを探索するための精緻な地図とぶれないコンパスが必要だということである。

この章においては、観光現象を歴史的かつ反省的にとらえることにより、地図とコンパスをいかにつくるべきなのか（ガイドブックではないことをお断りしておく）を考えながら、観光社会学の旅の準備作業をしたいと思う。

2 観光の欲望の歴史性と汎時性

現象としての「観光」の形は近代になってはじめて現れたものではない。古代から、いや青銅器時代から人は旅をしていた。とくに目的もなく「世界を経験する」ためだけの旅行が、すでに青銅器時代に存在していたことをW・レシュブルクが指摘している［Löschburg 1997=1999］。彼によれば「旅行の歴史は、探検者が自分の狭い生活圏の外に、自分たちとは別の人間がいることを知ったとき、なかんずく自分たちとは違うもの、違う宝があることを知ったときから始まる」［ibid.: 12］のである。ギリシャ時代の「市民」はすでに、行楽のためにオリンピアに旅行し、あるいはデルフォイに巡礼していた。ローマ時代には街道が整備され、駅馬車の定期交通網さえ出来上がり、上流階級層、軍人、商人、学者に限られてはいたがローマ人たちの旅行好きの記録は数多く残されている。中世になると、旅行はもっぱら「巡礼」という形をとるようになる。僧侶や裕福な者ばかりでなく一般の男女がヨーロッパのあらゆるところから、エルサレムやローマへと巡礼している。レシュブルクはこれを「観光旅行の中世版」と呼んでいる。すなわち「元来この巡礼は贖罪《しょくざい》のためであり、結果として異教徒に脅かされている聖地を解放するためといわれているが、旅心と冒険心の隠れ蓑でもあった」のである［ibid.: 39］。

「旅好き」という点においては、日本人もヨーロッパ人に引けをとらない。日本においても、一般の民衆が参加した「観光」的現象は、やはり「巡礼」の形をとりながら江戸時代から存在していた。一七世紀中葉から一九世紀初頭にかけてほぼ六〇年ごとに起こっている「抜け参り」「おかげ参り」の流行はよく知られており、それが頂点に達した文政一三年（一八三〇）には約四五〇万人もの人が「伊勢参り」に参加したと言われている（当時の日本の人口は三〇〇〇万人程度だと推定されているので、総人口の一割五分にもなり、多くは徒歩で移動していたため日数も長く、延べで考えると相当の人数が一時に巡礼の旅に出ていたことになる）。また、この当時には「御師〈おんし〉または〈おし〉）」と呼ばれる下級の神職が旅行の手配（各種奉納を神社に取り次ぐ神職が実質的に旅行の世話もしていた）をしていた［中江 2001: 184-218］。移動の自由のない一般の農民にとっては、伊勢参りや金比羅参り等の宗教的旅行は「巡礼」を隠れ蓑にした「日常」からの脱出であった。「抜け参り」という呼び名がまさにそれを物語っている。「伊勢参り大神宮にもちょっと寄り」という川柳からは、当時の伊勢参りの本音の部分が読み取れる。江戸時代には関所手形を持たない庶民が関所を通過することは原則的にはできなかったが、湯治や伊勢参りということならば比較的容易に通過が許された。とくに女性が関所を抜けるのは簡単ではなかった（とくに江戸から下る女性は「出女」と言われ、厳重に監視されていた）のであるが、実際には女性もよく旅をしていたのである［金森 2002: 168-218］。一八世紀に入ると関所の女手形も比較的簡単に発行されるようになったようであるし、関所を通らない迂回路を案内する業者も現れている［ibid.: 203-206］。関所によって自由な移動が禁じられていた江戸時代でさえ、男女問わず人びとは大いに旅を楽しんでいたのである。また、義理を無視した巡礼（おかげ参り等）以外の通常の巡礼の旅立ちには親類や近隣から餞別をもらい、帰郷した旅人は彼らに土産を配った。長い巡礼の旅から帰った旅人はみなから一目置かれる存在となる。また、旅人も巡礼という建前ならば街道筋の住民から食べ物ばかりでなく銭や宿まで喜捨された。江戸時代の庶民は旅をするのが好きであったが、それだけではなく社会的な風潮として巡礼の旅自体が大いに奨励され、歓迎されていたのである。

以上のように、観光現象は近代以前から存在しており、その性格は歴史的で特殊的なものであると同時に歴史を超えて一般的なものでもある。ローマ帝国の軍人、大プリニウスが人間の性質を「旅好きで新しいものに貪欲」［Löschburg 1997=1999: 25］と定義していたことからわかるように、ローマ時代の旅は、現代の旅とは形態がまったく異なるにもかかわらず、「新しいものに貪欲」という観光動機の本質においてはあまり変わらなかった。旅の欲望が、「他者」あるいは、「他者性」に対して誰もがもつ接近や同化の欲望（自分自身に対しては異化の願望）、すなわち「エキゾティズム」に対するあこがれであるとすれば、大プリニウスでなくとも、人には誰でも「旅好き」である面が備わっており、さまざまな歴史の局面において形は異なるとはいえ、観光現象が出現するであろうことは容易に理解できる。また「観光」という言葉は、『易経』の中に書かれてある「観国之光」(他の国や土地の風景、政治、習俗を見る)を語源とする(『辞海』(上)〈中華書店、香港分局版〉: 896,『大漢語辞典』普及版: 1654)。このことからも、たとえ危険に満ちているものであったとしても、旅心と冒険心、遠い見知らぬ世界(=「他者性」)へのあこがれは(もちろん旅に付随するさまざまな物欲や色欲もあるかもしれないが)、人間の心を魅了するものであり、人びとを「光を観る」旅へと駆り立てるものであったと理解できる。

このような「他者性」への渇望や「日常」からの脱出への行為は、文化人類学においては「儀礼」の過程としてとらえられる。たとえば、二〇世紀初頭の文化人類学者A・ファン・ヘネップは、旅を「日常」から「非日常」への出境と入境へのプロセスと考え、巡礼のみならず「他者性」への渇望が生む「日常」からの脱出へ向けた文化的行為を一般的に、「俗」の領域から「聖」の領域への往来、すなわち「通過儀礼(les rites de passage)」の過程としてとらえていた[Gennep 1909=1995]。のちに、英国の社会人類学者V・ターナーがファン・ヘネップの図式を「構造」の「死」と「再生」の文化装置としてより儀礼研究一般に位置づけ、このモデルが広く理解されるようになった。ターナーの研究はファン・ヘネップの通過儀礼の構造に人間の紐帯を挿入したところに観光研究の観点からも意義がある。彼は、死から再生への「移行期」(=「リミナリティ」)を、「コミュニタス」、すなわち「意味世界」を支える根底的な絆で人間同士が結ばれる状態と定義し、「生と死」「聖と俗」「中心と周縁」との交代と「再生」のダイナミズムを、巡礼の事例を使いながら、人間関係における紐帯の変化との関係の中で解き明かしている[Turner 1974=1981]。また、E・リーチは社会的役割に注目して通過儀礼の過程を解釈する[Leach 1976=1981: 157-161]。すなわち、俗なる時間の「役割」(生1)は聖なる時間への移行とともに分離され、聖なる時間の終わりとともにもとの俗なる時間における「役割」(生2)へと統合される。俗から聖への移行、そしてまた俗への再統合というプロセスは人間の生と死のアナロジーで考えられている。したがって、聖なる時

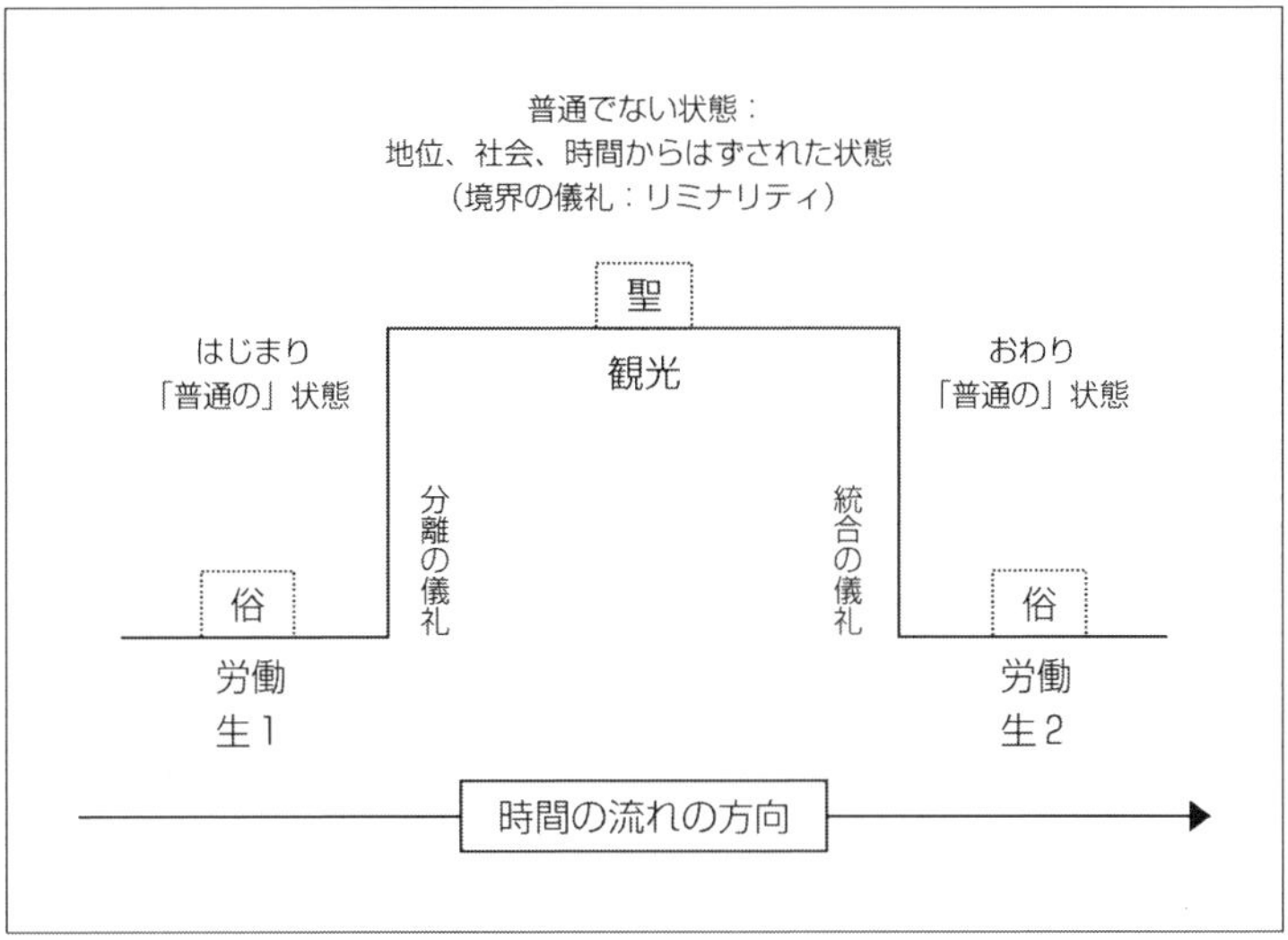

図1　N・H・H・グラバーンとE・リーチによる通過儀礼の時間の流れ
資料：Graburn［1989: 25］, Leach［1976=1981］

間の経験ののち再統合された生（生2）は再生された生であり、もとの生（生1）からは分節される。人間が行ってきた「旅」も、一つの「通過儀礼」の過程と見ることにより、その特徴が人間性の深層に存在することがわかる。人びとの「外に出ること（going out）」への欲望（ある意味では文化的な「死」への欲望）は、旅行や観光の根源的な原動力なのである。人は、旅をすることにより「日常世界」から「分離」し、そこで他者や「世界」との絆を再確認し、新しくよみがえった人間として「日常世界」へとたち戻ってくる。「再生」するための「死」（文化的な意味であるが）への欲望、「日常」から「非日常」への飛躍こそ、人を旅行や観光へと駆り立てるものである。このような「他者性」へのあこがれ、「エキゾティズム」「非日常性」の追求といった「観光」の儀礼的な性格を踏まえることは、実は現代の「観光現象」を説明するためにも必要なのである。

　ゴフマンの上演理論を応用したマキァーネルの観光の理論によれば、観光は現代の「儀礼」であり、究極の価値に対して敬意や関心を導き出す「機械的で因習的な行為」［MacCannell 1999=2012: 42］である。現在においても、観光を動機づけるものは「日常」と「非日常」の対立、あるいは「俗」と「聖」の対立であり、現在の観光の多くは、程度の差こそあれ表舞台から舞台裏を覗き込むという構造をもち、表と裏の対立が「聖なるもの」を生成すると説明する［MacCannell 1973=2001］。D・J・ブーアスティンが旅と観光とを分け、一方を「本物」の冒険、一方を「疑似イベント」の消費とするのに対し、マキァーネルは旅も観光も同様に「本物」志向の儀礼行為であると言う（観光地もまた「本物」志向を目して演出される）。また、マッキァーネルによれば、現代人の観光と「未開人」の儀礼行為は等価であり、「オーセンティックではない自己の経験を現代人たちが気にとめること、これは未開社会において聖なるものを気にとめることとパラレル」［ibid.: 93］なのである。「旅は本来、宗教的な巡礼だった」［ibid.: 97］という名残はとどめていると言えよう。

アーリは観光に共通する九つの特質を挙げながら、観光動機の根源に非日常性への希求があることを強調する［Urry 1990=1995: 4-6］。すなわち、観光には、①労働との差異、②移動にともなう地理的差異の存在、③出かけて家に戻ること（家の中と外との差異）、④賃労働との差異、⑤大衆性、⑥日常の尺度との差異、⑦日常の景観からの差異、⑧記号性、⑨階層性が存在するのである。以上挙げられた特質の文化的なものは、日常との差異で成立している（観光客の属性にかかわる項目は除く）。アーリはマキァーネルによってなされた観光の文化人類学的研究を引用しながら、「観光は通常、日常（ordinary/everyday）と非日常（extraordinary）との基底的二項対立から生じる」［ibid.: 21］と言う。

同様の定義はコーエンの旅行者の役割理論の中にもある。コーエンは、ツーリズムの本質的要素とは「目新しさと変化の追求（pursuit of 'novelty and change'）」［Cohen 1974: 544］であると言い、「非日常性」を未経験領域としての「目新しさ（novelty）」と、既経験領域としての「変化（change）」の二つの部分に分けている（コーエンはツーリズムの多様性を強調するのであるが）。アーリやコーエンにとっては、観光とは、非日常体験を求めて、一時的に「出かける（go away）」ことなのである。

以上のように、観光現象にともなう汎時的側面、あるいは人間学的側面を基本に置くことにしよう。そのうえで「観光現象」が、近代化とともに、すなわち技術の発達と資本主義的社会関係の中でいかに産業化されシステム化されていったかを考察することが求められる。観光のもつ人間学的性格、汎時的性格は、歴史の中で、矛盾を含みながらもさまざまな技術、経済、政治、文化等の諸要素と結びつき、さまざまな形に変えられていく。次の節では、近代の諸相と結びついた観光の姿に、現在の観光現象の出発点を見る。観光の「現在」について考えるのが本書のテーマであるが、観光社会学が社会学の一部であることの意味は、観光を通して近代とは何であったのかを考えることにある。現在、世界中どこに行っても近代と出会わない観光地はない。

観光社会学においては、近代性をつくり出す資本主義経済、政治、テクノロジー等、諸要素間の結びつき、あるいはそういった諸要素と現実に関係し合う観光の生産者、消費者、両者をイメージでつなぐメディアの役割にも注目する。観光社会学は、諸要素が関係し合う部分の学問であるとともに、部分からは独立した総和としての全体社会から見た観光現象の意味を問う学問でもある。すなわち、それは観光現象をミクロの視点で見ると同時に、マクロの視点でも見るものである。観光の対象が文化的なものであることが多いため、観光現象の分析には、たしかに広義の文化社会学的視点を欠かすことができない。しかしまた前述したように、観光とは他の文化現象とは異なる独自な経験であり、文化社会学的手法を使いながらも、観光社会学では独自の視点が試されなくてはならないのである。このことは、宗教社会学が文化社会学の一つでもありながら独自の発展を遂げたのとよく似ている。また、観光現象は経済、政治、あるいは交通機関やメディア機器等におけるテクノロジーの変容から大きな影響を受ける。筆者は経済、政治、テクノロジー等の変容も含めた独自の領域として観光現象を分析する必要性を強調したい。

3 近代と観光の欲望の社会的組織化

前節で挙げたような、「歴史的」に観光行動がもっている「他者性」「儀礼性」という汎時的性格を現在の大衆観光に直接当てはめてよいのだろうか。「巡礼」という建前をもつ大衆観光は別にして、貴族の子息たちが行った長期の大旅行であるグランド・ツアーに代表されるような一九世紀初頭までの観光は、一般大衆のものではなかったうえ、交通機関、宿泊施設等の状況も現在と大きく異なっていた。大衆向けの観光旅行は一九世紀の鉄道の普及と同時に始まった。英国では、一八四一年にトーマス・クック社が今のパック旅行の原型となるツアーの販売を始めている。欧米における近代の大衆観光の興隆には、産業社会化にともなう大衆の余暇の創造とその組織化、そしてその管理への意志が背景に存在していた。

産業の発展にともなって制度化、組織化されるようになった労働現場は、次第に祝祭や娯楽から分節され引き離されていった。産業化の初期に労働者階級の間に蔓延していた飲酒や無軌道な享楽、無為な時間つぶしに対しても次第に監視の目が向けられ、罰則のルールづくりも進められていった。労働者階級の日常生活の合理化は、時間厳守といったような工場労働の規律の厳格化だけでは不完全であり、労働の裏側にある余暇の健全化、合理化が不可欠であった。とくに、一八世紀のブランデーの輸入禁止から逆に国産のジンやビールを飲む習慣が蔓延した英国において、飲酒の習慣を抑制することは、工場での労働規律を守らせるためにも至上命令であった。労働と余暇を明確に分節化したうえで、健全な余暇活動を普及させる運動はこのころ広がりを見せていた。雇用者も、労働者に健全な余暇を与えることが、労働効率改善につながると信じるようになってきた。産業化の初期には増加の一途であった労働時間も、一九世紀中葉には減少に向かい、一九世紀の終わりには土曜日の半休も一般的になる。また、このころ広まっていた「ロマン主義」的自然礼賛（とくに温泉浴や海水浴が健康を増進させるという信仰）の風潮も、労働者の余暇活動の方向性を決定した［Urry 1990=1995: 37-42］。鉄道が工業地帯から海岸へと延びていった英国においては、ブラックプール(3)やブライトンのような労働者の海岸観光地が出来上がっていった。

熱心な禁酒運動のボランティアであったトーマス・クックが、禁酒運動の一環として健全娯楽である観光旅行を一般大衆に（とくにそれまで観光から閉め出されていた女性に）普及させようと努めたことは、この時代の観光のあり方を鮮明に表している。また、この時代に鉄道網が急速に発展したことも、トーマス・クックによる観光の普及に大いに影響を与えている。彼は、ゲームやダンス付きの団体鉄道旅行を組織し、一般大衆を禁酒大会に連れて行った［本城 1996: 23-32］。鉄道旅行を禁酒運動に利用したのである。欧米における観光旅行の興隆の背景には、交通機関の発達ばかりでなく、労働規律の合理化、厳格化と表裏の関係にある余暇の健全化に向けた運動があった。近代の観光の発達は労働規範の確立や労働の効率化と切り離せない。

今でも「労働者階級」のリゾート、ブラックプール

トーマス・クックによる大衆の観光旅行が担った、社会の近代化に欠かせないもう一つ重要な役割は、大衆に対する「進歩」のイデオロギーの注入である。大規模な万博としては一回目である一八五一年のロンドン万国博覧会は、世界制覇に賭けるヴィクトリア朝英国の国威発揚のための一大キャンペーンであった。ハイドパークの一角に建造された巨大なガラス張りの建物（水晶宮）には、世界の四分の一を支配した大英帝国とその植民地から運んできた蒸気機関を使った新しい機械類、化学薬品、その他の新しい工業製品、農作物までもが整然と陳列されていた。ここには六〇〇万人を超える人びと（当時の英国人口の約三分の一にあた

る）が、英国内外から集まった。トーマス・クックは水晶宮の設計者と鉄道会社の社長からこの万博への集客を頼まれ、全入場客の三％にあたる約一六万人の見学ツアーを組織している［ibid.: 55-65］。彼はロンドンに簡易宿泊施設まで設け、ミッドランド地方の労働者階級を中心とした大衆に鉄道旅行のすばらしさと大英帝国の偉大さを観光という形で示したのである。

万国博覧会は単に国威発揚と産業主義のイデオロギーの啓発に役立ったばかりではない。それは、水晶宮という巨大パノラマを見る当時の大衆に博物学的なものの序列の仕方と、何よりも「視覚」こそが確かな知を創り出すという自然科学主義的イデオロギーを植え付け、「視覚」中心の認知スタイルを教化していった［吉見 1992: 27-54］。鉄道旅行がもつパノラマ的な景観と博覧会がもつパノラマ的な展示とは類縁関係にある。トーマス・クックはこのロンドン万博以降、パリで数度開かれた万博にも格安のツアーを企画し、多くの大衆への禁酒教育を通した近代的規範の教化ばかりでなく、「視覚の専制」という近代的な〈まなざし〉の体制の確立と進歩の欲望の一般化に寄与している。彼は、大衆に対して視覚による科学的鑑識眼の育成をしつつ、禁欲と労働の倫理を説き、それに見合う健全な余暇活動を奨励する道徳家にして起業家、まさにシステムとしての産業社会イデオロギーの唱道者であった。

アーリによれば、近代以前の旅行者の経験は視覚以外の感覚をも動員して行われるものであり、とくにその経験の言説は聴覚的に語られるものであったという［Urry 2002: 147］。なるほど、マルコ・ポーロの『東方見聞録』もジェノヴァの牢獄で物語られたものであった［岩村 1951: 125-147］。近代の「ロマン主義的まなざし」が賛美する自然の景観でさえ、中世には荒々しく恐ろしいものであり、ホテルの窓も恐ろしい山側を避けるように設けられた。カメラ、ガイドブック、スケッチの習慣、バルコニー、地図等の発明、そして列車の窓から景色を見るという客観的な鑑識眼による旅行経験は、自然景観から触覚・嗅覚・聴覚的要素を奪っていく。こうして、旅行経験は深さのない平面的な「視覚的」経験へとつくり変えられていったのである。そしてまた、こうした視覚経験の優位は、人びとや景観を相互に交流するといった経験ではなく、人びとも含めた風景を一方的に「所有」するという近代的観光経験をつくり出す。一九世紀末から二〇世紀初頭にかけてパリのエッフェル塔をはじめとして（それを模して）、ブラックプール等においても風景所有のための塔が建ち、海浜リゾートには海の風景を所有するための観光桟橋がつくられていった。

以上のように万博ツアーに代表されるような近代観光は、近代国家の進歩や発展、あるいはそのための科学技術的方法への信仰をつくり出す、いわば近代産業主義の〈イデオロギー装置〉であったと言えるのであるが、同時にそれは、世界中の「見慣れぬもの」へのあこがれ、すなわち「エキゾティズム」の幻想をかき立てるものでもあった。しかし、この「エキゾティズム」は西欧の文化的優位と東洋の文化的劣位を前提としていた。このころ西欧においては、東洋に対して独特の〈オリエンタリズム〉[Said 1978=1993] の〈まなざし〉が向けられるようになっていたのである。欧米人の〈オリエンタリズム〉に触発され、それに呼応する形でそのまなざしの対象であった現地の人びとが、逆にそこから映し出された集合的イメージ（集合的アイデンティティ）をつくり上げるさまは、バリ島観光研究等で分析され紹介されている [永渕 1998]。実際には、一九世紀末にはすでにヨーロッパにおいても米国においても世界は征服し尽くされ、「大きな物語」としての「見知らぬ世界」、すなわち大いなる「他者」はもうすでにほとんどなく、「エキゾティズム」は〈オリエンタリズム〉に触発されながら（「オリエンタリズム」に抵抗する形もありうるが、それはもう少し後になってからの傾向である）人工的につくられていった。

一九世紀末から二〇世紀初頭にかけてはヨーロッパにおける「伝統の大量生産」の時代であったことも、観光におけるイメージの生産と通底している。フランスにおける第三共和政時代、ドイツにおけるプロイセンとその他の統合の時代、米国における南北戦争後の連邦統一の時代、その他ヨーロッパ諸国もそれぞれ異なる事情があるとはいえ、近代的国民国家創造期を迎えたほとんどの国家は、それぞれ（明治維新後の日本も同様であろう）新しい国家のアイデンティティを創り出す必要があった [Hobsbawm 1983=1992: 407-432]。とくに、選挙制民主主義の進展と大衆民主主義の出現は、政治から非合理的要素を排除したのではなくて、むしろそれを利用したのである。大衆政治は社会の合理化とともに新しい「伝統」の創出も求めていたのである。私たちは、観光による社会や文化の組織化に関して、単なる近代合理性の浸透や観光商品の普及という側面の分析だけで事足りるというわけにはいかない。観光に欠かすことができない場所のイメージの生産と消費は、近代の産業主義と、それを支える国民国家創造のための政治という、近代社会における二側面の共通の底に横たわるイデオロギーと大いに関係があった。

以上のように近代国家においては、観光が産業化され、大衆化され、システム化されることにより「観光現象」が社会全体に浸透していく。日本においても、観光が近代国家のイデオロギー生産にかかわりだす状況は、欧米よりも少し遅れるが、一九世紀の終わりには現れていることを確認することができる。ヨーロッパにおける観光現象の発端が禁酒運動やワンダーフォーゲル運動のように大衆の「健全な」余暇の開発を目的とした民間のボランティア的運動であったのに対し、日本における近代的観光現象の発端は学校や職場等の団体旅行にあった。学校が組織した観光旅行の代表は修学旅行である。以下に示すように修学旅行が観光の形成にとって重要であるのは、第一に学校教育が規律訓練的なシステムを物見遊山的なレクリエーション行事と結合させつつ定着させ、国民の余暇活動への欲望を、規律訓練と矛盾しない方向に水路づけ、かき立てていったことである。第二に重要であるのは、修学旅行が「見学」という実践教育を通して、若者たちに国民国家の目標を指し示し、祝祭的な観光を利用しつつ、何を見て何を知るべきなのか選択し、国民の〈観光のまなざし〉の枠組みを内面化させようとしたことである。

「修学旅行」という名の集団旅行は、一八八六年二月に、東京師範学校が一一泊一二日の日程で千葉県下において実施した徒歩の行軍訓練に始まったとされる［公益財団法人日本修学旅行協会 2017］。この行軍訓練的徒歩旅行は、「発火演習」（銃器を使った軍事演習）的要素ばかりでなく、行軍の合間には親睦や物見遊山的要素もあわせもっていたのである。修学旅行が「発明」される以前には、遠足や行軍は運動会をも兼ねることが多かった。運動場が確保・整備される以前の学校では、運動会が行軍をともなって近くの河原や神社で行われた。とくに関西地方では昭和初期に至るまで、日帰り遠足のことが「運動会」と呼ばれるほど、両者は同時に行われていたのである〔速水 1999: 200-219〕。一八八五年に初代文部大臣森有礼が「行軍」や「運動会」を国民の団体訓練と体力向上のためとして奨励すると、この両者は全国的に普及していった。運動会と修学旅行（または行軍）は建前こそ軍事訓練的なものであったが、実際には人びとはそれらを楽しんでいたのである。すなわち、両者とも「祝祭」と「規律訓練」とをあわせもっていた。吉見は、運動会の全国浸透にあたって、子供の身体に対する統制の貫徹へと向かう規律訓練的力と、村をあげてのお祭りへと向かう「祭礼化」「興業化」とが拮抗していたことを指摘している〔吉見 1999: 39-47〕。運動会は祭礼と訓練の両者の要素を含みながらも、いや、そうであるがゆえに「国家的な儀礼化＝規律化のシステムを支えてゆく役割」〔ibid.: 46〕を果たしたと言えるのである。運動会とセットで始まった行軍、またそこから発展した修学旅行も性格は同様のものであった。遠足と未分化の「運動会」において、河原や神社の境内まで行軍しながら移動することは、行事の非日常的要素、祝祭的要素を強化したであろうことは推測できる。修学旅行と運動会は形こそまったく異なるが、祝祭と規律＝訓練とが、矛盾を含みながらも溶け合うそのルーツにおいて共通する要素を多くもつ。吉見は、近代の規律＝訓練的な権力が、伝統から引き継いできた民衆の楽しみとしての祝祭的なものを利用したことを強調しつつ、「むしろ近代は、一方ではそうした規律＝訓練的な権力を私たちの日常生活の隅々まで深く浸透させながらも、まさにそうした戦略をマツリの抑圧によってではなく、マツリの発明と再編、人々の日常性と非日常性についての新たなフォーメーションの創出を通じて達成していったのだ」〔ibid.: 8〕と言う。近代の権力が、非日常性の創造を通して、国民を「従順」な政治的「客体」としてだけではなく、「主体（subject）」として形づくるためには、祝祭空間の再編が必要だったのである。このような祝祭的権力の「生産性」（フーコー）を熟知していたのは、森有礼に代表されるような、留学帰りの近代的リーダーたちであった〔ibid.: 24〕。「規律＝訓練」は単なる権力による抑圧では貫徹しない。修学旅行は観光の非日常性、祝祭性をもつからこそ、国家にとっても、大衆にとっても、さほど難なく受け入れられていったのである。

修学旅行にはもう一つ「見学」という要素があることも忘れてはならない。「見学」とは、国家の偉大さを象徴する歴史的建造物や宝物を見学し、発展した地域あるいは施設を体験すること、すなわち未来につながる歴史と進歩の物語を視覚的に検証する学習作業である。国民である以上共通に体験すべき「伝統」と進歩の象徴の崇拝、国家イデオロギーの形成は修学旅行の重要な機能の一つであり、こうした国家のアウラ（霊的な威信）を集団で体験することが、国民国家の発揚には不可欠であった（日本最初の修学旅行を行った東京師範学校がのちに、日本を象徴する霊峰富士山をまわるツアーをしていたことは示唆的である）。日清日露戦争以降、併合された韓国、台湾からたくさんの修学旅行団を招き入れ、同時に日本からも修学旅行団が満州韓国方面に多く旅行をしている。一九〇六年（明治三九）には、文部省と陸軍省共催の中学校合同の満州旅行として日露戦争の戦跡巡りが行われているように〔速水 1999: 214〕、この当時の修学旅行で行われる「見学」の〈まなざし〉は、日本の軍事的発展と領土の拡張へと向けられ、国威発揚のために有効な教育手段として利用されていった。一九世紀末よりドイツで盛んになったワンダーフォーゲル運動も、第二次世界大戦前には「祖国を愛する運動」へと変質し、ヒトラーユーゲントに併合させられるといった同様の軌跡をもっている。この時代には「観光」を使った教育の政治利用が広く行われていたのである。

修学旅行に見る観光の「教育化」は、観光の近代的社会化の一つのパターンであるのだが、こうした教育運動は学校教育を超えて工場労働にも及んでいった。明治末期から大正にかけて、このような日帰り遠足としての「運動会」は工場労働者の間にも波及していく。「運動会」がその後レクリエーション的要素を拡大しつつ職場旅行へと姿を変えていったと推測するに難くない。日本においても、近代初期には、観光は学校教育を通して国家イデオロギーの創出に動員され、さらには近代の工場労働の規範創出・維持にも関係していったのである。以上のように、近代国家創生期と言える一九世紀末から二〇世紀初めには、観光は産業化のエネルギーを注入することに役立っていたし、観光業自体の産業化、システム化も急速に進んでいった。

4　近代観光の性格と聖なるものの枯渇

前節では、近代観光がいかに組織化され、またその「儀礼性」や「祝祭性」を動員しつつ、どのように産業社会の労働倫理や国民国家イデオロギー形成に役立っていったのかについて述べた。こうして、観光が一つの国家的産業へと包摂され、単なる巡礼等の宗教的行事や湯治等の癒やし、あるいは文化人の逃避といったものから、国威発揚、殖産興業のための手段へと変質していったとき、第2節で述べたような観光の汎時的な性格としての「儀礼性」はどのように変容するのであろうか。

観光が産業化されることでもたらされる変容は、第一に観光の合理化である。トーマス・クックの団体観光旅行の客に女性が多かったのも、トーマス・クックたちが観光旅行を予測可能な安全なものにしていったからであった。第二に重要なことは、新聞、雑誌、ガイドブック、写真、映画、テレビ等の近代のメディアが、観光のイメージを観光に出発する前に視覚的に示してしまうことである。観光体験の解釈のフレームが、現実の旅で直接体験され確立されるのではなく（あるいは他者の旅行経験の対面的な伝聞ではなく）、観光に出発する前に、メディアや旅行代理店によってすでにつくられており、観光客は旅行経験をそのイメージのシステムの枠内で、前もって与えられたイメージのフィルターを通して、形づくるようになったということである（観光は元来「二次創作的」［東 2017］特徴をもつものであるが、近代においてはメディアの権力のもとでより作為的なものとなる）。これらのことが、観光が組織的な「産業」として成立するようになったことの社会的（あるいは政治的）意味である。現代社会におけるリアリティの形成にメディアが介在していることを説いたD・J・ブーアスティンは、主に第二の点から観光体験の変容について述べている。

ブーアスティンは、マスメディアによるイメージの専制、およびそのイメージによる社会的リアリティの形成のあり方を「疑似イベント」と呼ぶ。彼によれば、観光とは「擬似イベント」の最たるものであり、その経験は、メディアを通して、あらかじめ「仕組まれた」ものである[Boorstin 1962=1964: 89-128]。彼は、トーマス・クック等の旅行業者により組織化され、ガイドブックによりイメージをあらかじめ創られた旅行は、偶然の出会いを妨げられ、「本物」の体験から疎外された「まがいもの」であると言う。トーマス・クック社が創作し世界に広めたパック旅行やクーポン制によって予測可能性が保障され、またさまざまな危険性が保険によって担保されたとき、能動的な「旅行者」は受動的な「観光客」になったのである。産業化されシステム化された近代観光は、自らつくり出した「環境の泡（environmental bubble）」の安全さと便利さと引き替えに、中世の巡礼のような旅の経験に存在していた「儀礼性」や「聖性」を喪失してしまったように思われる。

M・ウェーバーの世俗化論を現代の消費文化に応用したG・リッツアは主に先に述べた第一の点から近代観光を批判する。リッツアによれば、現代社会においては、レストランのみならず大学、病院に至るまで、ますますウェーバーの言う近代合理性の原理である計算可能性、効率性、予測可能性、人間によらない技術体系の管理、機能的合理化によって支配されつつあるという[Ritzer 2000]。この原理が最も顕著に表れているのがファーストフード・チェーンの「マクドナルド」である（リッツアはこれを「マクドナルド化」と呼ぶのであるが、彼は決して「マクドナルド」だけを対象にしたわけではない）。観光にもこの近代化の原理が当てはまる。したがって、もし観光が非日常性を求めるものであるとすれば、現代社会はあらゆる領域において「マクドナルド化」の原理である計算可能性、予測可能性等、近代合理主義の原理が支配しているために、人びとが観光に求めるような「新しくて異なるもの」などほとんどなく、観光する理由がなくなってしまうのである[Ritzer 1998=2001: 243]。またブーアスティン同様、旅行の仕方そのものが「マクドナルド化」し合理化され尽くした安全な旅からは、非日常性を求めることは次第に不可能になると彼は言う。それでも観光は「マクドナルド化されていない要素とマクドナルド化された要素の適切な配合」［ibid.: 244］によって洗練されるのであるが、皮肉なことに合理化を逃れようとする、あるいは合理化に対抗しようとするすべての手段もまたマクドナルド化されてしまう。結局、「ツーリズムはアーリが言うような非日常性を提供できなくなっている」［ibid.: 234］のである。しかし彼は、ツーリズムはさらに発展すると言う。なぜか。リッツアによれば、現代の観光客は予測不可能な非日常性などそもそも求めていないからである。マクドナルド化システムの中で育ち慣れ親しんだ現代人は、「そのシステムを受け入れるだけでなく、それを強化するのである」［ibid.: 243］。ほとんどの観光客は「思いがけないことを望んでいない」［ibid.: 241］。ブーアスティン同様、現代の観光客はその「環境の泡」から出ようとしないのであるが、リッツアの観光客はより積極的に自ら進んで「環境の泡」という「全制的施設」（あるいはパノプティコン）の中で管理されることを望み、その中で消費に駆り立てられるのである。

ブーアスティン、リッツア両者とも観光の「合理化過程」について、要するにカリスマ性の喪失と官僚制の勝利、それにともなう脱魔術化（ウェーバー）について述べているのである。観光の合理化過程においては、観光に備わっていた「聖なる時間」（＝「コミュニタス」）を求めて「日常」（俗）から「非日常」（聖）へと飛躍する「イニシエーション」の特徴は色褪せるであろう。とくに、リッツアの言うように観光旅行が日常化し、また観光旅行とモールでの買い物のような日常生活と区別できなくなるまで消費生活全体が観光化した現代においては、「限定的意味領域」（A・シュッツ）としての観光（地）は成立しにくい。ブーアスティンやリッツアの言うように、現代において、観光することで「聖なる」経験をもつことは、たしかに難しくなりつつある。

しかし、このような観光における合理化論は、観光の変動の一方の側面しか見ていない。先にもふれたマキァーネルの観光の「儀礼性」の研究は、システム化した現代の観光の中にも（演出であるにせよ）「儀礼性」をもった旅への希求が存在していることに焦点を当てていた。マキァーネルやアーリが見ていたように、「非日常性」を求める観光という基本的性格は依然として変わらないというのが筆者たちの立場であり、それには次のようなことが根拠として挙げられる。すなわち、①社会の機能的合理化が進むからこそ、「意味」やアイデンティティが希求されること、②非日常性の日常化のために「もう一つの現実」としての観光が日常から分節化することが難しくなるがゆえに、あらゆる観光（地）が次第に人工的、演出的なものになり、そこにおいては「本物」と「偽物」の区別は意味をなさなくなること、③現代人の生活は絶え間ない自己モニタリングとアイデンティティの再構成を人びとに要求し、その結果、人びとは固定的な役割関係から解放され、個人の行動や人間関係には絶えず「再帰性」が働くようになること［Giddens 1992=1995］等である。

以上のような現代社会における文化のあり方を考慮に入れると、ブーアスティン、リッツアの見方はあまりに決定論的でエリート主義的であると言わざるをえない。そもそも近代化は荒涼とした機能的合理性だけで成立しているわけではなく、非合理的な領域がそれを支えているということを、とくにリッツアは見逃している。(4) 近代化には合理性とともに合理性の中には収まりきらない欲望の爆発が必要であったのであり、現代においてもその性格は基本的には変わらない。ただ、現代では欲望の生産、操作が記号を中心に行われるために、個人の「主体的」意味生産／消費がより重要になり、文化の発信と受容の過程は従来のような固定的なものではなく、より複雑で不安定なものになっていく。たしかにブーアスティンの言うように、現代では「現実が疑似イベントにしたがう」［Boorstin 1962=1964: 53］、すなわちイメージが現実をつくり出す。しかし、「疑似イベント」自身が多様化し個人化する現在においては、イメージと現実とは入り組んでおり、どのイメージがどの現実をつくり出し、それがどう人びとに受け入れられていくのかは、その過程とともに再帰的で流動的なのである。イメージ産出や受容をめぐる固定的な関係性が薄れ、その過程が不明確で不確定であるがゆえに、イメージ産出、受容をめぐる多面的で重層的な闘いが存在する。観光社会学の視線は観光の「偽物」性を告発する方向ではなく、相互作用が行われている「場」と観光者の行為作用（agency）との関係性についての解明にこそ向かうべきなのであろう［MacCannel 2011］。

次に以上のような「合理化」以降の観光の現状を、現代文化の変動に則しつつ、もう少し詳しく分析してゆこう。

5　個人化の進展と観光の変容

文化的、社会的な事象に対する人びとの行動や態度性向が、近代化の進展とともに伝統社会のそれからどのように「脱-埋め込み」するのかについては、社会学の中心的テーマであった［Giddens 1990=1993］。F・テンニースは、ゲゼルシャフトにおける「選択意思」、すなわち、合理的・功利的意思を志向する態度性向を近代人の特徴に見ていたし、E・フロムは「市場的性格」に、そこから発展させてD・リースマンはジャイロスコープを個人の内面にもつ「内部指向型」から他者の行動を自らのレーダーに絶えず映し出す「外部指向型」への変容に、R・N・ベラーは「功利的個人主義」から「表現的個人主義」への変容に見ていた。筆者はこれらの分析枠組みをU・ベック、A・ギデンズ、S・ラッシュが「再帰的近代化」と呼ぶ視点からとらえ、「個人化」の進展、すなわち「単純」な個人主義から「再帰的」な個人主義への転回として包括することができると考える［Beck, Giddens, & Lash 1994=1997］。

西欧において個人主義の出現は、広範な領域での伝統社会の崩壊を意味するものであったとしても、社会そのものの崩壊を意味するものではなかった。むしろ、個人主義の進展は、全体社会をより合理的に組織された有機的な連帯（デュルケム）に導くものと考えられていた。実際に、個人主義的欲望に基づく個人間の競争や闘争は、社会を前進に導くエネルギーであり、発展する未来へと続く時間的連続性という見通しの中で、国民国家の枠組みとともに機能的に調整されていく体制が成立していった。諸個人は伝統から解放されたが、国民国家形成とその発展に向けた行為主体として、「利害」を軸にしながらも祝祭的なものを利用しつつ、集合的アイデンティティを与えられ再組織化されていった。しかし、経済的成熟とともに、その産物である消費社会、情報社会の進展が国家的「発展」のイメージを散逸させる。こうした「大きな物語」の終焉は、固定的な社会的役割から自由になった諸個人のアイデンティティの感覚を変容させ、自らの行為に、あるいは行為を規制する制度に省察をうながしていく、すなわち人びとの生活をより「再帰的」にしていくのである。

主に先進国において一九六〇年代末から起こった、このようなアイデンティティのあり方や文化の変容を、ラッシュは、「単純的モダニティ」から「再帰的モダニティ」への変容と表現している［ibid.: 212］。近代初期の「単純的モダニティ」は、拡大家族や村落共同体等、伝統的な中間集団がもつ「ゲマインシャフト」的な構造を打倒し、「ゲゼルシャフト」的構造をつくり上げてきた。しかし、ラッシュによれば、「単純的モダニティ」がつくり上げてきた関係性は、「個人化」の途上にすぎない。伝統社会が「共同体的構造」を想定していたのに対し、「単純的モダニティ」による社会は、労働組合、福祉国家、行政官僚機構、科学的経営管理方法による作業現場規則、階級構想等、「集合体的構造」を想定している。このような「集合体」は「ゲゼルシャフト」的関係性によって成立し、伝統社会のような「意味」の共有による共同体ではなく、「利害関心」の共有を前提としている。マルクスが見た「階級」もそのようなものであったと言えよう。そしてさらに、モダニティそのものに備わっている「再帰性」という運動は、「たとえば階級や国家、核家族といった集合的かつ抽象的構造から、また科学の有効性に対する無条件の信仰から、人々を解放してきた」［ibid.: 215］のである。個人化の深化の中で人びとは、自分自身に対して、そして自分を取り巻く制度に対して「省察」を加えるように習慣づけられる。こうして、「再帰性」の進展は、人びとの行為作用（agency）を社会構造の拘束から解放していく。すなわち固定的な役割関係から自由になり、選択的で再帰的な関係を結ぶようになる［Giddens 1992=1995］。再帰的になった社会にあっては、規則、制度や「国民的」流行などの「大きな物語」に縛られた「大量生産消費主義体制（フォーディズム）」的な生産－消費の構造から、より「個人化」を前提とする「融通のきく専門分化」された生産と「特化する」消費の組み合わせへと（すなわちポストフォーディズムへと）、生産、消費の体制が移行する。観光の「個人化」の進展やインターネット通信技術の発展も、「フォーディズム」から自らを解放する過程で生じてくる諸傾向（たとえば多品種少量生産）を加速するようになるのである。

現代社会にあっては、「特化する消費（あるいは生産）」を担っているのは、ある種の「ライフスタイルを共有する文化的階層（ラッシュの言う「文化共同体」）である場合も多い。とくに、一つの観光地に複数の（あるいは無数の）「文化共同体」が混在する場合、当然文化的摩擦が生じることになる。観光地文化の統一性のなさや「俗化」の問題もこの文脈から考えることができるのである。小規模な観光地（たとえば熊本県の黒川温泉のような）の場合、この問題に対し、地域共同体によるある種の「統制」が可能であると考えられるのだが、規模が大きくなった場合（たとえば大分県由布市のように）、物理的利害対立や「観念的利害」対立による諸葛藤の発生と、それを治める「合意形成」（あるいはヘゲモニーの奪い合い）という新しい政治的過程が要求されるのである。

観光政策が一種の文化政策である以上この「合意形成」は、何が「観光資源」であるべきかをめぐる「分類闘争」[Bourdieu 1979=1990] という形をとるであろう [ibid.: 34]。こうして、現代の観光地、とくに「特化した消費」に基づく観光地においては、「分類」をめぐるヘゲモニー闘争が、意識的にも無意識的にも繰り広げられることになる。多品種少量生産（＝特化する生産と消費）型観光の諸問題の多くは、国家的レベルから村おこしに至るまで、現代の観光が資源の「分類闘争」の中にあることに起因する。そこにおいて「経済的」利害だけではなく「文化的」利害あるいは「アイデンティティ的」利害（これらには「政治的」利害が絡むことが多い）の対立がいかに生じてくるのか、観光社会学は注視する必要がある。

以上のような観光における「大量生産型」の資本主義から「多品種少量生産型」の資本主義への変動は、モダニズムからポストモダニズムへの文化の型の変動としてもとらえることができる。もとより異種混交的で脱分化的な観光文化はポストモダニズム文化の特徴を多くもつ［須藤 2012］。以下、ポストモダニズムの文化理論に依拠しつつ、観光文化の特徴を見てゆこう。

6 ポストモダン文化と観光

モダニズムという言葉が誤解を招きやすいのと同様、いやそれ以上に、ポストモダニズムという言葉は誤解を招きやすい。A・ギデンズやF・ジェイムソン、D・ハーヴェイはモダニズムとの連続性を説き、J・ボードリヤール、S・ラッシュ、J・アーリはどちらかというとモダニズムとの差異性に注目し、新しい「文化的パラダイム」［Urry 1990=1995: 148］を強調する。筆者はこのことについての議論をここでしようとは思わないし、そのことが観光文化とポストモダニティの関係を論じる論理の中でとくに役に立つとも思えない。そうしたことよりも、一九六〇年代より起こった芸術文化運動であるポストモダニズムと観光文化との類似点を探し出し、またその類似点ゆえに、現代社会にとって、あるいは現在の資本主義システムにとって、観光文化が欠かすことのできないものになりつつあることの意味を考察する方が重要であると思われる。

アーリが主張する観光のもつポストモダニズム的特徴は、ラッシュの文化変動の理論によっている。次にラッシュのポストモダニズムに関する議論を検討しながら、観光とポストモダニズムとの関係について見てゆこう。ラッシュは、ポストモダニズム文化の特徴を、①文化内容の「脱-分化」、②「図像による（figural）」文化の形成、③ポスト産業的中産階級の文化の三つの点から述べている［Lash 1990=1997: xvi］。一つ目の文化内容の「脱-分化」については、ラッシュのポストモダニズムの理論を共有するアーリはこれを水平方向と垂直方向の領域の溶解に分類している［Urry 1990=1995: 148-167］。水平方向の領域の溶解とは経済、家族、国家、学問、道徳、美などに関する分野の境界の崩壊のことであり、ウェーバーの言うところの「固有法則性」の相互浸透、あるいは溶解のことである。垂直方向の領域の溶解とは、文化と生活の区分、ハイカルチャーとローカルチャーの区分のアウラ的芸術と大衆芸術との区分、エリート消費と大衆的消費の区分等の崩壊のことである。

観光はこの二つの方向における領域侵犯という特徴を元来もっている。水平方向で言えば、歴史も美も道徳の違いさえも観光は消費の対象としてしまう。一八七〇年のフランス・プロシア戦争のときには、トーマス・クックの息子で当時クック社を引き継いでいたジョン・メイスンは、戦争見物の野次馬のために一五〇〇人もの団体ツアーをパリに送っている［本城 1996: 185］。観光は「戦争」という非常に「真面目な」ジャンルを見物の対象(5)や遊びの対象（一九九〇年代の日本においてもロシアに戦車を操縦しに行くツアーが評判になったように）にしてしまう。観光が元来もっている姿勢は、ジャンルを超えて部品を取ってきて継ぎ接ぎし、遊びに変えてしまうポストモダニズムに近い。ポストモダニズムにまったくかかわっていないはずの当時の観光が実践していたことは、すでにポストモダニズム的であったのである。また、垂直方向の文化境界の溶解においても観光は早くからそのポストモダニズム的特徴をもっている。観光客が大挙してやってくる以前には、貴族階級や一部の金持ち階級にしか興味をもたれていなかった美術館やレストラン、宝石店、ワイン・ショップ等に、外国から来た観光客が大勢やってくるといったことは、何もヨーロッパを観光する一九八〇年代の日本人や現在の中国人だけの話ではない。階級文化がもつ独特の文化の読み方を習熟していない観光客のために、「有名な」作品だけを簡単に解説しながらまわるツアーを多くの美術館は用意しているし、美術館そのものも観光客用につくられる傾向がある。従来は高級文化の「文法」の中ではじめて意味をもっていた名門ブランドのデザインでさえ、逆に買い物ツアーの観光客を前提としたものに変えられることさえある。観光文化が領域破壊的なポストモダニズム文化に適合的なだけではなく、むしろ観光文化がポストモダニズム文化の商業的側面を積極的につくり出していることに注目しなければならない。

二つ目は、「言説による（discursive）文化」から「図像による（figural）文化」への文化の型の変動である。言語を媒介とした言説による「表象作用（representation）」は、シニフィアン（意味するもの）である「言葉」とそれに対応するシニフィエ（意味されるもの）である「イメージ」で成立し、シニフィアン相互間の諸関係の織物である「言語」体系がもつ重層的な「イメージ」生成能力が、文化に歴史的な深みと「現実」らしさをもたらすという特徴をもっている。言語的言説中心の文化は、シニフィアンとシニフィエがつくり出す言語的「表象作用」の領域内で基本的には「アウラ」をもって成立し、それらが指し示す外部世界の中の指示対象からは分離されているのである［Lash 1990=1997: 13-24］（分離されているからこそ、刻々と変わりゆく外部世界の「現象」が不変の「現実」として安定感をもって認知される、つまり言語がつくり出すイメージを実在物であると「錯覚」する）。すなわち言説による文化は、言説による「文化的なもの」とより実体的な「社会的なもの」（あるいは「物質的なもの」）の分立で成り立っている。しかるに、図像のイメージによる文化の表象作用は、言語によるイメージ生成に比べ直接的であり、もはや実在の指示対象から分離されてはいない。ここでは、「文化的なもの」と「社会的なもの」（「物質的なもの」）が、あるいは「表象」と「実在」が脱-分化し相互浸透する。現実の指示対象そのものがシニフィアンになり、シニフィアンが現実そのものとなる。アンディ・ウォーホルのシルクスクリーンのように、表現された世界が現実であり、また現実そのものが表現されたイメージなのである。すなわち、「モダニズムがさまざまな表象を問題あるものと考えているのに対して、ポストモダニズムは、現実性（リアリティ）そのものを問題化」［ibid.: 21］したのである。ポストモダニズムが主題化するのは現実のイメージであり、また同時にイメージとしての現実なのである。文化の脱-分化と図像的イメージの専制という二つの特徴から、ポストモダニズム文化を見るときに、現代における観光が以前にも増してポストモダニズム的になろうとしていることがわかる。このことは、観光がいわゆる名所旧跡型観光地から都市部や都市の郊外に流入してきて、より人工的、演出的なものになったことによる。その特徴を鮮明にもつものとしてディズニーランドの観光文化がある。

ディズニーランドのもつ文化は水平的にも垂直的にも文化的領域がうまく混合したものである点において、ラッシュの挙げたポストモダニズム文化の一つ目の特徴をもっている。ショーやパレードで演じられるパフォーマンスには、かつて高級文化に属していたもの、米国開拓時代の農民が演じていたもの等さまざまなものがあるが、観客はそれがどのような階層的意味をもっているのか、どのような歴史があるのか等をまったく意識しない。水平、垂直両方向における境界破壊的でシニフィアン過剰なショーやアトラクションは、過剰であるがゆえに深い意味をもたない。要するに、発信するイメージが総合的に統一したファンタジー世界をつくり上げ、楽しい気分を盛り上げるものなら何でもよいのである。

そして、現代の観光文化を語るうえでディズニーランド文化を見るときに何よりも注目しなくてはならないのは、ポストモダニズム文化の二つ目の特徴である表象作用のモードに関する事柄である。ディズニーランドにおけるショーやアトラクションの中では、世界の文化のステレオタイプを継ぎ接ぎしたようなパーク内の指示対象（シニフィアンでもあるのだが）が何か特別な深い意味をもっているといったものではない。もちろんそれらには、パーク内のそれぞれのゾーンが表象する「未来」や「開拓」といった米国的「神話」のようなものが存在している。しかし、それらが表象するのはパーク外にある実在の歴史をもった指示対象ではない。そこにおいては、パーク内の諸事物そのものがシニフィアンでもあり現実でもあるのだ（言うまでもなくディズニーランドでは、何が「本物」で何が「偽物」であるかを議論する余地はない）。現実の機能的事物でもあるパーク内の諸記号そのものが、深さはないが完結した一つの平面的象徴世界を主張しているのである（パーク内のどこにでもあるミッキーマウスのイコンを見よ）。これはD・ハーヴェイが「モダニストたちが空間を社会的な目的のためにつくられたものであり、それゆえ常に社会的プロジェクトの構築に役立つものであると見るのに対して、ポストモダニストたちは空間を美学的な意図や原理にしたがって形成される独立的で自立的なものと見なす」［Harvey 1989=1999: 99］と言っているような、ポストモダニズムの都市空間の特徴と同一である。このことは一見、建築や都市計画の美的価値の独立性を主張し、都市から「文化的なもの」を分化させようとするかのように見え、ポストモダニズム的脱-分化の特徴とは正反対のように思われるかもしれない。しかし、そうではなくむしろこのことは、現代の都市空間という機能的な空間に対する美的なもの象徴的なものの侵犯、あるいは征服であると解釈すべきである。ディズニーランドの特徴は、その一画にある「トゥーンタウン」の路面電車が表しているように、象徴的なものの機能的なものに対する勝利にこそある。(6)

また、このようなディズニーランド文化の特徴はその都市の中の人工的な「飛び地」性と関係している。世界に六つあるディズニーリゾート(人工的なテーマ・アイランドであるキャスタウェイ・ケイをまわるディズニー・クルーズラインを入れれば七つ)は観光地であるが、どれも都市の郊外にあり、何もない土地を人工的に造成してできたものである。(7) とくに一九八三年に開園した東京ディズニーランド(のちに東京ディズニーリゾートと改名)、一九九二年に開園したユーロ・ディズニーランド(のちにディズニーリゾート・パリと改名)、香港ディズニーランド・リゾート、上海ディズニーランドは、米国文化と関係の薄い文化的環境の中に突如「飛び地」としてディズニーの世界が成立しているところに特徴がある。(8) もちろん人工的テーマパークが都市の近郊にできる最も大きな理由は、入場者収入に直接つながる後背地人口の存在であるが、もう一つの重要な理由は、象徴的空間を欠いた近代都市の文化的不毛性にある。都市郊外の「荒地」に突如として現れた「夢の王国」は、機能性のみを追求し意味や価値を失った都市の「夢」を救い出す。都市の不毛性と表裏の関係にあるからこそロサンゼルス近郊(アナハイム)にあるカリフォルニア・ディズニーリゾートは意味と価値をもつのであり、東京ディズニーリゾートが年間約三〇〇〇万人(二〇一六年)もの入場者を得られるのもそのためである。また、反対にディズニーリゾート・パリが不調なのも、観光的な「価値」と「意味」に満たされたパリという都市を近くにもつという「不利」な条件があるためである。以上のような文化的文脈からは、ディズニー本社がディズニーランド建設予定地を当初の富士山麓から千葉県浦安市に変えたことの意味も理解できる[桂 1999: 9-45]。ディズニーランドから霊峰富士が見えたのでは、ディズニーランドの象徴性が富士山と干渉し合ってしまう。桂が言うように、部族的な「鎮守の森」への信仰を、国家的な信仰である富士山に集約させた観光文化は、現代に至って「海外」という進歩と富の神話を過剰なほど携えた「夢の王国」ディズニーランドへと集約し直したのである。ディズニーランドは、無機質な都市空間の隣にあってこそ象徴的意味をもつものであり、また「『山殺し』と『海外』をトラウマとしてかかえる風土と大衆消費社会とが幸福に衝突する場所」［ibid.: 43］なのである。

　人工的な「夢の王国」はその人工性ゆえに高い現実（＝イメージ）生成力をもつ。東京ディズニーランド開園後、人工的な「都市空間のイメージ化」［若林 2003: 282］というモンスターは、ディズニーランドを外と隔てる土手や塀を乗り越え都市部へと侵攻していく（一九九九年に東京ディズニーランド園外の舞浜駅前にオリエンタルランド全額出資による商業施設イクスピアリが開業したことは象徴的出来事であった）。一九九〇年代の首都圏においては、かつて「荒地」であったお台場や横浜みなとみらい地区、あるいは新しく建設された郊外の商業施設が次々にイメージ化された都市空間へと変貌していく。今やこうした「ディズニーランド化（Disneyfication）」の傾向は日本各地に広がっている（もちろん世界的な現象ではあるのだが）。筆者が長く住んでいた九州の例をとれば、ディズニーランドと同じ一九八三年に開園した長崎オランダ村を発展させたハウステンボス（一九九二年開園）がある。ハウステンボスはテーマパークと言うよりは「千年の街」を目指して建設された「現実」の街なのである[9]［上之郷 1992］。一二世紀から二〇世紀のオランダの街を再現したとされるハウステンボスは、長崎とオランダとの通商の歴史との関係を謳いながらも（このテーマパークがあるのは長崎市ではなく、長崎市とは入り江を隔てて遠く離れた佐世保市の近郊である）、パーク外の地域の「現実」的歴史とは無縁の存在であり、地域の「現実」的文化とは何の脈絡ももたない人工的な文化の「飛び地」である。ハウステンボスもまた工業団地（戦後しばらくは引き揚げ港）のために造成された「意味の荒地」跡に建てられたものであり、それゆえに雑音を排し徹底した象徴空間をもった「まちづくり」は行いやすかったと思われる。

このような「都市空間のイメージ化」「ディズニーランド化」の趨勢は、モダニズムとしての都市空間の意味上の不毛化に対応する形で、すなわち都市空間の不毛化からの救済を求める形で現れたものと考えれば、「モダニズムとしてのポストモダニズム」と言えるようなものである［若林 2003: 276-281］。「ディズニーランド化」は、都市における場所性の解体に対応しているのである。このような都市空間の人工的「イメージ化」あるいは「象徴化」は、歴史的で統一的な文化に根ざしたものではなく、機能的空間への美的なもの、象徴的なものの侵犯や混入なのであり、（ハウステンボスが「本物の歴史」をもたないように）ヨーロッパの中世都市がもっていたような統一的な「記号システム」を決してもたない［ibid.: 277］。したがって、ディズニーランド化による「都市空間のイメージ化」は都市の場所性の再創造を通して都市文化の「アウラ」の再創造に向かうのではなく、ポストモダニズム文化が特徴的にもつ「アウラの崩壊」（ベンヤミン）と、引用を多用する「折衷主義」（ジェンクス）を前提としているのである。近年のディズニーランドやハウステンボスにおけるテーマ性の「混乱」を見ると、両テーマパーク（USJ〈ユニバーサル・スタジオ・ジャパン〉も含めて）とも、ゲストの積極的参加とともにテーマの無効化（これを新井克弥は「アキバ化」あるいは「ドンキホーテ化」と呼んでいる［新井 2016：123-152］）へと向かっているようにさえ思われる。したがって、ディズニーランド化のもつポストモダニズム的文化の作用は、歴史の再創造ではなく、歴史性の廃棄、あるいは「歴史の終わり」（ヘーゲル）と刹那的なものの勝利なのであり［Jameson 1994=1998: 202］、そしてそれは、映画『ブレードランナー』の中の都市（ロサンゼルス）のように、拡張現実（AR）化された都市の住民のアイデンティティのあり方を、従来の伝統に基づく安定的なものではなく、流動的なものにしてゆく[10]（二〇一七年に封切られた『ブレードランナー2049』ではその特徴がさらに多用されている）。

以上のように、観光化がもたらす文化は、とくに近年、よりポストモダニズム的になりつつあるのだが、そのことはラッシュが挙げたポストモダニズム文化の三つ目の特徴である文化の推進者の存在と関係があることを忘れてはならない。イメージと現実の相互浸透、あるいは同一化といった文化的趨勢は、現実のあり方をめぐる闘いに「イメージ」の奪い合いという新しい意識的次元を持ち込んだのである。ラッシュはポストモダニズム文化が、脱産業化された中産階級に担われ、彼らの「観念的利害（アイデアル・インタレスト）」[Lash 1990=1997: 33] にかなっていると指摘している。彼らはポストモダニズム文化を擁護することによって旧来の支配的なエリートに対して、あるいは彼らの下位にいる階層に対して、P・ブルデューの言う「分類闘争」[Bourdieu 1979=1990] を挑んでいるのであり、そうすることによって「彼らは、ポストモダン文化の諸事象を心地よいものとし、それに価値を付与する彼ら自身の分類シェーマを、社会全体のヘゲモニーを握った分類シェーマに格上げしようとしているのである」[Lash 1990=1997: 34]。主に情報化されたサービス産業に就く彼らは、領域破壊的でイメージ中心のポストモダニズム文化を扱うのに長けているのであり、ポストモダニズム文化は彼らの個人主義的なライフスタイルとも親和的なのである。一九八〇年代に始まる世界的なネオ・リベラリズムの潮流が、最も利害にかなっていたのは彼らであるし、また、まさにその時代にポストモダニズム文化は勢力を広げている（一方で対抗的なポストモダン文化も生じているのであるが）。近年におけるイメージ中心の「観光化」についてもまた同様のことが言えるのであろう。

先に、都市空間のイメージ化、象徴化が都市文化の不毛性からの救済としてあったことを述べたが、都市空間に限らず「農村のイメージ化」もまた、農村の「意味の荒廃」からの救済としてつくられたものである（もちろん「グリーンツーリズム」運動は、「意味の荒廃」からの救済という意味も含まれる一方で、過疎化する農村のプライドと集合的アイデンティティを回復し、収入等実体的な諸問題も解決しようとする取り組みでもある）。日本においても、こうした都市、農村を含めた「イメージ化」を供給サイド、需要サイドともに推進したのは、主にサービスや情報産業に携わる「脱産業化された（post-industrial）」中産階級であったことは充分考えられる。(11)

また、ポストモダニズム文化の階層性について、都市のイメージ化とその土地の歴史性や文化の文脈との不整合との関連で見ると、「都市空間のイメージ化」、とくに「ディズニーランド化」が都市の「現実」的諸問題（と

英国カーディフ市のウォーター・フロント開発

くに低所得者が多く住む地域の荒廃）を覆い隠す効果をもっていることを指摘しなければならない（大阪市西成区の日雇い労働者の町釜ヶ崎スタディツアーのように、真逆の景観が人気を呼ぶこともあるが）。この意味においては、都市のイメージ化（農村のイメージ化も同様に）は地域の荒廃の現実を覆い隠す「イデオロギー装置」であり［若林 2003: 285］、そしてこれは文化資本をめぐる階層的なヘゲモニーの奪い合いの結果出現したものだと考えられる。一九九〇年代以降、先進国の多くの都市でなされたウォーター・フロント開発の中にも、そこに住む外国人労働者等、アンダークラス住民の住居を他に移した後に行われた例が多いことはよく知られている(12)。

　しかし、場所のイメージをめぐる「権力」闘争は、生産者である「開発」する側とそれに対応する一部の消費者だけが一方的に勝利するというものではなく、抵抗勢力（先に挙げた釜ヶ崎ツアーや山口県の反原発運動の島・祝島《いわいしま》、あるいは福島第一原発事故で無人となった町を訪れるツアーのように抵抗勢力がイメージの生産をしていることもある）、消費者、それを仲裁する自治体を巻き込んで複雑なものとなることも多い。ここで注目しなくてはならないことは、観光「開発」に対する抵抗運動もまた「対抗的」な「イメージ化」の戦略をとる場合が多いことである。これは、第一に観光が一大産業であり、観光地に住む人びとにとって重要な収入源であること、第二に観光生産者と消費者との距離が縮まり運動の趣旨を理解する観光客が増えたこと等による。日本における対抗的なイメージ化は、主に地域の共同体が機能している地方の小都市で行われる場合が多く、一九八〇年代に小樽運河存続運動から小樽のイメージづくりを行った小樽市の例や、ゴルフ場建設反対運動から映画祭等のイベントを立ち上げ「芸術の町」を創っていった湯布院町（現在の由布市）の例等がある。近年は「対抗的」とは言えないが、地域の組織が中心となってグリーンツーリズム等を始めることも多い。現代社会における社会運動は、イメージ奪還による「集合的アイデンティティ」やライフスタイル獲得に向けたものが多く〔Melucci 1989〕、観光はそのアリーナとなっている。

日本以外における例を挙げれば、ハワイにおけるネイティヴ・ハワイアンの復権運動と観光開発の問題がある。一九七〇年より始まったネイティヴ・ハワイアンの復権運動（ハワイアン・ルネッサンス）が実を結び、現在さまざまな形でネイティヴ・ハワイアンたちがハワイの観光イメージの「分類闘争」に参戦し始めている。[13] とくにモロカイ島においては、大手業者[14]によるゴルフ場や大型コンドミニアム等のリゾート開発に対抗して、ローカルのネイティヴ・ハワイアンたちを主にしたいくつかのグループがエコ・ツアーやカルチャー・ツアー、あるいは古典フラのレッスンによってリゾートではないネイティヴ・ハワイアンの島のイメージを観光客に提供しようとしている。こういった「対抗的」イメージ化が成功するかどうかは、どのような「消費者」が（「階級性」がある場合もない場合も考えられる）どのように（場合によっては「消費者」の枠組みを越えて）「対抗的」イメージと共振していく（「集合的アイデンティティ」を獲得していく）かにかかっている。観光におけるイメージの「分類闘争」は両義的なものであり「決定論」的には分析できないと筆者は考える。

モロカイ島ハラヴァ谷でエコ・ツアーを行う、ネイティヴ・ハワイアンの復権運動活動家ローレンス・アキ氏（右）

次に、観光がなぜ場所のイメージをめぐる「分類闘争」のアリーナとなるのか、簡単にふれておこう。これは観光がそもそも「イメージ消費」であるということに起因するものであるが、とくに一九八〇年代以降その傾向が強くなったのは、第一には観光とメディアの結びつきがより強くなったこと、第二に先進国社会が「進歩」へと向かう（競争的進歩、革命による進歩、福祉社会的進歩等を含んで）集合的な「メタ物語」（リオタール）が消失したことにある。とくに一九八〇年代のバブル経済に興じた日本においては、消費をめぐる「分類」のヒエラルキーが「メタ物語」性を失い、多様化し分散した個々の消費行動が、集合的あるいは個人的アイデンティティを求める大衆のライフスタイル選択と直接結びつくようになった（ラッシュはこのことを「特化した消費」と呼ぶのであるが）。多様化する雑誌やテレビ番組、インターネットのブログや書き込みサイトは、この「分類」の細分化と再編とを積極的に推し進める役割を果たしている。A・メルッチが言うように、現代における「社会的葛藤は文化的局面へと移っている」［Melucci 1996: 144］のであり、「現代の諸葛藤の核にあるものは意味の生産と奪還」［ibid.: 145］なのである。現代社会における諸葛藤の中では、集合的アイデンティティ（あるいはライフスタイル）をめぐって、イメージの押しつけか獲得かといった両義的闘いが繰り広げられているのである。多様化し基準を失った社会の文化的不安定性はアイデンティティやライフスタイルの積極的選択へと人びとを駆り立てる。メディアによるイメージの押しつけと自己再帰的となった諸個人のアイデンティティ構築とは両義的なものなのである。

一九八〇年代以降、日本において、メディアが生成する観光イメージの消費の仕方とライフスタイル（あるいはアイデンティティ）の結びつきは、家族、友人、職場の同僚等の人間関係を絡めながら、一つの「文化資本」として一部が機能してきたことも事実である［Bourdieu 1979=1990］。しかし、とくに日本においては、観光イメージ消費の「分類」による「卓越化」は、あまり階層文化と結びつくことはなく、むしろアイデンティティにおける漠然とした不安を抱える大衆一般の個人的なライフスタイル選択の一様式として受け入れられてきたと思われる。北海道、沖縄からハワイ、そしてインドネシアのバリ島やタイのパンガン島、台湾や韓国に至るまで多様化し、それらへの観光や買い物あるいは食事をライフスタイルと結びつけた観光リピーターの興隆はこうして生じたのであろう。(15)

選択の多様化と多元化、観光客の「主体性」の増加に対応するようにして、現在、インターネットの旅サイトが急増している。消費者に低価格商品を提供し、ホテル等の観光業者にもコミッション等経費の削減というメリットをもたらす観光のe-コマース（土産品の購入も含めたインターネットによる取引）は経済的にも大きな意味をもつ（旅行代理店には不利に働くが）。社会学的には、観光消費者のさらに高度なイメージ消費をうながし、観光の「体験」化、「参加」化、「個人」化はさらに進むものと思われる。インターネットによる観光消費がより一般化するであろう近い将来、観光イメージの生産／消費とその「分類」をめぐるヘゲモニー争いはより混沌とした不安定なものとなろう。(16) しかし、一方ではこうした状況は、観光の需要サイド、供給サイドとも観光を通して自らのイメージ、アイデンティティやライフスタイル、さらには視覚の専制によって忘れ去られていた「身体性」と相互の「連帯」を獲得するチャンスでもあるのだ。

7　むすびにかえて

観光とポストモダン文化を論じた中で観光の日常化についてふれたが、観光現象を論じることと、現代社会を論じることが次第に同義になりつつある。都市空間ばかりでなく、観光客が少しでも訪れることがあれば、農村においてさえ、記号が表象するイメージ空間、すなわち「観光地」があちこちに出現する。日常の買い物をするモール、毎日通り過ぎるターミナル駅、レストラン、バー、最近では大学のキャンパスさえもが非日常空間を演出する。朽ち果てそうな古びた路地裏が、下町ツアーの舞台へと変身する。空間のイメージを非日常的なものにしようとするならば、つねに〈まなざし〉を変化させなければならない。こうして私たちは、日常を非日常化し非日常性を日常化するというアイロニーの中で生活しているのである。流動化する生活空間のスペクタクルの中で、私たちは非日常性を手にすることが難しくなりながらも、さらなる非日常性を意識的に発見し、つくり出さなければならない。そうしなければ、スペクタクルはすぐに生き生きとした意味を失った「荒地」に転化してしまう。こうした運動が普遍化した果てのアイロニーをアーリは「より一般化した『記号のエコノミー』における『観光の終わり』」[Urry 2002: 161] と呼ぶのであるが、それでも私たちは非日常性の演出(=「観光」)をやめることがない。そして、そこに求められるのは私たち自身の身体をもってする観光(=非日常性の演出)への積極的参加である。今やただ空間を眺めるだけでは非日常性は得られない。スペクタクルを演じる舞台が乱立する現代社会にあっては、舞台を遠くからただ眺めるだけの観光では非日常性はつくり出すことができない。やがて観客も舞台に上がり演じだす。観光客もスペクタクルの一要素となる。これは近代がつくり出した視覚中心の〈まなざし〉の全域化であろうか、それとも視覚の専制の終わりなのであろうか、ここで論じるには紙面が足りない。いずれにしても、観光の中における演技的諸要素、身体感覚をともなう非日常経験がますます増大するのである[17]。

また、インバウンド、アウトバウンドを含めて海外旅行リピーターの増加が示しているように(第4章を参照)、定期的に海外に出かけることさえ日常化している。筆者が住んでいた福岡県においては、釜山までの高速船を使った一泊二日のツアーが一万円を切る価格で販売されることもあり、人びとの韓国への往来(韓国から日本へのツアーでも事情は同じ)が急速に激しくなっている。観光にとって国境はほとんど意味をなさなくなりつつある(それを善用することも悪用することも一般化している)。私たちの身体は「境界」を越えて移動することに慣れ親しんでいる。

このような現代文化における変化のスピードの高速化と移動の高度化について、D・ハーヴェイは現代文化における「時間と空間の圧縮」と呼んでいる [Harvey 1989=1999: 364-420]。時間の圧縮については現代の観光文化における回転の速さを見れば明らかであろう。先に述べたように、場所の意味の絶え間ない更新こそ観光地が非日常性を保つ秘訣である(つねに更新しているディズニーランドを見よ)。また、国境を越えた情報の瞬時の移動を見れば、情報化された現代社会の空間の圧縮は誰もが経験しているはずである。インターネット通信技術の発達、輸送技術の進歩、それらによる旅行の低価格化、ビザ等の相互免除等によって、国境という「空間的障壁」もますます減少している。「空間的障壁」が減少することによって空間は均質化するのであるが、逆の現象も生起する。すなわち「空間的障壁が重要でなくなるにつれ、空間内における場所のヴァリエーションにたいして資本はより敏感になるとともに、資本を引きつけるように場所の差異をつくりだそうという誘因が強まる」［ibid.: 380-381］。私たちは、「時間と空間の圧縮」によってつくられた均質的でもあり、かつ差異化された空間とでもいうような、人工的に観光化された空間を高度に移動するようになる。これをアーリは「モバイル化」と呼ぶのであるが、モバイル化された「移動世界（mobile world）」においては「ホーム」と「アウェイ」の区別はない［Urry 2002: 159］。筆者はハワイのカウアイ島でインターネット・ビジネスをしているヤッピー風の男に会ったことがあるが、彼のビジネスの本拠地はなんとニューヨークにあり、本社は税金の安いアイルランドに置いていた。ビジネスエリートにとって国境や、空間的距離は意味をなさない。

以上のように、あまり遠くへ移動しない人びとにとっては日常生活の観光化が、移動の多い「ノマド」化した人びとにとっては観光の日常生活化が、次第に現代人の間に浸透する。オフショアでの租税回避をつねに行っているエリートにとっては、ケイマン諸島でのバカンスは本社勤務を兼ねている（逆に、戦乱の本国から追われたシリア人難民は国境を越えて大移動を強制されるのだが）［Urry 2014］。こうして観光は現代社会の生活の場へと「越境」して行き、「観光」を抜きにして私たちは現代社会を論じることができなくなりつつある［須藤 2004］。「観光」は、アイデンティティの操作か選択かといったポストモダン社会における両義性の縮図なのである。

［注］

（1）とくにD・マキァーネルによるE・ゴフマンの役割理論の応用にはその痕跡がうかがえる。

（2）マキァーネル、コーエンら「観光社会学者」も文化人類学から非常に多くの知見を持ち込んできており、観光研究においては社会学と文化人類学は厳密には区別できない。

（3）ブラックプールを訪れる観光客の二〇〇〇年までの階層区分は下の表の通りであり、依然労働者階級が週末に「解放」される場所となっている。

（4）現代社会の原理として、マクドナルドの特殊なシステムを当てはめるようなこの命名自体が適当であるかどうかは疑問がある。さらに、マクドナルドでアルバイトをする筆者のゼミ学生が、マクドナルドの仕事が「マクドナルド化」されているか卒論で検証したが、「マクドナルド化」されていない部分も多くあることを指摘している。マクドナルドでさえ「マクドナルド化」だけでは成立しないのである。

（5）二〇〇四年に戦乱のイラクに観光に行った日本の若者がテロリストに拉致され殺された不幸な例は記憶に新しい。この事件は私たちにとって観光とは何かという問題を突きつけたのではないだろうか。観光はすでに私たちの生活の一部になっているのであり、その安全管理はもちろん基本的には「自己責任」ではあるが、在外公館は、旅行者とて企業の駐在員等と同等に扱うべきであると筆者は考える。

（6）リッツアによれば、こういった「象徴的なものの勝利」でさえ、計算可能性、予測可能性等の近代合理主義の徹底化によって可能になっているという［Ritzer 1998=2001: 236］。この点については疑いなくその通りなのであるが、「現実」と「表象」との関係やそれがもつ「価値」とその影響については、違う論点から分析しなければならない。

注3表　ブラックプール観光客の階層区分

階　層	1972年	1987年	1998年	2000年	イギリス全土の階層区分＊
専門職、管理職	4%	9%	10%	4%	18%
事務職、管理部門職	13%	20%	22%	21%	23%
熟練工	53%	32%	32%	31%	27%
半熟練工、非熟練工	31%	33%	34%	44%	32%

2001年ブラックプール観光協会の調査報告書より
＊ 1987年時点

（7）ディズニー・クルーズラインのみは人工的なものと、従来の観光地とが混合している。
（8）東京ディズニーランドの成功の一つの理由はその「飛び地」性を徹底させたことにあり、二〇〇五年に開園した香港ディズニーランドはより「飛び地」性が強いと思われる。ラスヴェガスがそのまま移転したマカオも同様である。
（9）将来は入場料を取らない街にする予定であるため、今でも「ハウステンボス町」という「非現実的」、いや「超現実的」な町名が存在している。
（10）ジェイムソンは、このようなポストモダニズムの混交文化をダーティ・リアリズムと呼び、A・コジェーヴの言葉を引用しながら、「歴史の終わり」を日本に当てはめ、東京がまさにそのような都市であると言う。そういう意味において映画『ブレードランナー』の中のロサンゼルスは東京を暗に描写していると思われる［Jameson 1994=1998: 177-205］。
（11）筆者がハワイのカウアイ島で二〇〇三年に新島民に対して行ったインタビューにおいて、「自然」を求めてやってきた新島民の多くが米国本土都市部出身のいわゆるヤッピーたちであったことからも、「自然志向」のライフスタイルと脱産業化された中産階級の文化との親和性がうかがえる。
（12）筆者が二〇〇二年に英国カーディフ市で実施したインタビューにおいても、ウォーター・フロント開発とアンダークラスの排除との関係が指摘されていた。
（13）ネイティヴ・ハワイアンの復権運動は近年とくに、軍によって接収されていたカホラウェ島がネイティヴ・ハワイアンの返還運動によって返還されたこと等により力をつけている。
（14）島の土地の三分の一はモロカイ・ランチ（牧場主であり観光開発業者でもある）が所有している。
（15）ゲイツアーなどは完全にライフスタイルと結びついている。
（16）多様化し「主体的」になった消費者を多様化した観光消費に誘導するには、今までとは違った手法が要求されるであろう。
（17）都市空間の演技空間への変動については、吉見俊哉［1987］を参照。観光においても状況は同様である。

[参考文献]

東浩紀（2017）『ゲンロン0　観光客の哲学』ゲンロン．

新井克弥（2016）『ディズニーランドの社会学――脱ディズニー化するＴＤＲ』青弓社．

Beck, U., A. Giddens, and S. Lash（1994）*Reflexive Modernization*, Cambridge: Polity Press.［松尾精文・小幡正敏・叶堂隆三訳（1997）『再帰的近代化――近現代における政治、伝統、美的原理』而立書房］．

Boorstin, D.J.（1962）*The Image: Or, What Happened to the American Dream*, New York: Atheneum.［星野郁美・後藤和彦訳（1964）『幻影の時代――マスコミが製造する事実』東京創元社］．

Bourdieu, P.（1979）*La Distinction Critique Sociale du Jugement*, Paris: Editions de Minuit.［石井洋二郎訳（1990）『ディスタンクシオンⅠ・Ⅱ』藤原書店］．

Cohen, E.（1974）“Who is a Tourist?: A Conceptual Clarification,” *Sociological Review*, 22(4): 527-555.

――――（1996）“The Sociology of Tourism: Approaches, Issues and Findings,” in Y. Apostolopoulos, S. Leivadi and A. Yiannakis eds., *The Sociology of Tourism: Theoretical and Empirical Investigations*, London: Routledge, pp.51-71.

Giddens, A.（1990）*The Consequences of Modernity*, Cambridge: Polity Press.［松尾精文・小幡正敏訳（1993）『近代とはいかなる時代か？――モダニティの帰結』而立書房］．

――――（1992）*The Transformation of Intimacy, Sexuality, Love and Eroticism in Modern Societies*, Cambridge: Polity Press.［松尾精文・松川昭子訳（1995）『親密性の変容――近代社会におけるセクシュアリティ、愛情、エロティシズム』而立書房］．

Graburn, N.H.H.（1989）“Tourism: The Sacred Journey,” in V.L. Smith ed., *Hosts and Guests: The Anthropology of Tourism*, 2nd ed., Philadelphia: University of Pennsylvania Press, pp.21-36.

Harvey D.（1989）*The Condition of Postmodernity: An Enquiry into the Origins of Cultural Change*, Oxford: Basil Blackwell.［吉原直樹監訳（1999）『ポストモダニティの条件』青木書店］．

橋本和也（1999）『観光人類学の戦略――文化の売り方・売られ方』世界思想社．

速水栄（1999）『うれしなつかし修学旅行――国民的行事に若者はどう参加したか』ネスコ．

Hobsbawm E., and T. Ranger eds.（1983）*The Invention of Tradition*, Cambridge: Cambridge University Press.〔前川啓治・梶原景昭他訳（1992）『創られた伝統』紀伊國屋書店〕.

本城靖久（1996）『トーマス・クックの旅――近代ツーリズムの誕生』講談社.

岩村忍（1951）『マルコ・ポーロ――西洋と東洋を結んだ最初の人』岩波書店.

Jameson F.（1994）*The Seeds of Time*, New York: Columbia University Press.〔松浦俊輔・小野木明恵訳（1998）『時間の種子――ポストモダンと冷戦以後のユートピア』青土社〕.

上之郷利昭（1992）『ハウステンボス物語――男たちの挑戦』プレジデント社.

金森敦子（2002）『江戸庶民の旅――旅のかたち・関所と女』平凡社.

桂英史（1999）『東京ディズニーランドの神話学』青弓社.

公益財団法人日本修学旅行協会（2017）「修学旅行の歴史」http://jstb.or.jp/publics/index/15/〔二〇一七年一一月五日アクセス〕.

Lash, S.（1990）*Sociology of Postmodernism*, London: Routledge.〔田中義久監訳、清水瑞久他訳（1997）『ポスト・モダニティの社会学』法政大学出版局〕.

Leach, E.（1976）*Culture and Communication: The Logic by Which Symbols are Connected. An Introduction to the Use of Structuralist Analysis in Social Anthropology*, Cambridge: Cambridge University Press.〔青木保・宮坂敬造訳（1981）『文化とコミュニケーション――構造人類学入門』紀伊國屋書店〕.

Löschburg, W.（1997）*Und Goethe war nie in Griechenland: Kleine Kulturgeschichte des Reisens*, Leipzig: Gustav Kiepenheuer Verlag GmbH.〔林龍代・林健生訳（1999）『旅行の進化論』青弓社〕.

MacCannell, D.（1973）"Staged Authenticity: Arrangements of Social Space in Tourist Settings," *American Journal of Sociology*, 79(3): 589-603.〔遠藤英樹訳（2001）「演出されたオーセンティシティ――観光状況における社会空間の編成」『奈良県立商科大学研究季報』11(3): 93-107〕.

――――（1999）*The Tourist: A New Theory of The Leisure Class*, Berkeley: University of California Press.〔安村克己他訳（2012）『ザ・ツーリスト――高度近代社会の構造分析』学文社〕.

——— (2011) *The Ethics of Sightseeing*, Berkeley: University of California Press.

Melucci, A.（1989）*Nomads of the Present: Social Movements and Individual Needs in Contemporary Society*, Philadelphia: Temple University Press.

———（1996）*The Playing Self: Peron and Meaning in the Planetary Society*, Cambridge: Cambridge University Press.

永渕康之（1998）『バリ島』講談社.

中江克己（2001）『江戸の遊歩術――近郊ウォークから長期トラベルまで』光文社.

Ritzer, G.（1998）*The McDonaldization Thesis: Explorations and Extentions*, London: SAGE Publications.［正岡寛司監訳（2001）『マクドナルド化の世界――そのテーマは何か?』早稲田大学出版部］.

———（2000）*The McDonaldization of Society: New Century Edition*, London: Pine Forge Press.

Said, E.W.（1978）*Orientalism*, New York: Georges Borchardt.［今沢紀子訳（1993）『オリエンタリズム上・下』平凡社］.

Smith, V.L. ed.（1989）*Hosts and Guests: The Anthropology of Tourism*, 2nd ed., Philadelphia: University of Pennsylvania Press.

須藤廣（2004）「越境する〈観光〉――グローバル化とポスト・モダン化における観光」遠藤英樹・堀野正人編著『「観光のまなざし」の転回――越境する観光学』春風社、pp.220-237.

———（2012）『ツーリズムとポストモダン社会――後期近代における観光の両義性』明石書店.

Turner, V.（1974）*Dramas, Fields, and Metaphors: Symbolic Action in Human Society*, Ithaca: Cornell University Press.［梶原景昭訳（1981）『象徴と社会』紀伊國屋書店］.

Urry, J.（1990）*The Tourist Gaze: Leisure and Travel in Contemporary Societies*, London: SAGE Publications.［加太宏邦訳（1995）『観光のまなざし――現代社会におけるレジャーと旅行』法政大学出版局］.

———（1995）*Consuming Places*, London: Routledge.［吉原直樹・大沢善信監訳（2003）『場所を消費する』法政大学出版局］.

———（2002）*The Tourist Gaze: Leisure and Travel in Contemporary Societies*, 2nd ed., London: SAGE Publications.

———（2014）*Offshoring*, Cambridge: Poliy Press.

van Gennep, A.（1909）*Les Rites de Passage: Etude Systematique des Rites de la Porte et du Seuil, de l'Hospitalite de l'Adoption, de la Grossesse et de l'Accouchement de la Naissance*, Paris: Librairie Critique.［綾部恒雄・綾部裕子訳（1995）『通過儀礼』弘文堂］.

若林幹夫（2003）「ディズニーランドとサイバー都市——現代都市の神話とイデオロギー」正村俊之編著『情報化と文化変容』ミネルヴァ書房、pp.264-289.

山下晋司編（1996）『観光人類学』新曜社.

吉見俊哉（1987）『都市のドラマトゥルギー——東京・盛り場の社会史』弘文堂.

——（1992）『博覧会の政治学』中央公論社.

——（1999）「ネーションの儀礼としての運動会」吉見俊哉他『運動会と日本近代』青弓社、pp.8-53.

（須藤　廣）

第3章

神戸の観光空間にひそむ「風景の政治学」

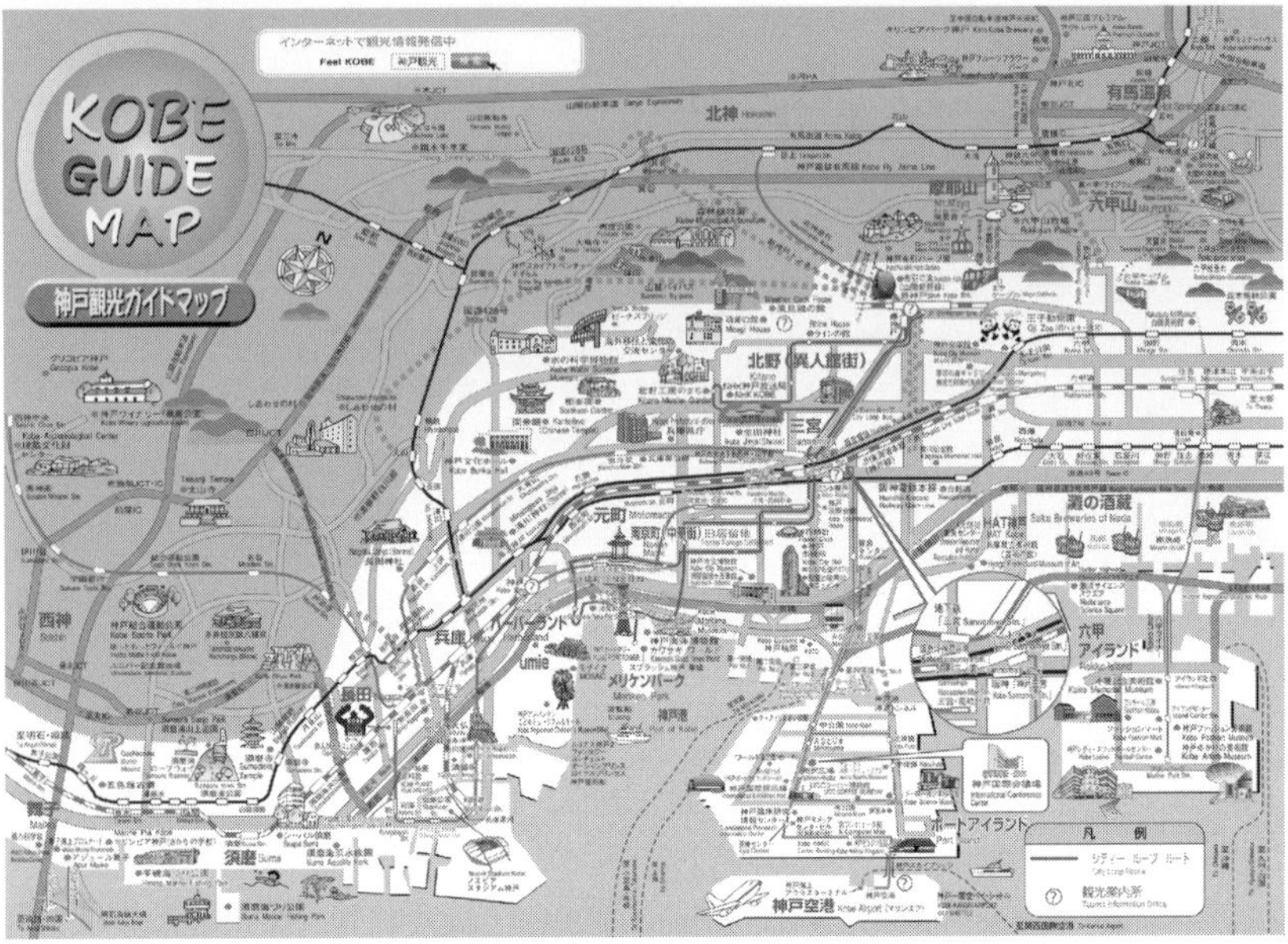

図1　神戸観光ガイドマップ
出典：一般社団法人神戸観光局発行「神戸観光ガイドマップ」（電子版）

1　神戸の観光空間

学生時代、私は神戸がとても好きだった。そこへ遊びに行くことが、何かおしゃれなことのような気がして、少し誇らしく感じたことさえある。だが、その一方で私にとって、神戸は時として何か浮ついたものを感じさせてしまう街でもあった。その意味で、学生時代から神戸という都市に対して、アンビバレントな感情を抱き続けてきたと言える。それが何に由来するものなのか。それを知りたいとずっと思ってきた。本章は、こうした問いかけの延長として観光の視点から神戸という都市をとらえ返したものである。

神戸を観光の視点から考えてみると、そこはどのような観光空間を形成していると言えるだろうか。神戸観光局が発行する「神戸観光ガイドマップ」を見ながら、まずは観光空間としての神戸を紹介していくことにしよう。

最初は山の手から始めたい。ここには「北野

図２　「風見鶏の館」に至る神戸北野の坂道

図３　北野異人館街「風見鶏の館」

（異人館街）」がある。ここのランドマーク的な建物は「風見鶏の館」であるが、この建物は一九〇九年（明治四二）にドイツ人貿易商Ｇ・トーマスによって建てられたものだ。その他にも多くの異人館が保存されており、「風見鶏の館」のすぐ近くにはアメリカ総領事Ｈ・シャープの邸宅であった「萌黄の館」、もとは西洋人向けの高級借家であった「うろこの家」、旧ドレウェル邸「ラインの館」などがある。この「北野（異人館街）」へ行くには北野坂をはじめ多くの坂道を登っていかなくてはならず、神戸が山と海にはさまれた坂の多い街であることを実感させてくれる観光スポットとなっている。

　では海側へ向かって、北野から坂道を下りていこう。行きに北野坂を歩いたのなら、帰りはトアロードを通っても面白いかもしれない。トアロードは戦前の一時期「東亜路」と呼ばれていたという説もあるが、ドイツ人の経営によるトア・ホテルがあったことがこの通りの名前の由来とされる。今でも通りの近辺には、アンテノールといった洋菓子店、ドンクなどのパン屋、大阪ミナミのアメリカ村と並んで若者たちのファッション街となっているトア・ウエストなどが多く点在し、ハイカラな神戸のイメージを創り上げるうえで役立っている。そうかと思うと近くには「生田神社」もあり、和風と洋風が折衷された不思議な空間を形づくっている。トアロードを海側へ下ると、阪急神戸線とＪＲ神戸線が並んで走る高架が目にとまる。そこには、ＪＲ三ノ宮

図５　神戸南京町の長安門

図４　高架下商店街

駅から神戸駅までの高架下を利用した「高架下商店街」があり、幅約二メートルしかない通りにジーンズやアクセサリー、スニーカー、雑貨などが並べられている。

高架下商店街を横切ると「元町商店街」に出る。ここは、阪急三宮駅方面に続く「三宮センター街」と並んで神戸有数の商店街である。「元町商店街」の三宮側入口をもう少しだけ海の方へ行くと、大きな門が目に入ってくる。神戸のチャイナタウンと言われる「南京町」の長安門である。「南京町」には数多くの中華料理店や中国料理食材店が立ち並んでおり、ランチをここで食べても楽しいだろう。旧正月には春節祭も開催され、そのときには多くの人でごった返す。

また、神戸をおそった阪神・淡路大震災が起きた一九九五年（平成七）の暮れから毎年開催されるようになった「神戸ルミナリエ」は、「南京町」付近から「旧居留地」付近にかけて電光のアーケードの下を歩いていくイベントである。この「神戸ルミナリエ」は本来、震災で亡くなった人びとへの鎮魂と神戸の街の復興という想いを込めたものであったため、それにちなんだテーマが毎年設けられている。一回目のテーマは「夢と光」、二回目は「讃歌ー輝けるときを求めて」、以降「大地の星たちに捧げる」「光の星空」「"Pure"（ピュア）な光の下で」「光の永遠（インフィニティ）」「光の願い（デジデリオ）」「光のぬくもり」「光の地平線」と続き、二〇一七年（平成二九）が「未来への眼差《まなざ》し」である。ルミナリエの通り道となる「旧居留地」付近

図6　神戸ルミナリエ

図7　神戸におけるミナトの風景

は、神戸港開港とともに西洋人が移り住んだ場所であり、ガス灯をはじめ異国情緒あふれた街の仕掛けによって神戸になくてはならない観光スポットとなっている。

もっと南へと足を向けてみよう。元町からしばらく歩くと潮の香りがほのかに漂ってきて、「神戸ハーバーランド」付近まで来たことに気づくだろう。もちろん、JR元町駅から一駅電車に乗って神戸駅から行く方が疲れないだろうが、歩いて潮の香りが漂ってくるその瞬間を楽しむのも私は好きだ。ハーバーランドから海をはさんで向かい側に見えるのが、「メリケンパーク」である。ハーバーランドから向かい側にあって、夜はライトを照らされて浮かぶ神戸ポートタワーはロマンチックな風景であり、そのため夕方以降になると多くのカップルが集ってくる。

2　メディアにおける神戸の観光空間の表象

神戸という都市は以上のような観光空間を形成しているのだが、観光情報誌は神戸をどのように表象しているのだろう。観光空間のあり方について考察する際には、観光情報誌やパンフレット、絵葉書やテレビ等といったメディアが観光において果たす役割を見過ごすことはできない。かつて社会評論家のD・J・ブーアスティンは「擬似イベント」論を展開し、その一つの例として観光についてふれ、観光情報誌やパンフレットをはじめとする観光

メディアこそが観光地のイメージを再生産しているのだと指摘している。(1)

本章では、『まっぷるマガジン　神戸』『るるぶ　神戸』『ブルーガイド　ニッポン　神戸・淡路島』『マップルガイド　神戸』『街ナビマップル　神戸』『JTBのポケットガイド　神戸』『旅王国　神戸』『メイトガイド　大阪・神戸・六甲』『J　GUIDE　神戸』『上撰の旅　神戸』『るるぶっく　神戸で遊ぼう』『るるぶ楽楽　大阪・神戸』『アイじゃぱん　神戸』『旅の森散策　神戸新発見散歩』『てくてく歩き　大阪・神戸』といった一五冊の観光情報誌を取り上げ、それらに描き出されている神戸のイメージについて考察しようと思う。

以下ではまず、これら観光情報誌の表紙にどのような写真やイラストが掲載されているのかを考えてみたい。というのは、私たちが観光情報誌を読む場合、最初に目にするのが表紙の写真やイラストだと思われるからである。そこを見ることで、私たちは雑誌を購入するかどうかについて、ある程度決定し、同時に場所に対するイメージも大きく左右されてしまうのではないだろうか。そこで観光情報誌の表紙を見ると、「北野（異人館街）」が描かれていると明白にわかるものは九冊、ポートタワーを含めミナトの風景が描かれているものは六冊、「旧居留地」が描かれているものは三冊あることがわかる。その他では「神戸教会」「南京町」などが、表紙に写されている。

さらに写真やイラストの脇にはキャッチコピーがつけられており、ビジュアルな表現とともに神戸のイメージを創り上げようとしている。たとえば『まっぷるマガジン　神戸』には、「北野（異人館街）」の写真の上に「異国情緒を楽しむ」というコピーが、また「ミナトの風景」の写真に重ねて「港町のデートスポット・メリケン

図８　神戸の観光ガイドブック

パーク&ハーバーランド」というコピー、「旧居留地」の写真には「レトロビルが並ぶ大人の町」というコピーがつけられている。他に『アイじゃぱん　神戸』にも、「北野（異人館街）」と「ミナトの風景」が写し出されており、その二枚の写真にはさまれて「異国情緒漂う街を歩こう」という文字が置かれている。さらに『るるぶ神戸』にも、「北野（異人館街）」「ミナトの風景」「旧居留地」などの写真の中央に、「カフェ、坂道、異人館、雑貨屋さん、夜景……街があなたを呼んでいます。」というコピーの文字が入っており、そのすぐ下に「ロマンチック・ナイトはこれで決まり！」と書かれている。

　また表紙ばかりではなくページをめくり中身も見てみると、「エキゾチックな」「ハイカラな」「エトランゼ気分で」「おしゃれな」「モダンな」といった形容詞の入ったコピーが繰り返し用いられていることに気づくだろう。たとえば『るるぶ楽楽　大阪・神戸』には、「港神戸のエキゾチックさを体感できる、北野の異人館。一〇〇年以上前に外国人が暮らした邸宅は、当時の神戸へ私達を誘う……」といった記述が見られる。

図9　神戸の絵葉書

　以上のことから考えるなら、観光情報誌が観光空間としての神戸を表象しようとする場合、観光情報誌はとくに「北野（異人館街）」「ミナトの風景」「旧居留地」「南京町」という風景を選び出し、神戸を「エキゾチックな（異国情緒あふれた）」「ロマンチックな」「レトロ風の」「おしゃれな」「ハイカラな」「モダンな」などの形容詞が親和性を有する（つまり一組に結びつけられ構造化された）空間として描き出していると言えるだろう。

　このことは、観光情報誌のみに当てはまるわけではない。神戸の観光空間を表象する場合、同じような傾向が観光情報誌以外のメディアにおいても見られるのである。たとえば神戸の絵葉書を見ても、「北野（異人館街）」「ミナトの風景」「旧居留地」「南京町」という風景が「エキゾチックな（異国情緒あふれた）」「ロマンチックな」「レトロ風の」「おしゃれな」「ハイカラな」「モダンな」といった形容詞が似つかわしい形で描き出されているのだ。

3　観光空間としての神戸の構築

観光情報誌や絵葉書などのメディアによって表象される、神戸のこのような観光空間のあり方はいったいいつごろから形成されたものなのだろうか。表1を見てもらいたい。これは、「戦後神戸における観光の主な歩み」を簡略にまとめたものである。この年表を見ると、たとえば「北野（異人館街）」について言えば、一九七七年（昭和五二）には「うろこの家」が、翌一九七八年（昭和五三）には「風見鶏の館」「ラインの館」などが神戸市によって借り上げられたり買収されたりして、修復工事の後に開館されていることがわかるだろう。また神戸市ばかりではなく民間も参入し、一九八二年（昭和五七）には「ペルシャ館」「アメリカンハウス」などが、一九八六年（昭和六一）には「シュウエケ邸」「展望塔の家」などが開館となっている。神戸港については、一九八七年（昭和六二）には「神戸メリケンパーク」が開園し、さらに一九九二年（平成四）には「神戸ハーバーランド」が完成・開園している。

このようなことから、現在私たちが目にする神戸の観光空間は、それほど古いものではなく、実は一九八〇年代前後から形成されたことがわかるだろう。「南京町」も同じである。大橋［2000］によれば、第二次世界大戦時の空襲によって「南京町」は焼失してしまい、その後しばらく、この地域が復興されることはなかった。戦後の混乱期には外国人兵士や船員を相手にした歓楽街となり、外人バーが林立し、ときには麻薬や売春が横行していた非常に危険で問題の多い地域とされ、とうてい観光スポットとなるような地域ではなかったらしい。それが

表1　戦後神戸における観光の主な歩み

1950（昭和 25）	王子動物園が諏訪山より移転し開園
1960（昭和 35）	旧ハッサム邸が相楽園に移築
1963（昭和 38）	神戸ポートタワー開業
	六甲山人工スキー場開業
1970（昭和 45）	県立近代美術館開館
1977（昭和 52）	公開異人館：うろこの家開館
1978（昭和 53）	公開異人館：風見鶏の館、ラインの館、白い異人館開館
1981（昭和 56）	神戸ポートピアランド開業
	公開異人館：英国館開館
1982（昭和 57）	南京町街路整備・楼門竣工
	公開異人館：ペルシャ館、アメリカンハウス、洋館長屋開館
1985（昭和 60）	南京町長安門完成
1986（昭和 61）	公開異人館：シュウエケ邸、展望塔の家開館
1987（昭和 62）	神戸メリケンパーク完成・開園
	第一回神戸南京町春節祭
	公開異人館：オランダ館、ベンの館開館
1990（平成 2）	「南京町」が神戸市都市景観条例に基づく景観形成地域の指定を受ける
1991（平成 3）	布引ハーブ園開園
1992（平成 4）	神戸ハーバーランド完成・開園
1995（平成 7）	阪神・淡路大震災
	公開異人館・補修再開
	第一回神戸ルミナリエ開催
1997（平成 9）	神戸港震災メモリアルパーク開園
1998（平成 10）	北野工房のまち開館

出典：中尾［2001］・大橋［2000］をもとに筆者作成

一九七〇年代半ばごろから、「国際港都神戸」を標榜する神戸市の後ろだてによって、エキゾチックな雰囲気を漂わせる中国的な意匠、建築を強調した地域として「南京町」を観光地化しようとする動きが現れ始め、一九七七年（昭和五二）に「神戸南京町商店街振興組合」が発足した。そうして一九八二年（昭和五七）には楼門が竣工され、一九八五年（昭和六〇）には「南京町」のシンボルである長安門が完成することになったのだ。さらに一九八七年（昭和六二）には異国情緒を感じさせてくれるイベントとして「第一回神戸南京町春節祭」がとり行われ、今に続いているのである［大橋 2000: 37-38］。

したがって神戸の観光スポットの多くは、長い歴史の中でずっと観光地として継承されてきたものではないと言える。それは、神戸の本当の（オーセンティックな）姿を表したものではなく、一九八〇年代前後から

図10　神戸北野の町並み

図11　神戸南京町で開催されている春節祭

創り上げられたもの、構築されたものなのだ。その際に神戸市などの行政、観光開発業者、交通業者をはじめ、多様な人びとの思惑、利害関心が絡み、観光空間としての神戸が創り出されていったのである。

こうした神戸の観光空間をポストモダニズムの批評家のように、「本来的ではないもの（オーセンティックでないもの）」、すべてが創り上げられた、夜景のイルミネーションに光り輝く人工的なパスティーシュ（模造品）だと批判するのはたやすい。しかし、そのように批判するだけでは、非常に大切な論点が見えないままとなるように思われる。では、その論点とは何か。

これについては、観光空間としての神戸が起源としてつねに参照（refer）する「ミナト神戸」の風景の成立を見ることで明らかにできるだろう。明治期に形成された「ミナト神戸」は、観光空間としての神戸と歴史的に断絶しており、実際には何のかかわりもないと言える。観光空間としての神戸は、先にも見たように一九八〇年代前後に「観光のまなざし」の中で創られたものである。それにもかかわらず観光空間としての神戸が、明治期に形成された「ミナト神戸」の風景を自らの起源として参照（refer）するのはなぜか。それは、両者が同一の地平にある論点を抱え込んでいるからではないのか。それゆえ、たとえ歴史的に断絶しているものであっても、「ミナト神戸」の風景の成立を見ることで、神戸の観光空間にひそむ論点がよりあらわになるように思われるのである。

4　ミナト神戸の生成

神戸が「エキゾチックな」「ロマンチックな」「おしゃれな」「ハイカラな」「モダンな」といった形容詞と親和性を有する空間として描かれる際に、その起源とされたのが明治初期に生成した「ミナト神戸」のイメージである。本章では、その生成のプロセスをたどりながら、現在の観光空間にひそむ論点を明らかにしていきたい。

表2（次頁）は、明治期における「旧居留地の造成から返還までの『ミナト神戸』の生成」の概略である。これを見ると、まず一八六八年（明治元）、神戸港が開港されるとともに「神戸居留地覚書」が交わされ、イギリス人土木技師のJ・W・ハートが来日し居留地の設計にあたっている。一八七四年（明治七）には、「旧居留地」のシンボルマークの一つであるガス灯がともされている。さらに一八八二年（明治一五）には、現在のオリエンタルホテルの前身である居留地ホテルが開業している。その後、一八八九年（明治二二）には、市制が施行されており、面積二一・二八平方キロメートル、人口一三万四七〇四人の神戸市が誕生している。その五年後、一八九四年（明治二七）には、全国港湾に占める神戸港の外国貿易（輸出入額）が四六・四％となり、まさに「ミナト神戸」の名にふさわしい西洋人が住むモダンな街であるイメージを獲得するようになる。

だが、このような「ミナト神戸」が生成してくるプロセスは、同時に、その場所に「似つかわしくない」ものを排除していくプロセスでもあった。明治期当時の神戸の英字新聞ジャパンクロニクルには、「むかつき症の胃弱の人は、日本人が住む海岸べりにあるドモニイ商会から日本人居住区のメインストリート（元町通）へ通ずる狭い路地裏を一度でも通ってみるがよい。きっとリバプールやロンドンの最低のスラム街でも、ここに比べると芳香を放つラベンダーの花園のように思えるだろうし、清国の悪臭を放つ裏町を歩いてもう二度とむかつくこと

表2　旧居留地の造成から返還までの「ミナト神戸」の生成

	ミナト神戸の生成	
1868（明治 1）	神戸開港	
	神戸居留地覚書調印	
	イギリス人土木技師ハートが来日し、神戸居留地造成計画始まる	
	メリケン波止場完成	
1869（明治 2）	元町で牛肉店、三宮で靴店が開業	
1874（明治 7）	居留地内にガス灯がつく	コレラ、西南戦争により神戸で発生
1877（明治 10）		神戸でコレラが大流行する
1879（明治 12）		兵庫県市街道路掃除規則並市外溝渠浚渫規則発布
1882（明治 15）	居留地ホテル（のちのオリエンタルホテル）開業	
1886（明治 19）	元町ではじめて洋菓子が製造される	兵庫県長屋裏屋建築規則制定
		兵庫県宿屋営業取締規則制定
1887（明治 20）		兵庫県街路取締規則発布
1889（明治 22）	市制施行（神戸市）	
1893（明治 26）		神戸で赤痢、腸チフス、天然痘大流行
		伝染病対策のため神戸市は「貧民窟」と言われる場所を巡回
1894（明治 27）	全国港湾に占める神戸港の外国貿易（輸出入額）が 46.4%となりピークを迎える	
1899（明治 33）	そごう百貨店神戸店開店	
	神戸居留地返還	

出典：中尾［2001］、安保［1989］、神木・崎山［1993］、広原［2001］をもとに筆者作成

図 12　明治末期のメリケン波止場（上）と居留地前海岸（下）

出典：神戸市港湾局［1967: 26］

はないだろう」といった記述が見られる［広原 2001: 8］。西洋人が住むモダンな街を形成する裏面として、日本人の住むスラム街を排除していくプロセスがあったのである。

これについては安保［1989］の研究に詳しいが、表2を見ると、「ミナト神戸」が生成するのとちょうど同じ時期の一八七九年（明治一二）に「兵庫県市街道路掃除規則並市外溝渠浚渫規則」が発布され、「清潔な」市街道路が目指されていることがわかる。また一八八六年（明治一九）には、スラム街にいっそうターゲットを絞り「兵庫県長屋裏屋建築規則」と「兵庫県宿屋営業取締規則」が制定され、翌一八八七年（明治二〇）には「兵庫県街路取締規則」が発布されている。こうした規則が制定・発布・施行されることによって、スラム街は監視の対象となり、囲い込まれ、西洋人たちが見る風景から次第に排除されていったのである。このとき、スラム街を排除する理由づけのレトリックとして使われたのが、一八七七年（明治一〇）以来、たびたび神戸をおそったコレラやペストといった伝染病の流行だった［安保 1989］。

5　風景の政治学——反転したオリエンタリズム

このように見てくれば、ある風景が成立する際には、同時に別の風景が排除されているということに気づく。何かが見られるためには、別の何かが見られないようにされなければならない。「旧居留地」から西洋人が見る「ミナト神戸」の風景が成立するためには、日本人たちが住むスラム街が排除されなければならなかった。日本人たちが住むスラム街は、いわば「ミナト神戸」には「似つかわしくない」ものとして、監視の対象とされ、風景として鑑賞されたりはしないものとされたのである。

「ミナト神戸」の風景を創り出していく際には、「西洋人のまなざし」を獲得することを通して、「日本的でみすぼらしい」と考えるものを排除していったのだ。西洋の外部にある不可解で、異質で不気味な「他者」に対し

図 13　東門街の街並み

図 14　東門街の韓国食材店

て、固定したイメージを投影し、形を与え封じ込めようとすること、それが「オリエンタリズム」であるが［Said 1978=1986, 川口・岡本 1998: 43］、他者である「西洋人のまなざし」を獲得することを通して、自らの内側にあるものを「他者」として外部化し封じ込めようとすることは、まさに「反転したオリエンタリズム」とでも言うべきものであろう[2]。「ミナト神戸」の風景には、この論点が内在しているのだ。

このように考えるならば、私たちが目にする風景とは決してニュートラルなものではないということがわかるだろう。それは、常に社会性・制度性・歴史性の磁場を帯びたものだと言える。それはまさに、「風景の政治学」とも言うべきものである。神戸の観光空間を考察するにもまた、この「風景の政治学」を考慮に入れる必要があるのではないか。

「ミナト神戸」が生成する際に、その風景から排除されたものがあったように、観光空間としての神戸が創られていくうえでも、「反転したオリエンタリズム」を通じて観光の風景から排除されているものがある[3]。神戸は観光空間として「北野（異人館街）」「ミナトの風景」「旧居留地」「南京町」という風景を選び出し、「エキゾチックな（異国情緒あふれた）」「ロマンチックな」「レトロ風の」「おしゃれな」「ハイカラな」「モダンな」などの形容詞が親和性を有する空間を構築してきた。しかし、その裏面では、ある種の風景が一九八〇年代を境に観光から排除されていったのではないか。

たとえば「東門街」と呼ばれる神戸の歓楽街があるが、ここには多くのラ

図15　北野の路地にある中華料理店

ブホテル、飲み屋が立ち並んでおり、観光客があまり足を踏み入れない場所となっている。その「東門街」には韓国食材の店もいくつかある。「南京町」の中国食材の店や中華料理店には多くの観光客が訪れるが、それに対して、「東門街」の韓国食材店が観光において省みられることはほとんどない。そこは「南京町」と違い、生活のにおいが感じられるアジアなのである。歓楽街の中心のそういったアジアは、西洋人たちがエキゾチックな風景として感じるような「観光されるべきアジア」にはならないのだ。

観光のスポットから離れた場所だけでなく、「北野（異人館街）」の中も同じである。「北野（異人館街）」には、異人館のビショップ邸を中華料理店に改修した東天閣、神戸ムスリムモスクなど、ガイドブックにも頻繁に掲載されている「異国情緒」を感じさせてくれるアジアがある。だがその同じ場所には、図15のような場所が存在している。ここにも中華料理店があるが、同時に、この路地には中国名の表札がかけられた家が多く、アジアが生活の実感をともなって神戸で息づいていることを教えてくれる。私はそんな場所へ行くのが大好きだが、ここを訪れようとする観光客はほとんどいない。

　このように生活のにおいを感じさせてしまうようなアジア、それらが「異国情緒」といった神戸のイメージと親和性をもたないアジアとされ、観光のまなざしの対象から外れ、観光の風景となっていかないのはなぜか。そこには「反転したオリエンタリズム」を通じた「風景の政治学」が作用しているのではないか。私たちが今後問うべきはこのことである。

　神戸という観光空間を生み出す「風景の政治学」。これを私たちは探っていくべきなのだ。そうすることで私が神戸に抱いてきたアンビバレントな感情も、もっとはっきりと言葉に変えていけるだろう。

［注］

（1）T・C・チャンとS・ホアンは、「観光の風景」を「ビルトスケープ」「イベントスケープ」「アートスケープ」の三つの位相から考察する［Chang & Huang 2004］。「ビルトスケープ」とは、都市工学的な景観構成によって創られた観光の風景のことを言う。神戸の場合、異人館、ハーバーランド、メリケンパークといった建築物を通して形成される風景がこれに相当するだろう。「イベントスケープ」とは、さまざまなイベントを通して創られる観光の風景のことで、神戸ルミナリエや南京町の春節祭等の祭りや伝統行事もこれに含まれる。さらに「アートスケープ」とは、都市におけるアート・パフォーマンスによって構成される観光の風景を言う。筆者は最後の「アートスケープ」に代えて、「観光の風景」として「メディアスケープ」を提唱したいと考えている（「メディアスケープ」とは、メディアによるイメージづくりを通して構築されていく観光の風景のことを言う）。というのは、ブーアスティンの指摘を待つまでもなく、メディアが観光において果たす役割を見過ごすことはできないからである。なおメディアとのかかわりにおいて、観光をいかにとらえていくのかについては、遠藤［2004］を参照してもらいたい。

（2）他者である「西洋人のまなざし」を獲得することを通して、自らの内側にあるものを「他者」として外部化し封じ込めようとする「反転したオリエンタリズム」は、日本における「オリエンタリズム」のあり方を考えるうえで重要ではないだろうか。そして、そのことは、街づくり、観光地づくりを進めていく際にも無縁ではない。日本における街づくり、観光地づくりには、つねにこの力学が作用してきたと言えるだろう。これらをどのようにとらえ考えていくのか。これからの街づくり、観光地づくりには、そのことが大切となるだろう。

（3）たとえ「日本的」とされるものにも、観光の風景から排除されるものがあるのと同様、観光において鑑賞されるべき風景にされるものもある。もちろん、これは「反転したオリエンタリズム」と無関係なのではない。むしろ、それらは「反転したオリエンタリズム」の裏面と考えられるべきものであろう。たとえば奈良のことを考えてみてもよいだろう。かつては廃仏棄釈によって打ちすてられていた奈良が鑑賞の対象、「視線の消費」の対象となるためには、奈良に存するいくつかの場所をまるで「他者」の側に属するがごとく、「西洋人のまなざし」を獲得することを通して、ことさらに「発見」しなくてはならなかったのだ。フェノロサや岡倉天心らによる、法隆寺の秘仏発見はその一例であろう。

［参考文献］

安保則夫（1989）『ミナト神戸 コレラ・ペスト・スラム――社会的差別形成史の研究』学芸出版社.
Chang, T.C. and S. Huang（2004）"Recreating Place, Replacing Memory: Creative Destruction at the Singapore River," Draft Copy of 'Workshop on Place, Memory and Identity in "New Asia".
遠藤英樹（2003）「観光のオーセンティシティをめぐる社会学理論の展開」山上徹・堀野正人編著『現代観光へのアプローチ』白桃書房、pp.197-210.
――（2004）「観光空間・知覚・メディアをめぐる新たな社会理論への転回」遠藤英樹・堀野正人編著『「観光のまなざし」の転回』春風社、pp.83-98.
神木哲男・崎山昌廣編著（1993）『神戸居留地の3／4世紀――ハイカラな街のルーツ』神戸新聞総合出版センター.
川口喬一・岡本靖正編（1998）『最新 文学批評用語辞典』研究社出版.
広原盛明編著（2001）『開発主義神戸の思想と経営――都市計画とテクノクラシー』日本経済評論社.
福間良明（2003）『辺境に映る日本――ナショナリティの融解と再構築』柏書房.
神戸市港湾局編（1967）『神戸開港１００年の歩み』神戸市.
松田京子（2003）『帝国の視線――博覧会と異文化表象』吉川弘文館.
Morton, P.（2000）*Hybrid Modernities: Architecture and Representation at the 1931 Colonial Exposition, Paris*, Massachusetts: MIT Press.［長谷川章訳（2002）『パリ植民地博覧会――オリエンタリズムの欲望と表象』ブリュッケ］.
奈良国立文化財研究所・神戸市教育委員会編（1982）『異人館のあるまち神戸――北野・山本地区伝統的建造物群調査報告』

神戸市.
中尾清（2001）『神戸と横浜における「都市観光」の展開――地方観光行政論序説』たいせい.
大橋健一（2000）「『神戸南京町』の再構築と観光」『立教大学観光学部紀要』2: 36-40.
――（2004）「観光のまなざしと現代チャイナタウンの再構築」遠藤英樹・堀野正人編著『「観光のまなざし」の転回』春風社、pp.99-112.
Said, E.W.（1978）*Orientalism*, New York: Vintage Books.［今沢紀子訳（1986）『オリエンタリズム』平凡社］.
Sardar, Z. and B.V. Loon（1997）*Introducing Cultural Studies*, New York: Totem Books.［毛利嘉孝・小野俊彦訳（2002）『INTRODUCING カルチュラル・スタディーズ』作品社］.
新修神戸市史編集委員会（1994）『新修神戸市史 歴史編Ⅳ 近代・現代』神戸市.
曽山毅（2003）『植民地台湾と近代ツーリズム』青弓社.
多田治（2004）『沖縄イメージの誕生――青い海のカルチュラル・スタディーズ』東洋経済新報社.

［付記］

本章は、『アジア遊学』第五一号に掲載された論文を加筆修正したものである。

（遠藤英樹）

第4章

日本人の海外旅行パターンの変容

ハワイにおける日本人観光の創造と展開

1 はじめに

観光は、人間が本来的にもつ日常生活からの一時的離脱への希求に基づく行為であり、歴史的にはそれぞれの時代における労働のあり方や、交通に関する技術も含めた文化のあり方、さらに、観光が産業として自立した後には観光産業の発展との関係の中で変容してきた。こうした複合的な社会的産物としての観光現象は、近代から現代にかけての消費社会の進展の軌跡と同型性を有し、その特徴を色濃くもってきた。この章では、日本人のハワイ観光のあり方の変容を通して、日本人の海外旅行のパターンがどのように変化してきたのか見ていく。

日本人にとってハワイは最も近い米国であり、かつ常夏（一月中旬から二月中旬あたりは寒いと感じる日もあるが）の「楽園」である。進歩と豊かさの象徴である米国、そしてその米国人がバケーションを過ごす楽園ハワイ、日本人にとってハワイは、海の向こうのユートピアとしてのあらゆる条件をそろえていた。そうであるがゆえに、ハワイ観光は日本人の海外旅行のある種のパターンを先導してきたのである。ハワイ旅行は日本人の海外旅行の代名詞であり、航空会社、大手の旅行代理店は、ハワイ観光の企画、販売に最も重点を置いてきた。テレビ、雑誌等のメディアもハワイ観光の特集を折にふれて重ねてきている。毎年正月には、芸能人やスポーツ選手等のハワイにおける休暇の様子が年中行事のように報道される。また、ハワイ旅行は海外旅行のイメージばかりでなく、国内外における海水浴をも含めたビーチでの休暇の過ごし方やビーチの景観、空間の演出の仕方等にも大いに影響を与えてきた。日本の温泉地には「ハワイ」をイメージした温水プールも数々出現した（たとえば福島県いわき湯本温泉にある「スパリゾートハワイアンズ」はその代表と言えよう）。それだけではない。夏になればハワイの風景が、アロハシャツ等のファッションやポスター等で街にあふれ出し、デパート等ではハワイアン音楽が流れる。こうしてハワイ旅行は日常に浸透し、多くの日本人はハワイに行かなくともハワイのことを「知っている」のである。

ワイキキのビーチ

ハワイにおける日本人観光は、日本人のリゾート・アイコンをつくり出し、日本人の観光のパターンをも規定してきた。日本人のハワイ観光とは何であったのか、そして今どのように変わろうとしているのかを考えることは、日本人の観光の仕方、とくに日本人の海外旅行のパターンを反省的にとらえるうえでは、欠かすことができない。

ハワイ観光の形態をつくり上げてきた主な要素は、次の五つの点から見ることができる。最も重要なのはハワイのイメージの形成、すなわちマスメディア、とくに近年ではインターネットの役割である。とくにハワイの表象に関する日本のマスメディアは、芸能界、スポーツ界等と結びついてきた。二点目は可処分所得と余暇時間の増加を背景とした大衆観光消費者の出現である。また、大衆観光消費者は観光以外の消費の仕方にも影響されて、短い期間にその消費行動を変化させていることも、ここでは重要な点である。三点目は航空機あるいはコンピュータを使った予約システム等、テクノロジーの進歩である。テクノロジーの進歩は、観光業者の組織のあり方を変化させ、また観光業者と観光客の関係を変化させる。四点目は旅行業界の組織化である。ハワイ観光が大衆化し取り扱い可能客数が増えるにしたがって、観光のパターンの創作、演出等、大手旅行業者の力が必要になる。力をつけた大手旅行業者のリーダーシップのもと、ハワイにおける日本人観光の担い手は淘汰され、次第に組織化されていった。五点目は日米政府、または旅行関係業者団体等による諸規制の強化や緩和である。ここには、為替相場の変動とリンクした政策も含まれる。とくに日本人のハワイ観光半世紀の歴史の中では、諸規制の緩和（とりわけ為替相場との関連における海外旅行奨励策等）が日本人訪問客を増加させた重要なプッシュ要因であり、9・11テロ事件以来、入国管理が厳しくなるまでは主要な方向性であった。

　以上の五点は互いに関係し合い、その時々に強弱の振幅を経ながらも、少なくとも一九七〇年代までは、ほぼ互いに矛盾なく、重なり合うことによって大きな組織的力を発揮してきた。しかし、一九八〇年代になると五点すべてがハーモニーを奏でることは少なくなり、不協和音が目立つようになる（それでも一九八〇年代までは全体の力が個々の矛盾点を補って余りがあったのであるが）。現在ありうる、あるいはこれから予測される不協和音とは、たとえば次のようなことである。一点目のハワイ・イメージに関し、従来のイメージから新しいイメージへの転換（たとえばネイティヴ・ハワイアン・カルチャーへの希求等）が求められ、誰もが同じイメージをもつということがなくなってきている。このことは二点目の大衆観光消費者の観光行動を変え、四点目の観光業者の従来の組織のあり方に軋轢《あつれき》をもたらすこともあろう。また、たとえば三点目のテクノロジーにおいて、インターネットを使った航空券販売やホテル予約等が急速に普及してきたことは、二点目の観光消費者の自立性を大幅に強化してきているると言える。そのことはまた、三点目の観光業者のあり方を変え、また五点目の政府の観光への対応も変えつつある。現在観光に起こっている変化、これから起こりうる変化を考えると、従来のように五つの点すべてが一体となり大きな力となって、急激な日本人観光消費者の増大をもたらすことはないことがわかる。

　すなわちこのことを言い換えれば、日本人のハワイ観光は誰もが共有できる「大きな物語」に基づいた、大量生産－大量消費型の（フォーディズム型）ツーリズムから、私化（privatization「意味世界」の個人化を指す）した「小さな物語」に基づく、多品種少量生産型の（ポストフォーディズム型）ツーリズムへと変化しつつあるということであり、さらに別の言い方をすれば、需要サイドの欲求が単一でわかりやすく供給サイドがイニシアティヴをもちやすいツーリズムから、欲求が多様化し、あるいは不明確でわかりにくく、供給サイドのイニシアティヴがダイレクトには難しいツーリズムへと変化しつつあるということである。また、これを資本主義社会全体のあり方という社会変動論的側面から見れば、組織資本主義の形成とその揺らぎ、そして再帰的な資本主義に向けた変動という図式でくくることができる［Lash & Urry 1987］。

大量生産–大量消費型のツーリズムから、多品種少量生産型のツーリズムへと向かう日本人のハワイ観光における変動の歴史を、それぞれの特徴から次の五期に分けることができる。第一期は日本政府が海外観光旅行を解禁する一九六四年までの時期、第二期は海外旅行が解禁された一九六四年から、第一次オイルショック前年の一九七二年まで、第三期は第一次オイルショック後の一九七三年から第二次オイルショック前年の一九七八年まで、第四期は一九八〇年から湾岸戦争、バブル崩壊前の一九八九年までの時期である。そして、第五期はバブルの崩壊によりこうした組織化の基盤そのものがほころび始める一九九〇年代から二〇〇〇年代までである。この時期には、観光消費者の自立性、再帰性の増加、それに対応した大量生産–大量消費体制の限界、単純な効率的経営から、インターネット技術の発展によって効率性の犠牲を克服しつつ、多品種少量販売で利益を求める柔軟で再帰的な経営への脱却といった変化が見られる。次に以上の五期を順に検討しながら、ハワイの日本人観光の組織化とそのほころびに焦点を当てて見ていこう。

2　日本人のハワイ観光創造期

ハワイの観光開発の歴史は、ハワイ共和国（一八九四年までは王国）が米国に併合され、その準州となった一八九八年までたどることができる。ハワイが準州になると、米国の旅行代理店は船会社と組み、現代文明による「汚染」から逃れた南国への旅を謳い文句に、ハワイにクルーズ船を送り込んできた。増加するクルーズ船の就航に呼応して、一九〇一年のモアナ・ホテル（現モアナ・サーフライダー・ウェスティン・リゾート&スパ）をはじめとしていくつかのホテルが営業を始めている。一九二四年までには湿地帯であったワイキキ地区が埋め立てられ、現在の日本人観光の中心であるワイキキの原型が出来上がる。また、フラダンサーに代表されるような、ハ

1954年日本航空一番機DC-6Bホノルル空港へ。38人乗りで22時間かかった
出典：Tasaka［1985］

ワイ観光に対して米国人が向けるイメージが、一九二〇年代から三〇年代にかけて次々にハリウッドで制作されたハワイ映画やミュージカルを介してつくり出されていった［山中 2002: 166-171］。しかし、一九二〇年代、三〇年代のハワイ・ブームで出来上がったこのイメージのハワイ観光が米国人大衆にとっての現実となるには、航空機による旅が一般化する第二次大戦後まで待たなければならなかった。

一方、戦後間もないころのハワイに対する日本人のイメージは、一八八五年から一九二四年まで続いた日系移民（開戦当時人口の約四〇%を占めるに至るまで定住が進んだのであるが、初期はあくまでも「出稼ぎ」であった）の苦難のイメージと、パール・ハーバーへの日本軍の奇襲から始まった戦争のイメージであった。戦後の時が経過するにつれ、そのイメージに重なる形で米国人がつくり上げた「楽園」イメージ、そしてまた、とくに一九五九年に州に昇格してからは、日本に一番近い近代国家米国の州というイメージが重なる（後述する日本映画『ハワイの夜』にはこの重層的なイメージがよく描かれている）。しかし、日本人にとってハワイ旅行が単なる「あこがれのハワイ航路」（岡春夫は一九四八年にこの歌を歌っている）ではなく現実のものとなったのは、太平洋路線に航空機が就航した一九五〇年代以降である。日系人にとっての里帰り旅行も同様であり、ＪＴＢインターナショナル・ハワイ支店（現ＪＴＢハワイトラベル）は、主に日系人の里帰りの需要のために一九六四年にできたものである（一九六四年には日本人海外旅行が自由化され、その後、日本人海外旅行のための現地手配を手がけるランドオペレータ、あるいは旅行商品の企画から販売までを手がけるホールセラーとして発展してきたのだが）。

戦後すぐに提示されたシカゴ協定をもとに、一九五二年には日米航空協定が締結され、一九五三年に開業したばかりの日本航空が、一九五四年にはプロペラ機DC－6Bをハワイ経由でサンフランシスコまで週二便就航させた。しかし、一九六四年に海外観光旅行が解禁される前は、日本人に対する通貨の持ち出し制限が厳しく（一九六〇年に二万円になったもののそれまでは二〇〇〇円）、観光以外でビザを取ったとしても、優雅な旅行ができるような状況ではなかった。海外観光旅行の解禁と同時に、通貨持ち出し制限は年間五〇〇ドルと日本円二万円にまで緩和される（一九六六年には一回につき五〇〇ドルに緩和されている）。解禁当時就航していたDC－7はグアム経由でハワイまで二二時間半もかかっていたのだが、その後すぐにロングレンジのジェット機DC－8に引き継がれ、ハワイまでの時間は三分の一にまで短縮している。一九六四年の海外観光旅行の解禁は、ジェット機の就航による時間の短縮、座席数の増加（一九六四年当時は九〇席のファーストクラスのみであった）、外貨持ち出し制限の緩和に支えられ、次に続く一九六〇年代の第一次ハワイ旅行ブームを準備していった。

3　ハワイ映画と観光旅行解禁前のハワイ・イメージ

一九六四年の観光旅行自由化前にハワイのイメージがどのように変化していったのか、当時の日本映画から知ることができる。戦後ハワイを舞台にした日本映画は数本つくられたが、その中でも名画とされたものに鶴田浩二主演の『ハワイの夜』（一九五三年）がある。この映画の年代設定は日中戦争時から太平洋戦争後にかけてであるが、ハワイのイメージはネイティヴ・ハワイアンが住む楽天的な理想郷ではなく、日系人が苦難を乗り越えてきた美しくも、もの悲しい島である。ストーリーは次のように展開される。

鶴田浩二が演じる水泳選手の主人公、加納は大会出場のためにハワイを訪れるが、そこでヒロインの日系人二世ジーンに出会い二人は恋に落ちる。ジーンの父親は加納と同郷の日系人一世であり、日本に望郷の念を抱いている。しかし、やがて戦争が二人を引き裂く。ジーンの兄は父親の反対を押し切って日系人部隊に入隊し従軍する。ジーンは戦争によって、恋人から引き裂かれ、ジーンの家族の心は揺さぶられ分裂する。戦後ジーンの兄はケガを負って復員し、南方戦線で重傷を負った加納は捕虜として米軍に捕えられ、奇しくもハワイに連れてこられる。瀕死の加納は捕虜収容所から抜け出しジーンと再会を果たすが、すぐにMP（米軍憲兵）に捕えられ、連行されるジープの中で息絶える。白黒モノトーンの画面に加え、悲恋であり、日系人の悲劇が強調されているこの映画全体のトーンはもの悲しい。ヒロインも、米国製ハワイ映画（戦前で言えば『バード・オブ・パラダイス』『ソング・オブ・アイランド』、戦後で言えば『ブルー・ハワイ』『ノース・ショア』等）でよくあるようなネイティヴ・ハワイアンの血を引く官能的な女性ではない。

それでも、加納がホテル（今でも同じ姿を保持するロイヤル・ハワイアンホテルである）を抜け出しジーンと遊ぶシーンには、ヌアヌパリ、ハナウマ・ベイ等、今でも観光客が必ず訪れる観光スポットがそれとなく挿入され、紹介されている。その中には、ジーンが「マノア姫の話」を語りながら、「悲しいときも、嬉しいときも、ここの土人《ママ》は心を込めてアロハと言う」と、ネイティヴ・ハワイアンの自然と調和した生き方を加納に説いて聞かせる場面もある。二人はカヌーで遊び、ビーチでジーンはフラを踊る。この映画でイメージされているハワイは、苦難を重ねつつ、日本に対する望郷の念と「日本の心」を忘れない強く優しい日系人の姿であると同時に、米国人がつくり出した「楽園」としてのハワイのイメージでもあり、両者が混合したものである。戦後初期の日本におけるハワイのイメージは、日系人の苦難とパール・ハーバーの奇襲に始まる戦争のイメージを引きずったものであったため、この映画ではとくにそのことが強調されている。しかし同時にまた、米国人が戦前からつくり上げていた無垢なネイティヴ・ハワイアンのイメージや常夏の楽園としてのハワイのイメージ［Desmond 1999］もそれらの上にそれとなく合成されているのである。戦争で引き裂かれつつ日本に対するノスタルジアをずっともち続けている日系人というイメージと、米国人が創作してきたネイティヴ・ハワイアンの「純粋さ」のイメージが重なり合い、その後も、この独特の「日系人イメージ」は醸成されることとなる。[1] しかし、「楽園」としてのハワイ・イメージが語られながらも、このころはまだ「ビーチ・リゾート」としてのハワイのイメージは主流ではなく、そのイメージが流布するようになるには一九五〇年代後半から六〇年代まで待たなければならなかった。

一九五〇年代後半になるとワイキキのホテル建設も加速され、米国人にとってのハワイは（まだオアフ島のみであったが）ビーチ・リゾートとしてのイメージを定着させつつあった。いまだ海外への観光旅行が解禁されていなかった日本においても、日系人の人脈を使いつつハワイに進出しつつあった日本企業や、現在のチャイナタウン（ダウンタウン）の隣のアアラ地区にあった国際劇場や日本劇場等に集まる日本の芸能人、スポーツ選手、政治家等の報道を通して、ビーチ・リゾートとしてのハワイ・イメージは日本に流布しつつあった。[2]

次々と芸能人が来布。美空ひばり（中央）と母親

出典：Tasaka［1985］

日本人にとって、ハワイの明るい「楽園」イメージを決定的なものにしたのは、一九六一年に封切られた米国映画、エルビス・プレスリー主演の『ブルー・ハワイ』の大ヒットである（米国では観客数が一九六二年一八位、一九六三年一六位であったが、映画と同時にリリースされたサウンドトラック版LPが一九六二年には売り上げ一位であったことが、この映画のハワイ観光への影響を世界的なものにした）[Hopkins 2002: 39]。プレスリー自身は、この映画のクランクイン直前にパール・ハーバーでコンサートを開き、その収益をパール・ハーバーにあるアリゾナ記念館（日本軍の奇襲作戦で沈没した戦艦アリゾナを海の上から見下ろす施設）の建設に寄付したことからもわかるように、戦争へのこだわりから完全に自由になっていたとは言えないのである。だがしかし、プレスリー演じる戦場からの帰還兵チャドは、飛行場に迎えにきた恋人マイリと、軍服を着たまま観光地ハナウマ・ベイにある小屋に行き、軍服を脱ぎ捨て二人だけのビーチで泳ぎだす。軍服を侮辱しているともとられかねないシーンではあるのだが、このシーンでは戦争が終わり自由が訪れたことが強調されているのである。ストーリーとしては、いくつか恋のさや当ての過程で発生した誤解を乗り越え、現在でもハワイ風の結婚式で有名なカウアイ島のシダの洞窟で二人が結ばれるという単純なラブ・ストーリーである。ここではストーリーよりもむしろ、オアフ島のビーチ、カウアイ島の自然の美しさが（シーンのほとんどが一九九二年のハリケーンによって閉鎖されたココ・パームズ・ホテル内であるが）、プレスリーの音楽とともに積極的に紹介されている。実際、この映画の「傑出した演出は、ワイキキ・ビーチ、アラワイ・ヨットハーバー、パンチボウル、アラモアナ公園、タンタラスの丘、ワイオリ・ティールーム（中略）と、実は、ハワイの甘美な風景によってなされており、まるで動くハワイの絵はがきのようなものだ」[ibid.: 36] とも評されている。

また、この映画で強調されているのは、米国化されたハワイ（「ハパ・ハオレ〈半分白人〉」的）イメージである。フキウラ（地引き網）やルアウ（浜辺の宴会）といった現在ハワイを訪れる米国人が好んで参加する、米国風にアレンジされたネイティヴ・ハワイアン風のアトラクションとなっているようなものが（「ジャーメイン」「パラダイス・コブ」等が有名であるが、ここには日本人観光客の姿はほとんどない）、ここではハワイに住む人びとの風俗として紹介されている。また、恋人のマイリはハワイアンとフランス人とのハーフであり、劇中歌われる歌の中にも「ロカ・フラ・ベイビー」といったような米国化されたハワイ・イメージが強く表象されている。また、「アロハ・オエ」のようなハワイアン音楽でさえどこかロック・ブルース風である。官能的なネイティヴ・ハワイアンの血を引く女性との恋愛、椰子の木や松明に豚の丸焼きといったおなじみのハワイの「楽園」イメージを描いた米国映画の原型は、一九三二年封切りの『バード・オブ・パラダイス』までたどることができるのであるが［山中 1993: 94］、このパターンの映画制作が繰り返されることにより、ハワイのイメージそのものがネイティヴ・ハワイアンのフラダンサー（実際には白人であることが多かったのだが）で表象されるようになる。しかし、日本ではこのようなハワイ・イメージが直接需要されたわけではなく、米国人が創作したハワイ「楽園」イメージをさらに日本流に解釈し直したものが創り出されたと考えられる。たとえば、まさに海外旅行が解禁された一九六四年に福島県いわき市に開業した「常磐ハワイアンセンター」（現スパリゾートハワイアンズ）は米国本土由来のハワイ・イメージと、一九五〇年代より流行っていた日本風「ヘルスセンター」（たとえば、船橋ヘルスセンター等）のイメージが重なったものと言える（二〇〇七年からは施設内に「フラ・ミュージアム」も設け、ハワイ文化の「正しい」紹介を行っている）。

『ブルー・ハワイ』が表象したハワイの明るい楽園イメージを、日本風にアレンジし直した映画は一九六三年に封切られた『ハワイの若大将』である（観客数約三〇〇万人）。若大将シリーズ四作目のこの映画は、シリーズを通して一貫しているお決まりのストーリー（友人の放蕩息子青大将とマドンナ澄子を奪い合うというもの）をハワイで演じている。この映画では日系人の親戚が住むハワイで遊び惚ける青大将を連れ戻すために、加山雄三演じる若大将田沼雄一がハワイに赴くのであるが、彼はそこで日系人三世のジェーンと知り合う。ネイティヴ・ハワイアンの血を引くヒロインという米国製ハワイ映画のパターンが、日系人女性に置き換わったものであり、この点においては、この作品も『ハワイの夜』と同型である。しかし、この映画は『ハワイの夜』と違って底抜けに明るい。主人公たちは、ワイキキでサーフィン、ヨットと当然のようにマリン・スポーツを楽しむ。日系三世ジェーンとの恋愛も、結局はジェーンの片思いに終わる。ジェーンの家族からの結婚の申し出にもかかわらず、田沼はあっさり「僕は何と言っても日本が一番好きなんです」と言って断るが、ジェーンもまたふられたことにとりたててこだわるわけではない。ヒロインはあくまでも日本人の澄子であり、二人でサーフィン、ヨットを楽しみ、田沼はビーチでウクレレを弾く。ハワイのイメージの中核は相変わらず日系人なのであるが（一九六四年に封切られた舟木一夫主演作品『夢のハワイで盆踊り』も同様である）、日系人がヒロインというパターンではなく、ヒロインはあくまでも日本人であり、すなわち恋人とあるいは新婚の配偶者とビーチで戯れるハワイという、日系米国人は除外して（日系人も日本人との接点を失ってくるのだが）、日本人だけで（ホストもゲストも日本人だけで）ハワイを楽しむといった、「日本人だけのハワイ」の構図がこのころから出来上がっていったことが読み取れる。

こうして、米国映画と交差しながら、日本映画が創り出すハワイ・イメージは定着していく。こうして出来上がっていった日本人のハワイ・イメージは、日本語の通じる日系人（実際にはせいぜい三世までであり、現在主流の四世、五世に対しては、日本語は通じない）のいる島であり、またポリネシア風に演出された「米国の」ビーチ・リゾートのそれであった。すなわち、日本に郷愁をもつ「素朴で優しい日系人」がいるために日本語が通用し、ポリネシアの「楽園」であるとともに「米国」でもあるといった独特のハワイのイメージである。一九六四年海外観光旅行が自由化されたときにはすでに、このイメージは用意されていたのである。そして、現在でもこのイメージは存続していると言える。

4 海外観光旅行の解禁後のハワイ旅行ブーム

一九六四年の解禁初年の海外旅行客は約一二・八万人であり、そのうちの約二〇％弱がハワイを訪れていた［Asato 2000: 10］。この時期には航空運賃に関する日本政府とＩＡＴＡ（国際航空運送協会）の縛りが強く、一九六八年には二〇％の割引運賃が認められたものの、正規運賃の往復三五万円は当時大卒の初任給が月二万円に満たなかったことを考えるといかにも高価であった（平均月収の六倍程度であったと思われる）。一九六四年の日本人ハワイ渡航者は約三万五〇〇〇人であり、その年の国外渡航者の約三割を占めていた［朝日新聞ＧＬＯＢＥ 2013］（二〇一六年における日本人のハワイ渡航者数は約一三七万人であり、日本人の海外渡航者数の約一割である）。しかし、ハワイへの観光旅行の第一陣が毎月の旅行積み立てでやってきた銀行員の社員旅行であったことからわかるように、決して一部の富裕層の超豪華旅行ということではなかった。この当時、日本政府は国民の海外旅行による外貨の流出を抑えようとしたこと、あるいは勤労意欲の増進や国威発揚と関係が薄いような海外旅行そのものをあまり奨励しようとしなかったこと等から見ても、海外旅行に関する規制緩和には消極的であったと言える。むしろこの時期の日本人海外旅行の規制緩和には、米国のドル防衛策とそれにともなう国際収支のアンバランス解消政策の影響が垣間見られる(3)。

しかし、国民の海外旅行需要は非常に強く、そのことを見逃さなかった旅行代理店（ホールセラー）も、数々のパック商品をつくり販売意欲を増加させていった。ハワイ旅行のパッケージツアーの第一弾は一九六五年に日本航空が企画した「ジャルパック」であった。しかし、航空会社が主導でつくり上げてきたパッケージツアーの主催者は次第に航空会社から旅行代理店へと移ってゆく。一九六八年には日本交通公社（現ＪＴＢ）が「ルック」を発売、また日本航空の「ジャルパック」の企画部門自体も一九六九年にはホールセラーである「旅行開発」として独立している。こうして一九六〇年後半には旗を持った日系人ガイドに先導され、送迎や現地での観光、食事すべてを含んだ日本型海外旅行パック商品の典型が出来上がっていった。しかし、この時期はまだ航空機、ホテル、バス会社等は組織化されておらず、ホールセラーと現地のランド・オペレータ（一九六四年には、日系ランド・オペレータとしてはハワイ最大である現ＪＴＢハワイトラベルの前身ＪＴＢインターナショナル・ハワイ支社が創業している）が航空券の座席、バスの手配、ホテルの予約をなんとかまとめようとしていた段階であった。とくに現地のバス会社等は戦前に移民の受け入れ手続きを主に行っていた日系人所有の中小の会社が多く（たとえば、コバヤシ観光、ロバーツ等）、日本語が話せる日系人たちの協力なくしては、日本人ハワイ観光のスムーズな立ち上げはできなかったであろうことが推測される。

5 観光の大量生産、消費体制の確立

一九七〇年（昭和四五）にパンナムが三六二席のB‐747型機を太平洋線に就航させ、続いて日本航空もB‐747型機を同様に投入している。一四〇から二三〇席程度のDC‐8に対して、ジャンボジェットの投入は、旅行業界に量のインパクトを与えた。

『昭和45年版　運輸白書』には、太平洋線へのジャンボジェット（B‐747）の導入について以下のように述べられている。

四五年九月一日現在、日本航空週九便、パンアメリカン航空週一四便、ノースウエスト航空週一四便、合計週三七便の運航が行われている。同機の提供席数は約三六〇人とこれまで太平洋線を運航しているDC‐8、B‐707型機に比し、約二・七倍となっているため、太平洋線の競争は今後ますます激化し、また将来においては東南アジア諸国の航空企業も大型機材の運航を開始するものと考えられる。このような競争に対処していくためにも、わが国航空企業の一層の経営の合理化が望まれる。

一挙に増えた座席を効率よく販売するために、経営の合理化を進める航空会社はより強く旅行代理店の大量販売に依存せざるをえなくなり、航空会社と旅行代理店の結びつきはいっそう強固となった。一九六九年にIATAの会議において導入が決定され、各航空会社が日本交通公社をはじめとする大手ホールセラーに団体旅行の形をしたパッケージツアー（包括旅行団体）に限定して設定した特別運賃がバルク運賃である。座席数の急増と利用率の低下に対応するために、日本政府、IATAともに団体旅行に限定したこの運賃を認めざるをえなくなっ

た。この運賃は四泊以上で旅行する四〇人以上の団体にのみ適用されたため、この年以降四〇人以上の団体の形をした四泊六日のパック旅行が、日本人のハワイ旅行の定番となっていった。時差ぼけを一日で解消し、中三日でオアフ島観光と買い物をするという旅行の仕方が、のんびりバケーションを過ごす習慣のない日本人の観光行動に適合していたばかりでなく、四泊六日に統一することによって往復の航空機の座席を効率よく埋めることになるということ、何よりもこのことが四泊六日パターンの定着の理由であった。四泊六日パック旅行の価格も一五万円程度まで下がり、外貨の持ち出し制限も一九七〇年には一〇〇〇ドル、一九七一年には三〇〇〇ドルと引き上げられ、ついに一九七八年には撤廃される。こうして、ハワイ旅行は当時急速に増殖しつつあった中産階級のレジャーの格好の対象となった。一九六八年から六九年にかけて倍増した日本からの旅行客数は一九七〇年にはさらに倍増し年間一三万人にまでなった。一九七一年にはドル金本位制に基づいたブレトン・ウッズ体制が崩壊、一九七三年には円ドル相場はフロート制に移行し、一九七八年に一ドル二〇〇円を割るまで、円は一気に上昇している。円高と、一九五九年に開業し日本人買い物客を集めてきたアラモアナ・ショッピングセンターのような大型ショッピングセンターは、ハワイにおける「買い物旅行」という、米国人が創作した楽園イメージとは違った、日本人独特のハワイ観光イメージを創り上げていった（近年の中国人訪日観光客の「爆買い」に似ていると言える）。また、一九七〇年代終わりまでには、ワイキキに事務所をもつ大手旅行代理店系列のランド・オペレータは、バス、リムジン、小売業に至るまで子会社網を形成していく。これらは、国際興業系京屋カンパニーが一九六〇年代に買収した、モアナ、ロイヤル・ハワイアンといった二つの名門ホテルを含むシェラトン系の四つのホテル、アジア系航空会社をも含めた航空会社系ホテル等、次第に増えつつあった日系やアジア系のホテル群と密接な関係を広げつつ、日系観光企業が主体となった組織的丸抱え体制を次第につくり上げていった。

6 大量生産、消費体制の成熟と観光の個人化の始まり

第三次とも言える一九八〇年代のハワイ観光ブームは、一九六〇年代、七〇年代を通して形成されてきた日系観光業者の密接な結びつきを拡大し完成させた時期でもあった。また、この時期は日米両国とも大幅な規制緩和をともなう新自由主義政策を強力に推進し始めた時期でもあり、政府の政策も含んだ社会全体による観光の欲望創造が組織的に行われた時代でもあった。しかし、この時期のハワイ観光の急激な大衆化は、同時に旅行行動の個人化をうながすことにつながったことも見逃すことができない。

一九七五年にすでにハワイの最大の産業となった観光業は、二回のオイルショックにもかかわらずさらに発展拡大していった。一九六八年に三万室であったハワイのホテル室数は、一九八〇年には倍の六万室にまで増加している。現在ワイキキに存在する高層のホテル、コンドミニアムの大半は一九八〇年までに完成したものである。また、一九七八年には成田空港が開港し、B-747、DC-10、A-300等大型機を投入して座席数を増やしてきた米国系三社、日系一社ばかりでなく、一九七〇年代後半からは主に日本人客をあてにしてアジア系航空会社が参入してくる。ホテルの稼働率を正常に保つためにも、急増する座席数を効率よく埋めるためにも、観光需要の創造と拡大を目指す新しい手法が求められてきた。つまり、あらかじめ存在している需要に応える従来の売り方に加え、積極的に需要を作り出す売り方がこの時期から試されてきたのである。

このような新しい販売の仕方を仕掛けてきたのが一九八〇年代前半に旅行業登録の規制緩和によって登場してきた、サカエトラベル、HIS、マップ・インターナショナル等の格安航空券販売を主体とする旅行業者である。このような業者の中には、円高による航空機運賃の内外価格差を利用し、海外で航空券を仕入れるという手法を用いて安売りを仕掛けるものまで出現している。こういった規制ぎりぎりの販売の仕方は、従来パック・

パッカー等個人がひそかに行ってきたものであり、企業が堂々と行うには問題の多いものであった。しかし、こういった安売りの仕方（もちろん単に航空会社からまとめて座席を卸してもらったものをバラ売りするという手法が主体ではあったようだが）が、航空券の内外価格差を次第になくしていくことに貢献したことも、現在では誰もが認めるところであろう。また、このような旅行業者は、経営者や社員がバック・パッカー経験者であることが多く、その企画商品も自立した個人旅行を前提としたものが多かったため、現地での行動が自由なスケルトン型の商品を多く出現させ、そのことが主に若者向けのパック旅行の性格を大きく変えることにつながっていった。長期の休みの前になると、これらの店舗には学生を中心に若い客が詰めかけ、彼らに対し、バック・パッカー経験をもつ社員たちが個人旅行の指南をするという光景もよく見かけられた。マップ・インターナショナルの多くの支店がそうであったように、店の一角に個人旅行の資料や書籍を置き、旅行サークルのような雰囲気をあえてつくっているところも多かった。こういった新規参入組の旅行代理店は、単に個人客にスケルトン型のパック商品やディスカウント航空券を販売しただけではなく、旅行のノウハウを提供することにより、彼らを自立した個人旅行者にしていったことも忘れてはならない。

また、一九八五年のプラザ合意後、急激な円高が、日本政府の海外旅行に対する方針を大きく変えさせた。一九八七年には運輸省（現、国土交通省）が海外旅行者倍増計画を打ち出し、当時五五〇万人の海外旅行客を五年間で二倍にしようと「テンミリオン計画」を発表した。貿易摩擦解消のためとはいえ、このときには日本政府自らが海外旅行の奨励にはじめて積極的に乗り出すこととなるのだが、この計画は予定より一年早く成就してしまう。この背景には、一九八五年の覚え書きによって、戦後続いた特定航空会社による寡占体制が崩れ、一九八六年に全日空が国際線へ参入したこと、一九八七年に日本航空が完全民営化したこと、一九八八年に東亜国内航空が日本エアシステムと社名を変え国際線に参入してきたこと（同時に米国系航空会社も数社参入してきた）、また数々出現するバーゲン運賃に、ＩＡＴＡの運賃決定に対する影響力が衰退し、事実上航空券のディスカウントが自由に設定できるようになったこと等があった。各種規制緩和を背景とした観光政策における新自由主義のもと、一九八〇年代の日本社会全体が個人型海外旅行消費の創造に向かっていったのである。

また、一九八〇年代後半には、プラザ合意後の円高に対抗するために内需拡大政策の結果発生した観光地の「バブル」現象は、ハワイにも飛び火していく。ワイキキ地区だけを見ても、一九六〇年代の早期からホテルの買収を手がけてきた国際興業、一九七〇年代の航空会社系列の日系ホテルの「老舗」に加え、一九八〇年代後半には、三井不動産がワイキキでは最高級のハレクラニ・ホテルを、加ト吉がアウトリガー・ワイキキ・サーフ、同サーフ・イーストを、ラッキー自動車がアウトリガー・ワイキキ・マリアを、麻布自動車がアラモアナ・ホテルをというように買収が続き、この他にもさまざまな日系企業がハワイの不動産取得、ゴルフ場、コンドミニアム、オフィスビル建設に奔走した。またワイキキのメインストリートにモスバーガーが、アラモアナ・ショッピングセンター脇にはダイエーが出店、アラモアナ・ショッピングセンター自体もダイエーが買収するなど、レストランや小売店、ショッピングセンターの日系化も進んだ。終戦から一九八七年までの累計投資額の約半分にあたる二二億ドルを一九八六年と八七年のわずか二年間で日本企業が投資し、そして一九八九年には一年だけの投資額が二六億ドルに達している［新ハワイ百科 1991: 172-192］。こうして一九八〇年代後半までには、豪華ツアーから格安ツアーに至るまで、日本人観光客の行動をすべて取り込む日系リンクが出来上がっていった（このことがのちにローカルの人びとの反感を買うことにもなるのだが）。また一九八八年、米国政府が英国人にのみ適用していたビザ免除プログラムを日本人観光客にも開放していったこともいっそうの観光客の増加につながった。こうして一九八四年には約六四万人であった日本人訪問客数は、一九八九年には約一三〇万人と五年間で倍増することとなった。

7 観光の多品種、少量生産の時代へ

一九九一年一月に起こった湾岸戦争と、同年の日本におけるバブル崩壊、その後の急激なリセッションは、長く続いた日本人観光客の増加をこの一年間押しとどめるのに充分だった。しかし、日本からの観光客の減少は一年しか続かなかった。一九八〇年代後半からとくに顕著になった一〇万円を割るようなスケルトン型のハワイパッケージツアーの低価格化が一九九〇年代も引き続く。一九九〇年前半には、各旅行代理店はシェアを獲得するための安売り競争に巻き込まれてゆく。全体の経費を抑えるために、一九八〇年代まではまだ多かった食事、観光付き（全日程ではないが三日程度）ツアーも次第にスケルトン化していった。もちろんこうした背景には、観光客の旅行スタイル、好みの多様化があった。一九九〇年にはすでに日本人観光客のリピーター率は四割近くにまで達し、過去に四回以上訪れた客が約九％もいた［Annual research HVB report 1991: 31］。増え続けるリピーターは定番の観光に飽きたらず、多様な観光のパターンを探し始めていた。買い物が主体の客（この中でも、ブランド品ばかりでなく、古着、アウトレット、化粧品、医薬品等、多様化が進んでゆく）、マリン・スポーツを目的とした客、子供が喜ぶところを探す子連れのファミリー、フラ等ポリネシア文化に興味をもつ客、食にこだわりをもつ客、また四泊六日のパターンから外れる長期滞在者や、逆に日本発午前便を利用して三泊でハワイ旅行を楽しむ客も出現してくる。すなわち、誰もの要求を現地の団体バスツアーに押し込めることは不可能となっていったのである。

一九八〇年代からすでにあった形であるが、多くのランド・オペレータは、空港からワイキキまでまず連れて行き（時差ぼけ解消のためにも、いくつかの観光スポットをここまでの間にまわるのであるが）、各旅行代理店がもつホールに数グループの客を一堂に集めて「ブリーフィング」を行い、そこでオプショナル・ツアーを売ってゆくと

JTB オリオリトロリーは乗り降り自由。
観光客の個人化に対応する苦肉の策だ

いう形を多くとるに至った。これは、効率よく経費を削減しつつオプショナル・ツアーのコミッションで利益を上げ、ホテルのチェックインまでの時間をつぶすという旅行代理店側の要求と、個人化、多様化する客の要求とがうまく合致した形態であった。さらに、この形は消費者側の個人化、多様化に引きずられる方向で変形してゆく。一九九〇年代中葉、ＪＴＢハワイは空港とホテルのあるワイキキ地区との中間に位置するホノルル港に新しくトランスポテーション・プラザをつくり、そこでブリーフィングを済ませた後、パックツアー客自身でホテルまで行き、そこで各自がチェックインをするというシステムをつくり上げた。このためには、オリオリトロリー、オリオリトラムといったツアー客のみが自由に乗り降りできる乗り合いバスシステムをつくらなければならなかったのであるが、一九八〇年代に子会社によるツアー客の現地での行動の取り込みを始めていた大手の旅行代理店にとっては、このシステムづくりにはさほど困難はなかったことが推測される。こうして、「自由」と「個性」を求めるツアー客の欲求と、収益と効率を求める旅行代理店の要求とが、形を変えつつバランスをとる、柔軟な再帰的システムがハワイの日本人観光の中に出来上がっていった。ＪＴＢが掲げる「自由」「安心」「快適」とは、このことの表現と見ることができる（現在ＪＴＢハワイは空港でのバスの時間待ちを望まない客には、空港から自由行動ができるような柔軟な対応をしているようである）。こうしてツアー客の旅行スタイルの多様性、再帰性の高まりに対応して、旅行代理店側も同様に柔軟に、そして再帰的に取り組んでいくという二〇〇〇年代のスタイルが確立していった。

しかし一方で、このような柔軟なシステムは、客側の一時の「流行」「気まぐれ」に翻弄されやすく、また客側が自立するにしたがって値引き等の要求が多くなり（ブリーフィング時に買ったオプショナル・ツアーが街ではるかに安く売っていたという訴えがよくあるようだ）、代理店側が求める「効率性」と矛盾しないとも限らない。多様化する客の欲望を「すべて」代理店側の管理下に置き、そこから収益を上げようとする戦略には限界があるというのが筆者の見方である。近年盛んになりつつあるエコ・ツーリズム等は、入山の人数制限等の規制やガイドに高い専門性が要求されることなどの「効率性」とは矛盾する要因もあるため、こういった領域への大手旅行代理店、大手ランド・オペレータの参入はなじまないのではないだろうか。また二〇〇〇年以降、航空券、ホテル、オプショナル・ツアー等の予約にインターネットを使うサービスが急速に普及してきている。このような中で全世界的に展開しているBooking.comやTripAdvisorのようなネット予約サービス企業以外にも、ハワイに情報網をもち、ハワイ旅行を専門とするランド・オペレータから発展したモーハワイ・コム他数社がサービスを展開している。リピーターが多い日本人ハワイ観光ではこのようなネットを使ったランド・オペレータ系旅行業者も独自の情報網を駆使して発展してきている。

一九九〇年代以降進んできた観光客の多様化、自立化は、代理店側の選択肢提供負担の増加を招き、かつ客側のイニシアティヴのもと、柔軟な身のこなしをつねに要求される。これには、一九八〇年代までの旅行会社側のイニシアティヴとは違った柔軟な仕掛けが求められよう。

しかし、自立して行動する客が増える一方で、個性的な情報提供やきめ細かいサービスを代理店やランド・オペレータに期待する客層もおり、これからは観光客に対するサービスの二極化が進展するものと思われる。

自然の景観と気候に恵まれたハワイにおける日本人観光は、少なくとも一九六〇年代から八〇年代までは客の要求がわかりやすく、一律にある程度のサービスをもってすれば客にとって満足のいくものを提供できた。しかし、近年における観光客のアジアシフトからもわかるように、エキゾティシズムが売り物の海洋リゾートはアジアにも多くあることが一般にも知られるようになってきた。アメリカン・リゾート風の景観は日本にいても味わえる時代に、気候がよく、かつ一番近い米国の州というだけでは、リピーター率の高い観光客から見たハワイの魅力は急速に褪せてしまうであろう。一九九七年に日本からの観光客は約二二〇万人でピークに達し、その後入り込み客数の急減は、客の多様化と自立化、再帰性の高まりに合致した、柔軟な対応、変化をハワイの旅行業界にうながしているように思われる。

一九九七年をピークに減少した日本人のハワイ渡航者数は二〇〇九年にはピーク時の半分の一一七万人にまで減少したが、二〇一四年には一五二万人まで回復してきている（二〇一六年には一四九万人である）。日本人のハワイ人気は衰えてはいないと言える。二〇〇〇年以降（とりわけ二〇一〇年以降）は、ハワイ州観光局は日本人向けマーケティングの方針を、従来のマリン・スポーツや買い物中心の「アクティヴ」型から、「癒やし」「スピリチュアル」「パワースポット」等、「休息型」へと方向転換を図ってきた。

二〇〇八年に封切られた日本映画『ホノカアボーイ』は、ハワイ島の北部ホノカア（Honokaa）を舞台に日系人コミュニティの中に日本人の若者が溶け込み、古い映画館で見習い映写技師として働きながら、この地で暮らす人びととの交流を通してハワイでの生き方を知り癒やされてゆくといった映画である。映画の登場人物はほとんど日本語で会話しているのであるが、ハワイを知る人ならすぐに気がつくように、ハワイ島の田舎においてさえ、現在日常的に日本語を話す日系米国人はいない（オアフ島のワイキキでのみ日本語は通じるが、日本語で日本人向けサービスをしているのは、日系米国人ではなく、米国人の日本人配偶者か日本人である）。したがって、日系人が日本語で生活している設定で、日本に郷愁を抱く日系人に焦点を当てた映画『ホノカアボーイ』は、「イメージの日系人」の世界なのである。この映画は、「イメージのハワイ」のライフスタイルを表象する一つの「ファンタジー」である。

ハワイの料理や音楽、実際に存在するハワイ島の街並み等にもスポットを当てたこのノスタルジックな映画は、ハワイ州観光局および日本航空が撮影に協力し、その後ＪＡＬパックがこの地を訪れるフィルム・ツーリズムを企画している。また、二〇一六年のハワイ州観光客の日本人向けプロモーションのタイトルは「有給ハワイ」であり、仕事を休んで、ハワイで癒やされ鋭気を養うことを誘うものである。このプロモーションの発表時、ハワイ州観光局のミツエ・ヴァーレイは「ハワイは地球のおへそ、真ん中にあるとっても〝気の〟〝パワーの〟強いところです。（ハワイに）着いた途端に、五感がぱーっと冴える」［トラベルWatch 2016］と「癒やし」および「スピリチュアル」を強調している。ハワイ州観光局は日本人観光客に、定番のワイキキツアーだけではなく、ネイバーアイランドの多様な自然や文化にふれる旅も紹介している。日本人のハワイ観光も、定番のマリンスポーツ（日焼けを嫌う日本人には敬遠されがちであるが）や買い物が主軸ではあるものの、リピーターを中心に、「イメージ」ではあるが、ハワイのライフスタイルを追求するものに近づいていると言えよう。

とはいえ、「イメージ」から離れた現実のハワイ社会においては、観光客の増大は、観光関係の経済の活性化、雇用の増大といった正の価値の増大を生むばかりではなく、地価の高騰、物価の高騰、格差社会化（とくにホームレス問題）等、新たな負の問題も生み出してきている。とくに、土地をもつ習慣がなかったネイティヴ・ハワイアンの生活への影響は深刻である。ネイティヴ・ハワイアンが約半数を占めるモロカイ島では、（反観光的観光も含めた）反観光運動が巻き起こった［須藤 2008:157-181］。その結果、外部資本のホテルがほとんど撤退してしまい、航空機の便も減り、リゾート（モロカイ・ランチ）は閉鎖されたままだ。経済の大きな部分を観光に頼って生きているハワイの人びとにとって、観光がもたらす負の側面は出口なき絶望をももたらす。ハワイ観光は、観光客のライフスタイルばかりでなく、住民のライフスタイルのあり方、あるいはその双方の調和が問われているのである。

8　おわりに

本章では、日本人によるハワイ観光の歴史をフォーディズム型からポストフォーディズム型への変化として、すなわち大量生産―大量消費型のツーリズムから多品種少量生産型のツーリズムへの変化、あるいは需要サイドの欲求が単一でわかりやすく供給サイドがイニシアティヴをもちやすいツーリズムから、欲求が多様化し、あるいは不明確でわかりにくく供給サイドのイニシアティヴがダイレクトにはとりにくいツーリズムへの変化として見てきた。こうした流れの中で現在、観光は、イメージをめぐるヘゲモニー争いのアリーナとなりつつある。それは、第一に観光の供給サイドと需要サイドとのヘゲモニー争いという形をとり、第二に航空会社やホテル、そして両者を結ぶホールセラー系旅行業者の内部、グローバル予約サイトと現地に根を張るランド・オペレータ、また観光地住民等供給サイドの内部、あるいはライフスタイルごとに観光行動が分裂した需要サイド内の主導件争いという形となって現象する。

本章では、供給サイド内と需要サイドとの主導権争いとして、団体行動中心の観光の形態から個人行動中心の観光の形態への変動を中心的に扱ってきた。このことには前述したように、「私化」する個人客を主な顧客とする旅行代理店の成長やインターネット予約システムの発達が寄与している。現在、この背景には多くの情報をもったリピーターの増加といった観光客の「成長」と「自立」に基づいた観光におけるヘゲモニーの変動が存在することも忘れてはならない。E・コーエンは現代における観光客の「役割」の変動を「新奇さ（novelty）」を求めるサイトシーナー（sight-seener）から「変化（change）」を求めるバケーショナー（vacationer）への変動の中に見ているが［Cohen 1974: 544-546］、同じ場所に何度も足を運ぶリピーターはバケーショナーの一つの形であり、彼らの旅行行動ははじめての場所に行くツーリストにありがちな「名所旧跡巡り」型ではない。彼らは、観光地情報を自分で手に入れ、さらに発信するチャンスがふんだんにあるため、情報を独占する旅行業者の「言いなり」にはならない。

個人に観光行動の主体が変化するにつれ、観光業者は団体観光の効率性を享受できなくなりつつある。人件費のかかる多品種少量生産型観光サービスを顧客の要求に合わせて展開し、さらに今や日常の一部となった海外

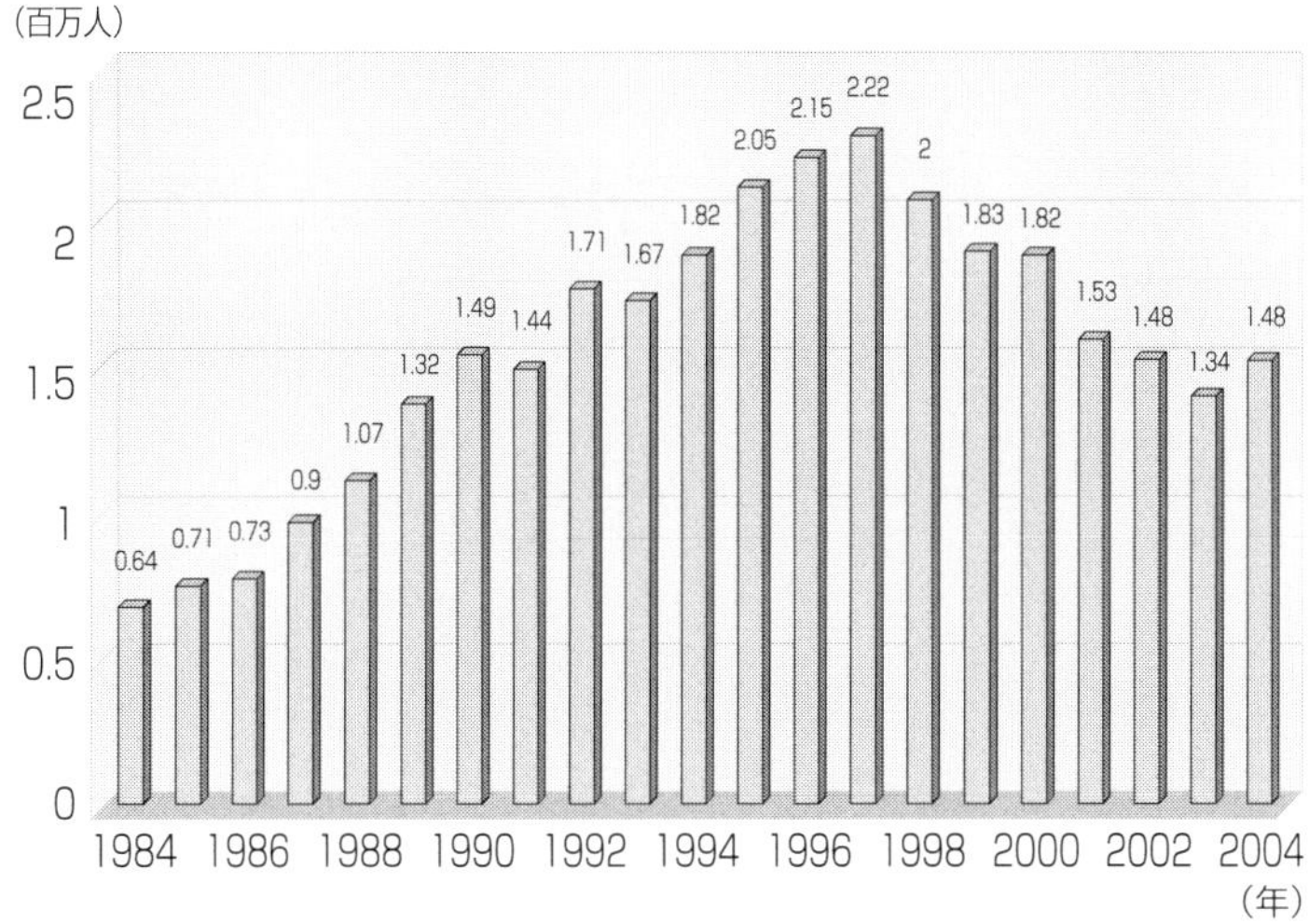

図1　1984～2004年の日本人観光客数

出典：ハワイ州政府（HBVD）提供のデータから筆者作成

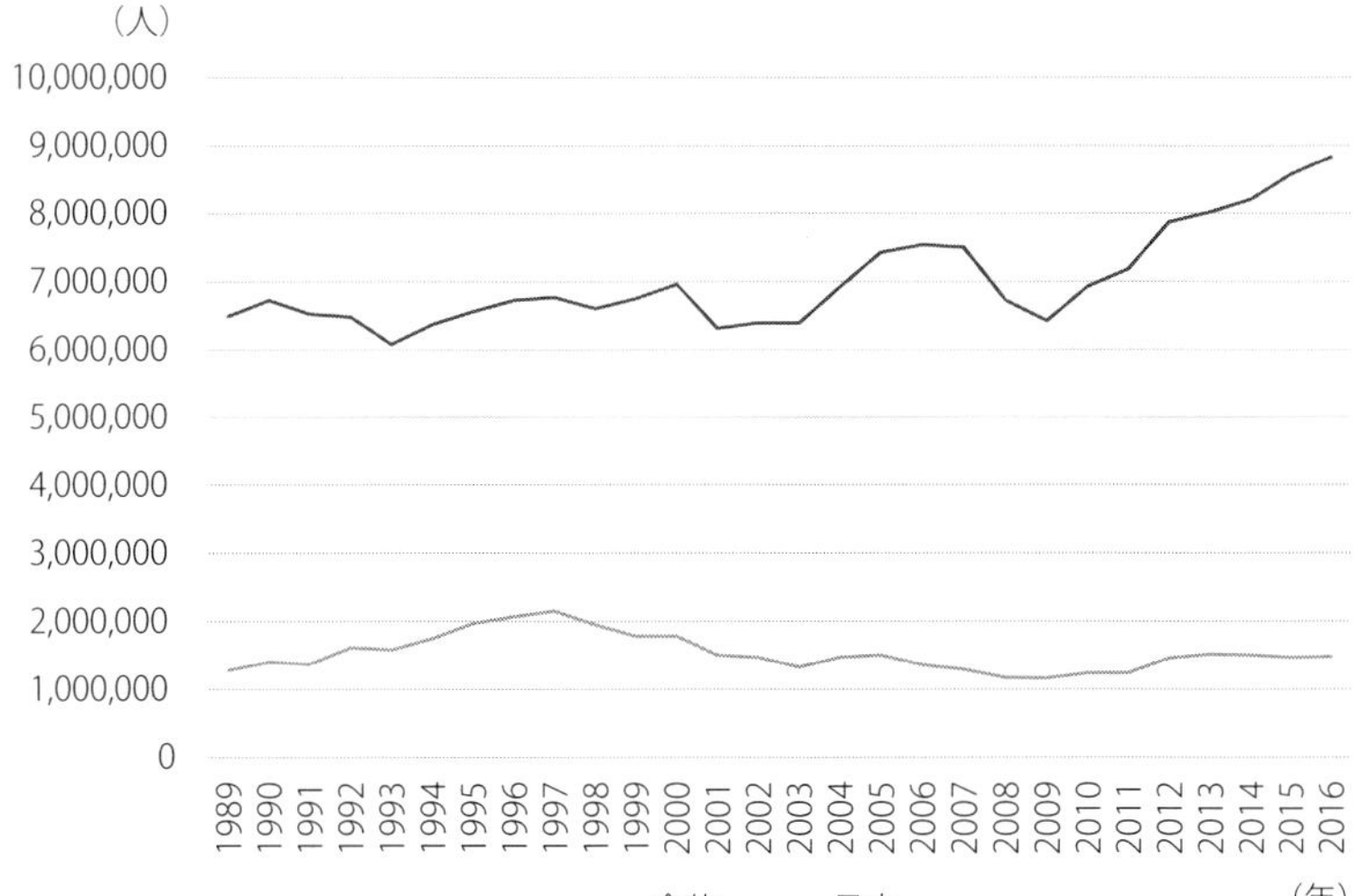

図2　1989～2016年のハワイへの渡航者数

出典：ハワイ州観光局のデータから筆者作成

旅行を低価格で販売するというのは至難の業である。ハワイにおいて旅行業者各社は、消費者の個人的自由行動に依拠しつつ、大量生産―大量消費的な同調的行動を消費者にうながすといったアクロバットを演じることを余儀なくされている（たとえば、その結果生まれたものに、各社が行っている乗り降り自由のトロリーバス・システムやブリーフィング会場でのオプショナル・ツアーの販売がある）。さらには一歩進んで、パッケージツアーの完全スケルトン化や、それに合わせたレンタカー・クーポンの販売、携帯電話、インターネット、GPS装置の貸し出し、おみやげ等の荷物の運送等で利益を出すといった方法を見つけ出す道に進みつつある（もちろん懇切丁寧な団体旅行に依存する客層も依然として存在するとは思われるが）。グローバル化が進むと考えられるこれからも、海外旅行の日常生活への浸透は進行すると考えられる（海外旅行の形態も変化するであろう）。高価格商品から低価格商品に至るまで、これからの旅行業は、より多くの情報を手にした顧客へのサービスを要求されることは明らかである。つまり、このことは旅行商品がファッション等、今や消費者が販売店や生産者と同等の情報をもつような「普通の」商品に近づくことを意味しているのである。インターネット情報があふれている社会においては、情報の量的差異に依存するような販売はできない。情報消費社会においては、旅行商品も通常の商品同様、個人化した消費者の方向性なき「自由選択」という気まぐれな妖怪と闘いつつ、消費者の欲望をさまざまなメディアを多用した広告等で誘導するといったような、消費者と「互角の」闘いの中で販売されることになろう。

戦後の日本企業の投資の増大に合わせて成立してきた、航空会社と旅行業者、ホテル、バス会社等が全体として組織化され一体となった、日本人海外旅行の「システム」は大きく変動している。一九六〇年代という早い時期にハワイで地歩を固め、また日本人観光客だけを相手にするような日本企業の自己中心性を排し、早くから「現地化」を図り、その経営哲学がハワイ社会からも賞賛されていた故小佐野賢治が率いてきた国際興業でさえついに、モアナ・サーフライダー、ロイヤル・ハワイアンホテル等ワイキキにある四つの名門ホテルから二〇〇四年一二月に撤退を余儀なくされた。このことは、日本人のハワイ観光のあり方の変動と底流でつながっている。

本章では、観光をめぐる第二のヘゲモニー争いである、観光の供給サイド内部での争いや需要サイド内部でのヘゲモニー争いについてあまりふれることがなかった。ハワイにおいては、文化、環境等の領域において現地住民を含んだ観光供給サイド内の争いが存在する。その一番大きな問題は、ネイティヴ・ハワイアンの文化復権運動と従来のマス（あるいは白人中心の）ツーリズムとの葛藤である。とくに、モロカイ島においては、ネイティヴ・ハワイアンの復権運動の活動家たちがモロカイ島の観光地化に反対している（島の半分近くの土地を所有するモロカイ・ランチと島民との争いという様相を呈している）。先に述べたように、観光以外に資源がほとんどないモロカイ島では、反対運動家たちが、カルチャー・ツアーやエコ・ツアー等の新しい観光業を立ち上げようとしている。ここでは反対運動が、観光化に「対抗」する反対運動から次第に観光の「あり方」をめぐる闘いに、その争点を変えつつある。モロカイ島において観光とは、政治のアリーナなのである。こういったネイティヴの文化と観光との葛藤は、モロカイ島ばかりではなく、オアフ島等他の島にも程度の差こそあれ存在する。

社会全体を巻き込む一つの「システム」としての近代観光は、さまざまな矛盾を産出しつつ、新しい形へと変容しつつある。現代において観光は、従来の安定した「システム」から、ヘゲモニーをめぐる経済的かつ政治的な葛藤の場へと変化しつつある。観光社会学の焦点はこうしたヘゲモニーをめぐる葛藤のあり方へと向かうべきであろう。

［注］

（1）近年においては、ＮＨＫの連続テレビ小説『さくら』（二〇〇二年度上半期）はまさにこのイメージで製作されていた。

（2）一九五三年には、ハワイを訪れた明仁天皇（当時は皇太子）がビーチで遊ぶ姿も配信されている。

（3）戦後米国政府は、世界におけるドル不足緩和のため米国人の海外旅行を奨励していた時期があった。このため、米国人のアウトバウンド旅行客は増え続け、観光収支はマイナスになる。これに対して、当時のケネディ大統領は一九六一年に外国人旅行客の米国への積極的誘致策を打ち出した。しかし、米国への来訪客数は一九六一年の六一八万五〇〇〇人から一九六三年の五九九万三〇〇〇人まで減り続け、さらに、観光収支が国際収支の赤字総額の約三分の一にまで達するようになった。一九六三年にケネディ大統領は、「国際収支に関する特別教書」を発表し、米国人の国内旅行を奨励しつつ外国人観光客の誘致策を推し進めた。一九六四年（昭和三九）には東京にも米国観光客の海外事務所が置かれている。『昭和39年版　通商白書』では「アメリカの世界観光市場に占める地位の大きさからみて、このようなアメリカの観光政策の転換は、従来の観光客受け入れ諸国に相当の影響をおよぼすものと考えられ、今後のアメリカの観光政策の動きが大いに注目される」と、米国の通貨防衛政策を警戒しているとも受け取れる記述がある。この時代における各国政府の海外観光政策は、通貨防衛の戦略とともにあったのである。

［参考文献］

＊全体を通して、二〇〇三年六月～二〇〇四年三月に行った、ハワイにおけるランド・オペレータ数社（ＪＴＢハワイ、東急観光、モーハワイ・コム等）へのインタビュー調査に基づいている。
Annual Research Report（1991）Honolulu: HVB.
朝日新聞ＧＬＯＢＥ（2013）「特集・ハワイに誘われて」朝日新聞、一月七日　http://globe.asahi.com/feature/memo/2013070500011.html［二〇一七年一一月一〇日アクセス］.
Asato, C.M.（2000）Air Transport and the Evolution of Japanese Tourism to Hawai'i, 1964-1989, Thesis of Japan Studies in University of Hawai'i, p.10.
Cohen, E.（1974）"Who is a Tourist?: A Conceptual Clarification," *Sociological Review*, 22(4): 527-555.
Desmond, J.C.（1999）*Staging Tourism: Bodies on Display from Waikiki to Sea World*, Chicago: University of Chicago Press.
トラベルWatch（2016）「ハワイで休んで、いい仕事。ハワイ州観光局の新プロモーション『有休ハワイ』」インプレス、二〇一六年一月二六日　https://travel.watch.impress.co.jp/docs/news/740737.htm［二〇一七年一一月一〇日アクセス］.

Hawaii Tourism（2018）Authority Annual Visitor Research Report, http://www.hawaiitourismauthority.org/research/reports/annual-visitor-research/［二〇一八年四月二八日アクセス］.

Hopkins, J.（2002）*Elvis in Hawaii*, Honolulu: Bess Press.

Lash, S. and J. Urry（1987）*The End of Organized Capitalism*, Cambridge: Polity Press.

『新ハワイ百科』（1991）Honolulu: East West Journal Corporation.

須藤廣（2008）『観光化する社会――観光社会学の理論と応用』ナカニシヤ出版.

Tasaka, J.Y.（1985）『ハワイ文化芸能１００年史――日本人官約移民１００年祭記念』Honolulu: East West Journal Corporation.

山中速人（1993）『ハワイ』岩波書店.

――（2002）「『楽園』幻想の形成と展開」春日直樹編『オセアニア・ポストコロニアル』国際書院、pp.143-192.

［付記］

本章は『北九州市立大学文学部紀要（人間関係学科）』第一二巻所収「ハワイにおける日本人観光発展史」を大幅に加筆訂正したものである。

（須藤　廣）

第5章

パフォーマティヴなダークツーリズムの可能性

「パフォーマティヴィティ」概念に関する批判的な検討を通じて

1　はじめに

本章の目的は、〝死〟や〝苦しみ〟を背負ってきた他者に寄り添い、大切にするための「ふるまい」を学ぶうえでダークツーリズムが有する豊かな可能性を切り拓くことにある。

以下ではまず、ダークツーリズムを「人為的にもたらされた〝死や苦しみ〟と結びついた場所へのツアー」「自然によってもたらされた〝死〟や〝苦しみ〟と結びついた場所へのツアー」「人為的なものと自然の複合的な組み合わせによってもたらされた〝死〟や〝苦しみ〟と結びついた場所へのツアー」の三つに分類するとともに、ダークネスの濃淡によって生じる「ダークツーリズムのスペクトラム」についても述べる。

次に、ダークネスがつねに社会的に構築されるものであることを指摘し、ダークツーリズムにあっては「それが誰にとってのダークネスなのか（ダークネスでないのか）？」「どのような状況のもとで、どのようなものをダークネスとする必要がある（なかった）のか？」「あるものをダークネスとする（ダークネスとしない）ことで、得られるもの、失うものは何なのか？」などを問うことが重要であると主張する。

そのうえで、ダークツーリズムの問題点として、一つに「〝死〟や〝苦しみ〟に対するまなざしの暴力性」、もう一つにダークネスを観光資源化することによる「〝死〟や〝苦しみ〟の商品化」を挙げ、これらについて考察を加えていく。最後に、「パフォーマティヴィティ」という概念を批判的に検討しつつ、これらの問題があるにもかかわらず、ダークツーリズムに秘められた可能性を切り拓いていくべきであることを論じる。

2　ダークツーリズムの分類

「ダークツーリズム」とは何か。これについては、研究者間でもまだ一致した定義があるとは言えないものの、少なくとも「死や苦しみと結びついた場所を旅する行為」とする点では定義を共有しているのではないか［Sharpley & Stone 2009］。すなわち、「戦争や災害の跡などの、人類の悲しみの記憶をめぐる旅」が「ダークツーリズム」なのである［井出 2004: 216］。ここでは、ひとまず、それをもって定義としておきたい。この「ダークツーリズム」については、訪問される場所によって以下三つに分類できる。

⑴人為的にもたらされた〝死〟や〝苦しみ〟と結びついた場所へのツアー

「ダークツーリズム」には、戦争、テロ、社会的差別、政治的弾圧、公害、事故など人為的にもたらされる〝死〟や〝苦しみ〟と結びついた場所を訪問する行為がある。原爆ドームを訪問するツアーも、これに含まれるであろうし、ポーランド南部に位置する「アウシュヴィッツ＝ビルケナウ強制収容所」へのツアーも、これに分類されるであろう。「アウシュヴィッツ＝ビルケナウ強制収容所」は、第二次世界大戦中にナチス・ドイツによって推進された人種差別的な抑圧政策のもと、数多くのユダヤ人、政治犯、精神障がい者、身体障がい者、ホモセクシャルたちが収容され虐殺された場所で、原爆ドームと同じく「負の世界遺産」として一九七九年にユネスコ文化遺産に登録されている。

ニューヨークの「グラウンド・ゼロ」へのツアーも、こうしたものに含まれよう。「グラウンド・ゼロ」は、かつて、二〇〇一年九月一一日にアメリカ合衆国で発生し三〇〇〇名を超える命が失われたテロ事件の爆心地の一つ「ワールド・トレード・センター」があった場所である。ここは現在、「ワンワールド・トレード・センター」が建てられており、大きく様変わりしているが、テロ事件が起こって間もない翌年の二〇〇二年ごろには犠牲者の死を悼むために多くの人びとが訪問する光景が見られていた（図1）。

ベトナム・ホーチミン市を中心に広がるクチ・トンネルのツアーも、この分類に属する。クチ・トンネルは、

図１　2002 年におけるグラウンド・ゼロ周辺の風景

ベトナム戦争中に、南ベトナム解放民族戦線によってゲリラ戦の根拠地としてつくられたトンネルである。また、未曽有の原発事故を起こしたチェルノブイリ原発へのツアー、病気による差別を受けた人びとの苦しみに思いをはせるために訪問されるハンセン氏病の療養所、イタイイタイ病や水俣病をはじめ多くの公害病に関連した場所を訪問するツアーも、これに分類できるだろう。

⑵ 自然によってもたらされた〝死〟や〝苦しみ〟と結びついた場所へのツアー

「ダークツーリズム」にあっては、自然災害によってもたらされる〝死〟や〝苦しみ〟と結びついた場所へのツアーも、忘れてはならない。井出は自然災害を、地震災害、津波災害、火山災害、台風の四つに整理している［井出 2013: 51］。

「地震災害」の例としては、阪神・淡路大震災を挙げることができるのではないか。一九九五年一月一七日午前五時四六分、突如、大地は上下に大きく揺れ、多くの家屋や建造物が崩れ落ち、火災があちらこちらに発生した。その結果、多くの人命が失われ、甚大な被害を生じさせた。この震災を受けて「人と防災未来センター」が、阪神・淡路大震災の記憶を風化させることなく後世に伝え、防災・減災の世界的拠点となることを目的に神戸市中央区に創設された。ここへの訪問は、自然によってもたらされた〝死〟や〝苦しみ〟と結びついた場所へのツアーになるだろう。また「津波被害」の例としては、二〇〇四年一二月二六日にインドネシアのスマトラ島をおそった大津波があり、この記憶を伝える「アチェ津波博物館」を訪問するツアーが組まれたりしている。これも同様に二つ目の分類に属するものである。

(3) 人為的なものと自然の複合的な組み合わせによってもたらされた〝死〟や〝苦しみ〟と結びついた場所へのツアー

自然災害は、発生した後の対応など人為的な要素によって、いっそう被害を拡大させることがある。これについては、東日本大震災の事例を挙げることができよう。

二〇一一年三月一一日午後二時四六分、マグニチュード九・〇という日本周辺観測史上最大の地震が発生した。この地震とそれにともなって発生した津波などによって、一万八〇〇〇名を超える死者・行方不明者を出した。同時に、津波におそわれた東京電力福島第一原子力発電所が全電源を喪失し原子炉を冷却できなくなり、炉心溶融（メルトダウン）が発生した。その結果、大量の放射性物質を漏洩させる事故を起こしたのである。その後、事故は収束に向かうことなく、原子力発電所近辺の福島県一部地域は「帰還困難区域」「居住制限区域」に設定され、避難生活の長期化を余儀なくされた。

このことをまのあたりにして東浩紀たちの研究グループは、『福島第一原発観光地化計画』という書物を出版した［東 2013］。そこでは「ダークツーリズム」を軸に、震災と事故の記憶を風化させることなく〝死や苦しみ〟に深く思いをはせる重要性が訴えられている。ここで計画されているツアーなどは、三番目のものに位置づけられるものと言えよう。

以上のように分類されるダークツーリズムは、その濃淡によっても整理することが可能である（図2）。図を見ると、「目的が教育志向か娯楽志向か」「保存を重視しているか商業性を重視しているか」「真正性を知覚できるか否か」「真正性がローカリティと結びついているか否か」「最近に起きたことか昔に起きたことか」「作為的な意図が含まれているか否か」「観光のインフラストラクチャーとして整備されているか否か」によって、「非

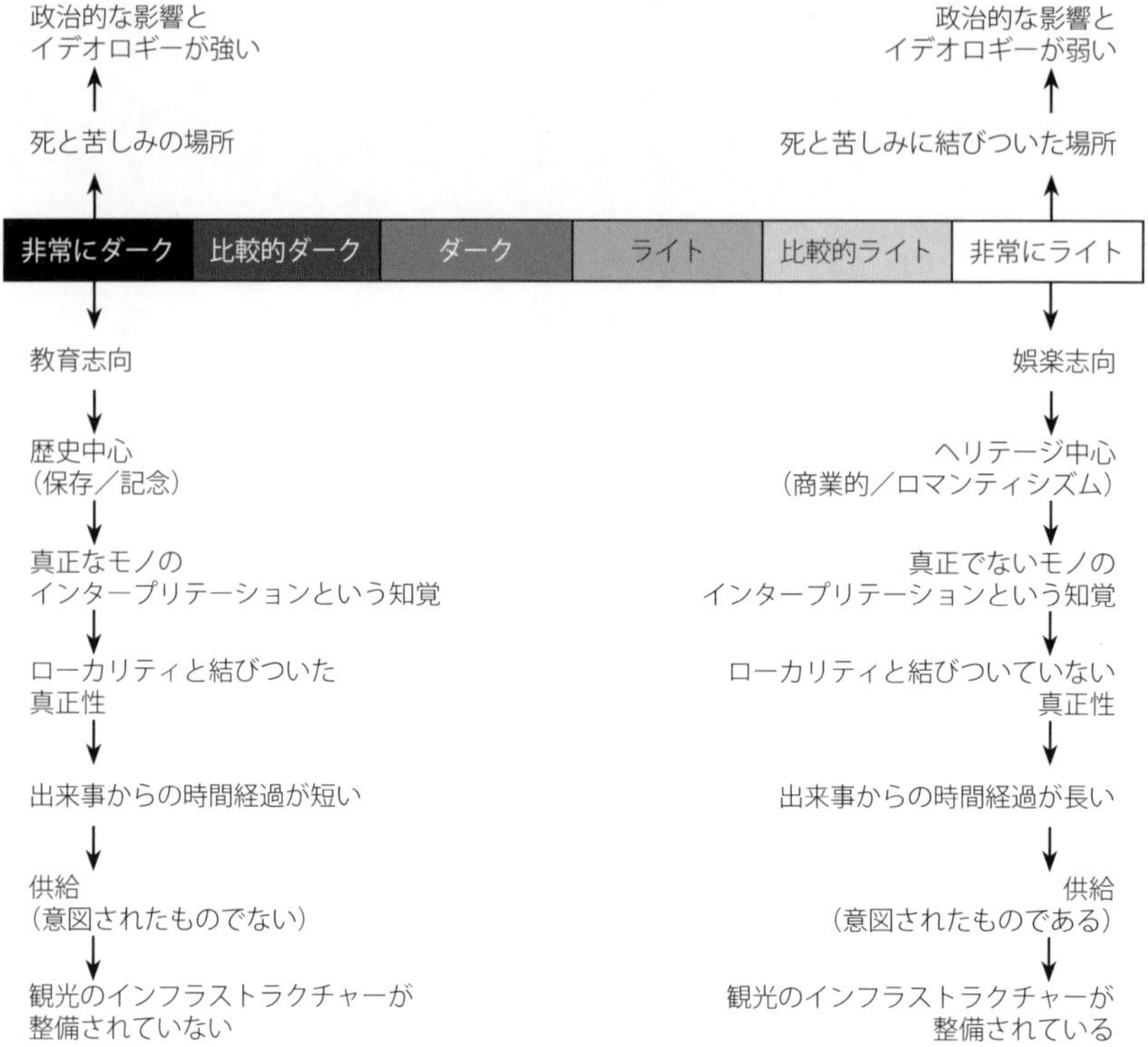

図2　ダークツーリズムのスペクトラム

出典：Sharpley & Stone［2009: 21］

常にダーク」なツーリズムから「非常にライト」なツーリズムまで、さまざまな段階があることがわかる［Stone 2006］。

ダークな色彩が強まるほど、観光地は、「死と苦しみ」を直接的に体現した場所となる。たとえば東日本大震災の被災地をめぐる旅は「非常にダーク」なツーリズムに位置づけられるだろう。逆に、かつて病院として用いられていた建物を娯楽用につくり変えたホラーハウスを訪れたり、「クリプト・ツーリズム」のように妖怪をテーマとして観光したりすることは、ダークツーリズムの中でも「非常にライト」なものに位置づけられる。こうした場所は「死と苦しみ」に無関係であるとは言えないが、あくまで娯楽の意図のもとで「死と苦しみ」を指し示しているのである。

3　社会的に構築される「ダークネス」

観光研究において「ダークツーリズム」という概念をはじめに積極的に用いたのは、雑誌『インターナショナル・ジャーナル・オブ・ヘリテージ・スタディーズ』に掲載されたJ・レノンとM・フォーレーによる一九九六年の論稿である［Foley & Lennon 1996a, 1996b］。レノンとフォーレーはその後、『ダークツーリズム——死と災害のアトラクション』という本を執筆し、この言葉は新たな観光のあり方の一つとして急速に注目を集めるようになった［Lennon & Foley 2010］。

もちろん現象としてなら、「死や苦しみと結びついた場所を旅する行為」は、もっと以前から存在していたのかもしれない。たとえばアウシュヴィッツ＝ビルケナウ強制収容所へのツアーはかなり以前から行われていたし、原爆ドームへのツアーもかなり以前から修学旅行などに組み込まれていた。そのように考えるなら、「現象としてのダークツーリズム」は、決して新しいものではないと言える。では何をもって、「ダークツーリズム」が新しいとされているのだろうか。それは、以前から存在していた多様な観光現象を、「ダークツーリズム」という同一の概念でくくるという点にほかならない。

アウシュヴィッツ＝ビルケナウ強制収容所など戦争による苦しみに思いをはせるツアー、チェルノブイリ原発事故など事故による苦しみに思いをはせるツアー、阪神・淡路大震災など自然災害による苦しみに思いをはせるツアーなど、場所もコンテクスト（文脈）も何もかも異なっているにもかかわらず、そういった違いを超え、すべてを〝人類の歴史〟における負の産物をめぐる旅であるとみなしていく。そのために必要だったのが、「ダークツーリズム」という概念装置ではないだろうか。場所もコンテクスト（文脈）も異なる多様な観光現象を、

「ダークツーリズム」という同じ概念でくくる。それによってはじめて、我々は、〝人類の歴史〟という近代的な普遍性に刻印づけられた枠組み（M・フーコーの議論にあるような）のもとでの問いかけを、観光で志向できるようになったのである［Foucault 1966=1974］。

それゆえ「現象としてのダークツーリズム」「概念としてのダークツーリズム」という区別を踏まえるならば、新しいのは「現象としてのダークツーリズム」ではなく、「概念としてのダークツーリズム」なのだと言える。「概念としてのダークツーリズム」を地域の中へとインストールすることで、〝死〟や〝苦しみ〟でさえステレオタイプ化されていない視角からとらえ返し、新しい観光資源に変えていくことができるようになる。

図3　シロソ砦戦争記念館

ただし〝死〟や〝苦しみ〟と結びついた場所があれば、その場所が自動的に「ダークツーリズム」の対象となるかというと、そういうわけでもない。戦跡や災害の被災跡などが保存されていたとしても、ツーリストが「観光されるべきダークネス」として、そのまなざしを向けるように方向づけられていないのであれば、「ダークツーリズム」の対象になることはないのである。このことについて、シンガポールのシロソ砦を事例に考えてみたい。

シロソ砦はシンガポール南部にあるセントーサ島に位置しており、一八八〇年にイギリスにより建設された要塞である。日本軍がシンガポールを攻略したとき、イギリス軍がここにたてこもって迎え撃っている。日本軍占領時代には戦争捕虜の強制収容所として用いられ、現在は「シロソ砦の戦争記念館」として砲台なども復元されている。今は、要塞の中をツーリストが見ることができるように整備され、英語で現地ガイドのツアーも行われている。他にもさまざまな戦跡の展示があり、イギリス軍が日本軍に無条件降伏したときの様子を蝋人形で再現したコーナーもある。

　シンガポールにとってシロソ砦は、第二次世界大戦の深い傷あとを残した場所である。しかし、多くのツーリストがシロソ砦を「観光されるべきダークネス」として、そのまなざしを向けているかというとそうでもなく、調査時においても戦争当事国の国民だったはずのイギリス人や日本人も含め、ほんの少ししかシロソ砦を見にきてはいなかった。にもかかわらず、海外からのツーリストのうちセントーサ島を訪れる人は、年間を通して非常に多いのである。とすれば彼らはいったい、セントーサ島のどこを観光しているのだろうか。それは、カジノ、ユニバーサル・スタジオ・シンガポール（USS）、海洋水族園マリン・ライフ・パーク、マーライオン・タワーなどセントーサ島にあるリゾート施設だ。ツーリストのほとんどは、こういったリゾート施設を観光するのである。

図4　リゾート感あふれるセントーサ島の風景

　これら林立するリゾート施設は、シンガポール政府の観光政策の成果とも言えるものである。この島は、かつてマラリアが流行し多くの死者を出したことから、マレー語で「プラウ・ブラカン・マティ（背後の死者の島）」と呼ばれていた。かつて作家である井伏鱒二も「死の彼方」と呼び、島には暗いイメージがつきまとっていた。第二次世界大戦のときも、この島は戦禍の象徴のような場所になり、島はより暗いイメージで覆われるようになった。そこで政府は、イギリスから返還された後、島の名称を「セントーサ（静けさ）」というリゾート的な雰囲気のものに改め、セントーサ開発公社を設立し、この場所の観光開発を重要な政策の一つと位置づけたのである［田村・本田 2014: 122-128］。

このような観光政策からするならば、〈ツーリストのまなざし〉の中でシロソ砦が「観光されるべきダークネス」として映り、「ダークツーリズム」の対象となることは決して好ましいことではないだろう。政府だけではない。セントーサ開発公社もまた、同様ではないか。また、ここで営業しているテーマパーク、カジノ、ホテル、レストラン、土産業等の関係者も同じ思いであろう。さらに数多くのツーリストをセントーサ島のリゾート施設に送り込んでいる旅行会社の人びとも、同様だ。政府、セントーサ開発公社、テーマパークやホテル等の関係者、旅行会社、彼らはすべて、セントーサ島が明るく楽しいリゾート施設だと〈ツーリストのまなざし〉の中で映ることを望んでいるのである。

鹿児島県「知覧特攻平和会館」も、「ダークネス」が社会的に構築されるということをよく表している場所である［福間・山口 2015］。ここは、第二次世界大戦期に戦死した兵士の遺品や関係資料を展示している施設だ。訪問者たちは、この場所が、映画『永遠の0《ゼロ》』で描かれたように「特攻」で若者たちが貴い命を散らせるため飛び立った出撃地であると思い、彼らの遺品を見て涙する。

図5　鹿児島県「知覧特攻平和会館」

しかしながら、この場所はそもそも実は陸軍の基地であり、日本海軍の艦上戦闘機であるゼロ戦とは何の関係もない［山口 2015］。したがって中央展示室で展示されているのも、ゼロ戦ではなく、陸軍の戦闘機「隼」なのだが、そのことを施設関係者もそれほど強調することはない。むしろ、そうした違いを無化し、ここを海軍の特攻基地と同様の「国や家族のために自分たちの命を犠牲にしてくれた若者たちを悼む」場所として強調し、観光客を惹きつけようとする。この場所は、観光という文脈において観光業者、『永遠の0』制作者をはじめとするメディア産業、政治家などの思惑・利害と結びつきつつ、「特攻の聖地」へと創り上げていった場所なのである。

このように、たとえ戦跡や災害の被災跡などが保存され、それが歴史的にどれほど重要であったとしても、観光にかかわる人びとが、それを「観光されるべきダークネス」として構築していかないかぎり、その場所は「ダークツーリズム」の対象になることはない。観光の文脈における政治性が、「ダークネスに対するまなざし」を創り上げる（あるいは創り上げない）のである。その意味で、ある場所をダークツーリズムで観光するという行為自体が、すでに、中立的ではないメッセージを帯びた行為となっている。

〝死〟や〝苦しみ〟がそのままで、「ダークツーリズム」の対象となるのではない。そうではなく、ある国や地域の中で観光にかかわる人びとが、〝死〟や〝苦しみ〟を「観光されるべきダークネス」として構築しようとする、その限りにおいてはじめて、ある場所の〝死〟や〝苦しみ〟が「ダークツーリズム」の対象となるのである。「ダークツーリズム」においては、「それが誰にとってのダークネスなのか（ダークネスでないのか）？」「どのような状況のもとで、どのようなものをダークネスとする必要がある（なかった）のか？」「あるものをダークネスとする（ダークネスとしない）ことで、得られるもの、失うものは何なのか？」などを問うていく必要が生じるであろう。

4　〝死〟や〝苦しみ〟に対するまなざしの暴力性と商品化

では、なぜ我々は、「ダークツーリズム」に魅せられるようになっているのだろうか？　この問いについては、観光研究者D・M・ブーダの論文がヒントを与えてくれる［Buda 2015］。この論文でブーダは、紛争地域を訪れる「ダークツーリズム」を事例に、「死の欲動」をキーワードとしながら論を展開する。「死の欲動」とは、精神分析学者S・フロイトのキーワードの一つである。

〝死〟〝苦しみ〟は、〝生〟〝喜び〟と隣り合わせにあるべきもので、日常性のもとにあるはずのものである。〝死〟〝苦しみ〟はつねに〝生〟〝喜び〟と相克しながら、日常を形成している。フロイトによれば、自己破壊的な行動や苦痛へ自ら投じるような行為へと駆り立てる「死の欲動」は、未来を生きようとする「生の欲動」とつねにセットとしてあるのだ［中山 2015］。

しかしながら、現代人は、日常性の中に〝死〟や〝苦しみ〟を組み込むことを怠ってきた。〝死〟や〝苦しみ〟は現代社会の中で否定的なものとして、できるだけ遠くに追いやられ、見えないようにされ、漂白され「抑圧」されてきたのではないか。人、モノ、資本、情報、知などが国境を越えて移動するモバイルな世界において、「秩序なき、新自由主義的な資本主義は、貨幣のフローに対する障壁を失くし、オフショア化された金融市場を拡大」させる［Urry 2014: 175］。とくに、そうした恩恵に浴している欧米や日本、シンガポール、ドバイ等の大都市圏に居住する富裕層は、人の死体はおろか、動物の死体さえ見ることもほとんどなくなっている。

「ところが、抑圧されたものは、たんに抑圧されるがままに留まっているわけではない。それは（中略）代替物を送り込もうとする」［立木 2013: 29］。社会において「抑圧」されたものは、必ず別の形となって「回帰」するのである。ダークツーリズムは、現代社会において抑圧されたものの代替物として、抑圧されたものが「観光の形態のもとで」回帰してきたものであると考えられないだろうか。観光とは、日常性と異なる視点を創り出す作用を通じて成立する現象である。ダークツーリズムのもとで、日常性を形成するものであるはずの〝死〟や〝苦しみ〟が「究極の非日常」へと変換され、人びとは、現代社会が「抑圧」してきた〝死〟や〝苦しみ〟を覗き見たい衝動に駆り立てられるようになっている。(1) 今「ダークツーリズム」に注目が集まるようになっているのは、そのことと深く関係しているのかもしれない。

だが、そのことは同時に、〝死〟や〝苦しみ〟に対するまなざしの暴力性をはらむことでもある。たとえば阪神・淡路大震災の跡をめぐるダークツーリズムのことを考えてみてもよいだろう。この震災が発生してからすでに二〇年以上の歳月が経過したとはいえ、震災を経験した人びとの中には、倒壊してきた家具にふさがれ何時間も出られなくなったためにＰＴＳＤ（心的外傷後ストレス傷害）を発症させた人がいるし、愛する家族を一瞬に喪《うしな》った現実を受容できずに今も苦しんでいる人がいる。そうした人びとにとって、「震災」は決して終わってはいない。彼らは、いまだ終わらぬ「震災」を生き続けているのである。そのかたわらで「震災」を観光するとき、たとえ真摯《しんし》な気持ちで祈りをささげたとしても、そこを訪れるツーリストは〝死〟や〝苦しみ〟を自らの日常性として経験しているのではなく、あくまで非日常的な観光対象として見ようとしているのであると言える。

図6　チェックポイント・チャーリー博物館

ツーリストのまなざしの中で、他者の〝死〟や〝苦しみ〟は「見られるべき対象」へと変えられてしまう。このような暴力性がダークツーリズムにはある。真摯に悼み祈りながらの旅であれ、日常性を形成するものであるはずの〝死〟や〝苦しみ〟を「究極の非日常」へ変換し覗き見ようとしていることには変わりがない。それは、「究極の非日常」に変換された他者の〝死〟や〝苦しみ〟なのであって、決して自分自身の日常性のもとにあるみずからの〝死〟や〝苦しみ〟ではないのである。

さらに〝死〟や〝苦しみ〟を観光対象として覗き見るばかりではなく、それを楽しむことができるようにと、〝死〟や〝苦しみ〟を「売りにする」＝「商品化する」ケースも起こりうる。

この事例の一つとして、ドイツ・ベルリンにあるチェックポイント・チャーリーを挙げることができる。チェックポイント・チャーリーは、第二次世界大戦後の冷戦期にドイツが東西に分断されていた時代の一九

図7　チェックポイント・チャーリーの小屋で写真を撮るツーリストたち

四五年から九〇年まで、東ベルリンと西ベルリンの境界線上に置かれていた国境検問所である。この場所では、かつて〝死〟や〝苦しみ〟にかかわるさまざまな出来事があった。一九六二年には、東ドイツの青年が西側へ脱走しようと、チェックポイント・チャーリー近くの壁をよじ登ったところを東ドイツの警備兵に銃撃される事件が起こったりしたのである。さらに検問所がかつてあった場所の近くには、一九六三年に開館したチェックポイント・チャーリー博物館があり、ドイツが東西に分断されていたころの悲しみの記憶を忘れないようにと、東ドイツから脱出を試みた人たちの写真、脱出の際に用いられたトランク、トンネルなどが展示されている。このように、チェックポイント・チャーリーはダークツーリズムにとって重要な場所となっている。

しかしながら現在、この場所はベルリン有数の観光名所として売りにされており、商品化されるに至っている。今この場所に行くと、検問所にあった木造の小屋を東西ドイツ統一後に再現したものが建てられており、ここでツーリストたちが国境警備兵の格好をした観光スタッフと一緒にポーズをつけて写真を撮る光景が見られる。また博物館にはベルリンの壁に関連したグッズが売られるショップがあり、ベルリンの壁の一部（という名目のもの）をキーホルダーにした商品も購入することができる。

そこに真摯に悼み祈る気持ちがないとは言えないかもしれない。ほとんどのツーリストたちは博物館の展示を見学しているとき、真剣な面持ちで解説を読みながら静かに展示物を見ている。だが同時に、この場所では、〝死〟や〝苦しみ〟を観光対象として楽しみながら覗き見られるようにとさまざまな工夫がほどこされているのだ。

5　パフォーマティヴなダークツーリズム

ダークツーリズムが、日常性を形成するものであるはずの〝死〟や〝苦しみ〟を「究極の非日常」へ変換し覗き見ようとするものであり、それゆえにまなざしの暴力性をはらみ商品化まで生じさせるものであるならば、ダークツーリズムによって他者の〝死〟や〝苦しみ〟を「理解」することは不可能なのか。不可能である。

〝死〟や〝苦しみ〟の場所をめぐるツーリストたちにどれほど真摯さが備わっていたところで、それは他者の〝死〟や〝苦しみ〟であって、自己の〝死〟や〝苦しみ〟ではない。ダークツーリズム研究は、そのことを直視することから始めねばならない。だが、「理解」することが不可能であると言うなら、結局のところダークツーリズムは、他者の〝死〟や〝苦しみ〟を観光商品として売り買いし消費する、浮ついたものにすぎないのではないか。

これに対する答えは、アンビバレントである。そうかもしれないし、そうでないかもしれないというものだ。これはいったい、いかなる意味においてなのだろうか。これについて説明するため、以下では、観光研究者T・エデンサーによる「パフォーマティヴィティ」を主要概念として批判的に導入することにしたい［Edensor 2000］。

近年のツーリズム・モビリティーズ研究においては、観光がパフォーマンスを媒介として日常世界と密接につながっていることを明示し、日常性と非日常性の境界を問い直そうとする試みが模索されるようになった。エデンサーもこの問題意識を共有しながら、「パフォーマティヴィティ」から観光を議論する。彼は、社会学者E・ゴフマンの議論を参照しながら、日常世界がパフォーマンスによるプロセスから形成されているのと同じ形で、観光もツーリスト、観光業者、メディアなどのパフォーマンスによるプロセスから形成されているのだと主張している。

ダークツーリズムにおいても、そのことは見て取れる。先に挙げたベルリンのチェックポイント・チャーリーの事例においても、再建された木造の小屋の前で国境警備兵のパフォーマンスをする観光スタッフと一緒に、多くのツーリストたちがポーズをつけ写真を撮るパフォーマンスを行っていた。観光スタッフとツーリストのパフォーマンスが重なり合うことで、チェックポイント・チャーリーという場所性が生じているのである。

他にも、英国スコットランドのエディンバラで実施されるゴーストツアーにおいても、ダークツーリズムとパフォーマンスの結びつきを見て取ることができよう。これは、エディンバラにおける歴史の闇（ダークネス）をツアースタッフの解説を聞きながら見てまわるツアーであり、エディンバラにつくられた地下都市も見学する。一八世紀前半のエディンバラでは人口過密となり、住居を確保することさえ困難な状況となった。そのため貧困層の人びとの一部は地下に部屋をつくり、そこで暮らしていたのである。地下都市の中は下水も完備されておらず、非常に不衛生であったため、ペストの流行を恐れた権力者によって地下に暮らす人びとは閉じ込められたま

図8　エディンバラのゴーストツアー

図9　縛り首にされるふりをするゴーストツアーのツーリスト

ま出入口をふさがれてしまった。こうした場所をはじめ、エディンバラの暗黒部を見てまわるというものである。その際、ツアースタッフは黒いマントを羽織りながら声色もおどろおどろしく解説をつけ、ときにツーリストの一人を指名し、前に出てこさせて鞭を打つ真似をしたり、縛り首の格好をさせたりする。指名されたツーリストもそれに応じて絶叫したり、怖がるふりをしたりと、さまざまなパフォーマンスを行う。それゆえエディンバラのゴーストツアーもまた、ツアースタッフとツーリストのパフォーマンスによって形成されていると言えよう。

このように観光（本章ではダークツーリズム）とパフォーマティヴィティとの結びつきは非常に緊密なものである。この点を指摘し、さらにエデンサーは議論を先に進める。

彼は、観光の空間＝観光の舞台（tourism stages）を大きく二つに分類する。一つは「隔絶した空間（enclavic space）」である。これは、パッケージツアーのように、高級ホテルに宿泊し大型バスで移動するなどツーリストにとって快適な空間が準備されており、「環境の泡（environmental bubble）」のもとで現地における他者とのかかわりが最小限に抑えられている観光の空間である。もう一つは「混成的な空間（heterogeneous space）」である。ここでは、ツーリストは「環境の泡」から出て、現地における他者とかかわりをもつようになる。観光はパッケージ化されたりプランをつくられたりしておらず、その時々の状況によって変化するようになる。

エデンサーは、これら二つの観光の舞台が異なるモードのパフォーマンスによって各々導かれていると言う。彼によれば、「隔絶した空間」を導くのは「形式的に儀礼化されたパフォーマンス（disciplined rituals）」である。このパフォーマンスでは、やり方も組織化されており、どの時点でどのようにふるまうのかもほとんど決められている。これに対し、「混成的な空間」を導くのは「即興的なパフォーマンス（improvised performances）」である。これは、ツーリストが現地の人びとや観光業者との間で濃密なかかわりをもちながら、型にはまらず行われるパフォーマンスである。さらに、もう一つ剰余物として、「どちらの空間にも結びつかないパフォーマンス（unbounded performances）」もあるとエデンサーは述べる。

ダークツーリズムにおいても、「混成的な空間」の形成は非常に重要な課題となるだろう。たしかに、先に述べたように、他者の〝死〟や〝苦しみ〟を理解することは不可能である。だが〝死〟や〝苦しみ〟を背負ってきた他者とかかわり、慈しみ、愛おしみ、彼らとともに生きることはできる。「混成的な空間」において、〝死〟や〝苦しみ〟を背負ってきた他者と積極的にかかわり、パッケージ化されていないものを学んでいくことはダークツーリズムにとって必要なのである。

そういった空間を導くうえで、パフォーマンスが有する意義は強調されるべきであろう。「混成的な空間」の中で他者とかかわり、慈しみ、愛おしみ、彼らとともに生きることを目指していこうとするならば、ツーリストや観光業者は、そのための「ふるまい＝パフォーマンス」を学ばねばならない。もし学ぶことができないとするならば、ダークツーリズムは他者の〝死〟や〝苦しみ〟を観光商品として売り買いし消費するものになってしまうだろう。「混成的な空間」という観光の舞台は、パフォーマンスこそが導くのだとするエデンサーの指摘は、ダークツーリズムを考察するうえでも非常に示唆的である。

では「混成的な空間」を導き形成する「ふるまい＝パフォーマンス」とは、エデンサーが言うように「即興的なパフォーマンス」なのだろうか。エデンサーは「即興性の有無」を軸にすえたのだが、実は「隔絶した空間」と「混成的な空間」を導くパフォーマンスの軸はそこにはないように思われる。では、その軸は何か。

それは「異化効果の有無」ではないだろうか。「異化効果」とは、ドイツの劇作家B・ブレヒトによって彫琢されたパフォーマンスの概念である。これは、俳優が役を離れてその批判を行い、人びとが舞台上の出来事に対して感情的に同化できないようにするなどして、人びとが単なるオーディエンスとして演劇を観るのではなく演劇の枠組みを揺るがせ、人びとを絶えず巻き込みながら演劇の枠組みを自明視させず考えさせようとする方法によってもたらされる効果のことを言う。

ダークツーリズムでは、他者の〝死〟や〝苦しみ〟を「理解」することはかなわない。だが、ツーリスト自身の日常を揺るがせ、再考をうながし、他者の〝死〟や〝苦しみ〟に寄り添い、大切にするための「ふるまい」を学ぶことはできる。(2)このことは、異化効果を有するパフォーマンスこそが可能とするのではないだろうか。グローバルに拡大したオフショア化された市場の恩恵に浴している人びとの日常をいったんカッコに入れさせ、その状況を再帰的に考え直させていくことで、ツーリストはダークツーリズムを通じ他者と共生する技法を学ぶのである。

6　むすびにかえて──平和の記憶を紡ぐ媒体（メディア）への可能性

以上、ダークツーリズムには、ツーリスト自身の日常を揺るがせ、再考をうながし、他者の〝死〟や〝苦しみ〟に寄り添い、大切にするための「ふるまい」を学ぶことはできる可能性があることを見てきた。その際には、「異化効果」を有するパフォーマンスをツーリストは求められることになるだろう。自らを単に「ゲスト」という〝状態〟に〈安住〉させるのではなく、自らの日常をいったんカッコに入れ、揺るがせ、再考し、学ぶという〝プロセス〟の中に〈投企〉してはじめて、ツーリストは観光によって他者と共生する技法＝「ふるまい」を身につけることができるようになる。

その際、ダークツーリズムによっては他者の〝死〟や〝苦しみ〟を「理解」することは決してできない。私たちは、そのことをはっきりと自覚するべきである。「理解」が可能であると安易に主張することは、敬虔な祈りや悼みが備わっていたとしても、他者の〝死〟や〝苦しみ〟から目をそむけることを意味する。

他者の〝死〟や〝苦しみ〟を「理解」することは確実に不可能だ。だが、それでもなお、〝死〟や〝苦しみ〟を背負ってきた他者に寄り添い、大切にするための「ふるまい」を学ぶことは可能である。(3)ダークネスが構築される際のさまざまな社会的立場のせめぎあいをプロブレマティークとして可視化するとともに、ツーリストが以上のことを追求し、自らを絶えず変化させ続けるプロセスに投げ入れたときに、ダークツーリズムはその可能性を開花させ、平和の記憶を紡ぐ媒体（メディア）となっていくのではないだろうか。

［注］

（1）これについては、市野澤［2016］の文献が重要である。市野澤はS・ソンタグの議論を踏まえつつ、「ダークツーリズム」に「他人の苦しみを『覗き見る』行為」という側面があることを適切に指摘している。他にも、古市［2012］を参照のこと。

（2）ここで本章が問題としているのは、L・ヴィトゲンシュタインによる「言語ゲーム論」に通底するものである［橋爪 2009，飯田 2005］。私たちは、他者の〝死〟や〝苦しみ〟を起点として、それを「理解」することはできない。どのように厳密に定義しようが、どのように真摯な気持ちをもとうが、それは他者の私的感覚にとどまるものである。したがって私たちは「ふるまい」＝「パフォーマンス」を起点に、それによって〝死〟や〝苦しみ〟を背負ってきた他者と生きる技法を学ぶことができるだけなのである。誤解を恐れず言えば、私たちは、〝死〟や〝苦しみ〟をめぐって「他者に寄り添い共生するゲーム」を学び続けるしかないのである。そして、その「ふるまい」＝「パフォーマンス」が適切なものであるかどうかも最初に確証があるわけではなく、つねに結果として了解できるのみなのである。

（3）ただしツーリストが自らの日常を揺るがせ、再考し、学ぶという〝プロセス〟の中に〈投企〉できるかどうか考えずに、ツーリストの可能性を称揚するのは観光の限界を見誤る危険性が大きいと言わねばならない［東 2017］。

［参考文献］

東浩紀編（2013）『福島第一原発観光地化計画』（思想地図β Vol.4-2）ゲンロン．
東浩紀（2017）『ゲンロン0 観光客の哲学』ゲンロン．

Buda, D.M.（2015）"The Death Drive in Tourism Studies," *Annals of Tourism Research,* 50: 39-51.

Edensor, T.（2000）"Staging Tourism: Tourists as Performers," *Annals of Tourism Research,* 27(2): 322-344.

Elliott, A., and J. Urry（2010）*Mobile Lives*, Oxford: Routledge.［遠藤英樹監訳（2016）『モバイル・ライブズ――「移動」が社会を変える』ミネルヴァ書房］.

遠藤英樹（2017）『ツーリズム・モビリティーズ――観光と移動の社会理論』ミネルヴァ書房.

Foley, M. and J. Lennon（1996a）"Editorial: Heart of Darkness, " *International Journal of Heritage Studies*. 2(4): 195-197.

――――（1996b）"JFK and Dark Tourism: A Fascination with Assassination," *International Journal of Heritage Studies*, 2(4): 198-211.

Foucault, M.（1966）*Les Mots et les Choses: Une Archéologie des Sciences Humaines*, Paris: Gallimard.［渡辺一民・佐々木明訳（1974）『言葉と物――人文科学の考古学』新潮社］.

福間良明・山口誠編（2015）『「知覧」の誕生――特攻の記憶はいかに創られてきたのか』柏書房.

橋爪大三郎（2009）『はじめての言語ゲーム』講談社.

古市憲寿（2012）「『ダークツーリズム』のすすめ」『新潮45』31(12): 102-105.

市野澤潤平（2016）「楽しみのダークネス――災害記念施設の事例から考察するダークツーリズムの魅力と観光経験」『立命館大学人文科学研究所紀要』110: 23-60.

井出明（2013）「ダークツーリズム入門 #1 ダークツーリズムとは何か」『ゲンロンエトセトラ』7: 46-53.

――――（2014）「ダークツーリズム」大橋昭一・橋本和也・遠藤英樹・神田孝治編著『観光学ガイドブック――新しい知的領野への旅立ち』ナカニシヤ出版，pp.216-219.

飯田隆（2005）『ヴィトゲンシュタイン』講談社.

Lennon, J. and M. Foley（2010）*Dark Tourism: The Attraction of Death and Disaster*, London: Cengage Learning.

中山元（2015）『フロイト入門』筑摩書房.

Sharpley, R. and P. Stone, eds.（2009）*The Darker Side of Travel: The Theory and Practice of Dark Tourism*. Bristol: Channel View

Publications.
Stone, P.（2006）"A Dark Tourism Spectrum: Towards a Typology of Death and Macabre Related Tourist Sites, Attractions and Exhibitions," *Tourism: An Interdisciplinary International Journal*, 54(2): 145-160.
――（2013）"Dark Tourism Scholarship: A Critical Review," *International Journal of Culture, Tourism and Hospitality Research*, 7(3): 307-318.
田村慶子・本田智津絵（2014）『シンガポール謎解き散歩』中経出版.
立木康介監修（2006）『面白いほどよくわかる　フロイトの精神分析』日本文芸社.
――（2013）『露出せよ、と現代文明は言う――「心の闇」の喪失と精神分析』河出書房新社.
Urry, J.（2014）*Offshoring*. London: Polity Press.
山口誠（2015）「メディアとしての戦跡――忘れられた軍都・大刀洗と『特攻巡礼』」遠藤英樹・松本健太郎編著『空間とメディア――場所の記憶・移動・リアリティ』ナカニシヤ出版、pp.193-212.

（遠藤英樹）

［付記］

本章は、『立命館文學』第六五六号に掲載された論文を加筆修正したものである。

第6章

田園観光と「ロマン主義的まなざし」

由布院地区調査から見た観光客と地元業者の「まなざし」

1 はじめに

人びとの観光に対する欲望が非日常体験にあるということは、第2章においても議論してきた。そしてその非日常体験を得るためには、日常世界とは差異化された「異世界」の存在が前提となる。都市と農村の間、内陸と海浜の間、地域と地域との間、国と国との間等における風物や文化の違いが観光文化創造の原点となる。「観光客」は「観光地」の「異なる」自然、住民の「異なる」生き方を目にし、体験することにより、自分たちの「生」を活性化させる（または、癒す）。「観光地」の住民は、「異なる」文化をもった「観光客」を迎え、自分たちの自然や文化を紹介する。「観光地」とは、このような「観光客」と地元住民の交流をもって成立してきた。また、観光学はこのことを「ホスピタリティ」と呼び、観光が産業化された現在においても観光に欠かせないものとして分析の対象としてきている。そして、そこには観光地の「自然な」日常生活を、そこに住む住民とともに楽しむ観光客の姿が想定されるのである。

しかし、第2章において紹介した通り、近代的均質性を浸透させつつある現代社会においては、観光を通して得られる非日常性が逓減《ていげん》している現状がある。「観光地」の日常世界はすでに「観光客」の日常世界と大差がない。たとえば、都会人が囲炉裏で暖をとる生活にあこがれて山間に行っても、大きな灯油ストーブがあるだけで、手間のかかる囲炉裏などはすでにない（ないからこそ人工的につくらざるをえなくなる）。モダンの均質性をポストモダンの「イメージ化」がカバーする。観光地は次第に人工的な「虚構」を演出せざるをえなくなる。

都会と「異なる」「自然な」世界を求めようと思えば、中国雲南省やチベット自治区の山間部あたりまで出かけなければならない。だがしかし、中国雲南省の山の中まで飛行機を乗り継ぎ苦労して行ったとしても、そこに住む人びとの「自然な」生活がそのまま都会人が求めている姿とはかぎらないのである。観光客はどこに行っても自分の故郷での基本的な生活はほしがるものだ。中国少数民族の中世の町並みが残る雲南省の大理《だいり》や麗江《れいこう》では、町の中に奇妙な「カフェ」や「バー（クラブ）」が林立し、それとは別に、地元住民の生活とはかけ離れた「民俗村」的観光地が出現する（中国雲南省には元陽地域のような少数民族住人の「実生活」を「覗き込む」観光地も多くあり、彼らの本来の生活とかけ離れているものばかりではないが、それはそれで問題が大きい）。本来の居住区とは別につくられた人工的「民俗村」（たとえば大理の南国城）には「生活」はない。少数民族が居住している（はずの）「本来の」民族村さえ、少数民族の多くは家を業者に貸し自分たちは観光地から外に移住しているケースが多く、そこにはもう生活文化はない（たとえば中国の麗江のように）。

このような観光地の「俗化」や「民俗村」的「囲い込み」と観光地の住民のリアルな生活との矛盾や対立が世界各地に発生している。また、同時にこれらの問題をなんとか回避する方向が模索されている。住民の生活文化やつながりを壊さずに、観光によって生活を改善し、観光客も住民の生活文化を喜んで体験する。そのためには観光地づくりが同時に、生活文化の保存や保護としても機能しなければならない。それは「観光地づくり」＝「まちづくり」を目指す一つの「社会運動」であると言えよう。またこの「社会運動」の中で、住民の文化保全や生活改善への努力と観光客にとっての魅力とを両立させようとすれば、観光客と共有する明確な理念と地元の自治と自立の力が必要となる。この章では、そのような自立的「運動」が長く継承されている町として大分県由布市（旧湯布院町）にある由布院温泉を取り上げる。

息長く続く由布院温泉のまちづくり運動は、地元住民や観光業者の「ロマン主義的」実践とそれに対応した観光客のノスタルジックな「ロマン主義的まなざし」によって成立してきた。観光における「ロマン主義的まなざし」はJ・アーリの観光の〈まなざし〉の理論による［Urry 1990=1995, 1995=2003］。アーリによれば、観光客がもつ観光地に対するまなざしには「邪魔の入らない自然美」が〈まなざし〉の対象となるような「ロマン主義的まなざし」と、大人数の他者の存在を前提とするような「集合的まなざし」があるという［Urry 1990=1995:

80-84]。前者においては、大衆化や俗化は観光地における「位置的な財」の価値を下げてしまうが、後者においては大衆化、俗化はかえってカーニバル的雰囲気を盛り上げるのである。由布院のイメージはホスト側もゲスト側も前者の〈まなざし〉で成立している。由布岳の自然美、静かでのどかな田園風景、ホストとゲストの親戚のような人間関係、手づくりのイベント……どれをとっても、大勢の人が一度に押し寄せると成立しない。「由布院らしさ」を堪能しようとすれば、絶対的希少性が前提の「位置的な財」に行き着く。

由布院のまちづくりは、大手の業者による「開発」に対する「対抗的」な理念（「反近代主義」と言ってもよいであろう）に端を発している。したがって、必ずしもアーリが「ロマン主義的まなざし」に見ているような「エリート主義」的なものではない。しかし、二〇〇五年の年間入り込み客数が約三九〇万人（由布院温泉のみでは約三三〇万人）［由布市商工観光課 2006］（二〇〇六年の三町合併後二〇一六年まで度重なる自然災害で凹凸はあるがあまり変化がない［由布市商工観光課 2016］）にも達するようになれば、「ロマン主義的まなざし」はどうしても、さまざまな矛盾にぶつかり、観光客による〈まなざし〉の投げかけ方も、またそれに対する地域住民の〈まなざし〉の受け止め方も多様なものとなる。

2 「開発」反対運動とロマン主義的イメージづくり

第2章でもふれたように、由布院温泉は「対抗的」イメージづくりを前面に押し出す観光地である。このような由布院の観光地づくりは二つの大きな「開発」計画に対する反対運動に端を発する。最初の一つは一九五二年のダム建設反対運動である。このとき、由布院盆地に大きなダムをつくり、ダムでできた湖の湖畔を観光地化するという構想があった。町には莫大な補償金も支払われるという話に町の議会も同調した。しかし、町の青年団はこの「町ごと身売り構想」に対して強力な反対運動を行い、翌年ダム建設計画を破棄させることに成功する。

この町を二分する議論から町のあり方を主体的に考える気運が町民の間から起こったのである。そして、一九五五年、由布院町と湯平村が合併し湯布院町が誕生すると、このときの反対運動のリーダーで青年団の団長だった医師岩尾頴一《ひでかず》氏が初代の町長に当選する。彼は「産業・温泉・自然の三つの統合」を掲げ、健全な保養温泉地づくりへと邁進した。戦後の高度成長が始まろうとして、「開発」が将来の明るい夢を保証していたこの時期、自然保護や温泉地の歓楽街化に反対し、由布院の素朴な景観と人間関係を守ろうと町をあげて取り組んだことは、非常に希有な話であったに違いない。貴重な自然の動植物の宝庫猪の瀬戸湿原で一九七〇年に起こったゴルフ場建設反対運動を契機に、一九七一年には「明日の由布院を考える会」が発足し、一九七二年には「自然環境保護条例」が制定され、一九七三年に外部資本によって計画された「おとぎ野」サファリパーク構想も、内的な自治の力によって跳ね返された。こうして「観光地づくり」の理想型と、全国の観光地から視察団がやってくる由布院方式の「ロマン主義」的まちづくりの原型が出来上がっていった。NHKの『プロジェクトX』によって描かれていた一九七五年の大分県中部地震から復興する由布院以前から、由布院には内発的な自治の力の基盤は存在していたのである。

もちろん、静かで素朴な温泉地という「ロマン主義」的イメージづくりはそれ以前の、戦前からあったものとも言える。由布院を最初に温泉保養地にしたのは、大正時代にこの地に自分の私的な別荘をつくった別府における近代的温泉地づくりの祖、亀の井ホテル創設者油屋熊八である。彼は由布岳の麓の静かな温泉地が気に入り、別府の奥座敷としてこの別荘に亀の井ホテルの上客や内外から著名人を招き接待をしていた。ほどなく旅館も数軒建てられた。大正末期には「ロマン主義」を携えてドイツ留学から帰ってきた日本最初の林学博士、本多静六氏がこの地で「由布院温泉発展策」なる講演を行い、ドイツのバーデンバーデンに学ぶ自然を多く取り入れた静かな温泉地づくりを提案している［木谷 2004: 130-138］。「集合的まなざし」が支配する別府と差別化した由布院のロマン主義的イメージづくりは戦前からあったものである。しかし、それを意識的に「開発」に抗する形でまちづくりの哲学とする契機となったのは、前述したダム建設反対運動以降の運動であったと言ってよかろう。当時運動のリーダーであったのは亀の井別荘を先代から引き継いだ中谷健太郎氏と、旅館玉ノ井の経営者溝口薫平氏であった。中谷氏は東宝撮影所で映画監督を目指していた「メディア」の出身であったこと、溝口氏は元日田市立博物館の館員であり由布院の自然に詳しい人物であったことがこの後の運動の性格を決定づけていた。「自然保護」に関する論理は溝口氏が得意とし、メディアやイベントを通して深遠な哲学を底流にした運動を広めるのは中谷氏の得意とするところであったと思われる。

大阪万博開催の年でありマス・ツーリズム全盛であった当時、二人のリーダーが立ち上げた「自然保護運動」だけでは運動の広がりを保てなかった。当初反対運動であった活動は、ゴルフ場計画が破棄されれば終わってしまう。反対運動からまちづくり運動への方向転換がこのときあったものと思われる。一九七一年「『守る』姿勢から、『創る』姿勢へ、消極的な保護策から積極的な企画へと体質を変えてゆくべきだ」[花水樹 No.3: 2] という考えから「由布院の自然を守る会」は解散し、運動は「明日の由布院を考える会」に引き継がれる。このとき会長になった町長の弟である岩男彰氏は「『夢の実った町』『日本の中にポッカリと残った不思議な町』『住んでいる人が豊かで美しい町』」[ibid.: 6] の実現に向けて、反対運動ではなくまちづくり運動を行ってゆくと語っている。会は産業、環境、人間の三つの部会をつくり、それぞれがたとえば、「手づくりみそ作り」「統一デザインの看板作り」「由布院住民アイデンティティと連帯」といったような脱近代主義的でロマン主義的な「手づくり」のまちづくり運動の方向性を明確に打ち出している [花水樹 No.8: 16-24]。ただ、活動を既存の団体を中心に行うのか、「あらゆる人間関係を一度壊して『個の確立』から新しい人間関係を創ってゆくべきか」[ibid.: 24] といった意見の対立はあったようである（この点に関しては社会学的に興味深い）。以降、運動は中谷氏と溝口氏を中心に、反「開発」の論理を貫きつつ、「反対」から「まちづくり」へと方向転換していった。会は「手づくり」を合い言葉に、一九七五年に「ゆふいん音楽祭」「牛喰い絶叫大会」が、一九七六年には「湯布院映画祭」が、地元

（大分市も含む）の住民、観光業者を巻き込んで、地元の力でイベントを立ち上げ、現在まで続いている。観光に関連する業種の人びとが中心ではあるが（旧湯布院町民の一〇分の一は近くの日出生台に基地のある自衛隊関係者であり、このころは専業農家も多かった）、この町の住民の主体的なかかわりは突出している。伝統的な関係性を使いながらも「個」の連帯が前提となる再帰的な「開発」反対運動やイベントの共同運営の中で、世代を超えた多くの住民の連帯が「創出」されていった（後で述べるように決して「全体」とは言えないのであるが）。また、各種イベントの企画、運営は、芸能人、知識人等、都会の人間も巻き込みながら、「芸術の町」湯布院の存在を全国的にアピールすることに役立った。また、この「まちづくり」運動が実を結ぶのは、「まちづくり」の過程そのものがメディアによく露出したことにもよる。観光協会と旅館組合が合同でつくっている湯布院観光総合事務所の事務局長を公募したときも、その選抜の様子（昼の面接試験の他に酒を交えての夜の面接試験もあった）はテレビで放映されている。もちろん観光地としての由布院もテレビ等のメディアでよく放送されるが、「まちづくり」のメッカとしての由布院のまちづくり活動自体もまたメディアを介して「ロマン主義的まなざし」の対象となっていったのである（前述したように二〇〇三年には由布院の「まちづくり」の実践がNHKの『プロジェクトX』でフォーカスされている）。このように由布院の「ロマン主義的」イメージはメディアをうまく使いながら創られていったと言えよう。

しかし、一九五五年の湯布院町誕生当時二〇数軒しかなかった旅館等宿泊施設の数は、二〇〇四年には由布院温泉だけ（湯平、塚原温泉は除く）で一三〇軒になった［由布市商工観光課 2006］。レストラン、おみやげ業者等も町内外から数多く移り住み（近くの大分市や別府市からの通いも多い）、親密な人間関係がもつ対面的なコミュニケーションを前提とした「手づくり」のまちづくりは危機に瀕している。由布院のまちづくりを長く見つめてきた木谷は「新設されていく宿泊施設や土産店などの建物そのものが由布院らしい景観を壊していった」［木谷 2004: 175］と分析し、「由布院が壊れていく」と言う。一九九〇年には、バブル時代のリゾート開発から町を守るために町をあげて取り組んだ「潤いのある町づくり条例」が施行され、拘束力はないが二〇〇〇年には「ゆふいん建築・環境デザインガイドブック」が出された。

にもかかわらず、九州横断高速道がすぐそばを走り、福岡都市圏からの日帰り客も多く（観光客数の約四分の一強が福岡県からの観光客であり、その約九割が日帰り客であることは、後述する調査から一〇年以上たった現在でもほとんど変わらない［由布市商工観光課 2017］）、それを見込んだ店舗等県外の業者も多く入り込んできて、「明日の由布院を考える会」の理念が必ずしも理解されない状況が生まれてくる。二〇〇四年の年間入り込み観光客数約三三〇万人（由布院温泉のみ、湯平、坪原温泉は除く）のうち宿泊客は八六万人と約四分の一にも満たない［由布市商工観光課 2006］（近年外国人観光客が増え続けているにもかかわらずその宿泊者は全体の一割に満たず、宿泊客全体はむしろ減少している［由布市商工観光課 2017］）。休日の昼間にはメインストリートである湯の坪街道は観光客で埋まり、そこにマイカーやバスが入り込み、とても素朴で静かな由布院の光景とは言えない喧噪を生み出す。こういう雑踏とも言える光景の中で、観光客、観光業者とも「由布院らしさがなくなっていく」といった言説が支配する。しかし、こうした「俗化する」由布院の現実が、反対に「ロマン主義」的言説を生成し、強化するという働きさえももつのである。「由布院らしさ」とは何か、あるいは「由布院らしさ」を取り戻すにはどうしたらよいのか、合意形成には、湯布院町のような田舎においてさえも都市と同じような難しい問題が発生する。

観光客と地元住民、あるいは古くから住む住民とニューカマー等、住民同士の葛藤の克服には「イメージ」をめぐる合意が必要になる。観光客と地元住民のコミュニケーションや住民同士のコミュニケーションの過程とは、それぞれが描く「イメージ」の合意をつくり出す過程でもある。由布院温泉の町がすでに多様性を飲み込む「都会」になってしまった現在（現実に町村合併により二〇〇五年秋には市に昇格した）、由布院「イメージ」の合意形成は「由布市」に可能なのだろうか。由布院のイメージを決定づけている「ロマン主義」的まなざしは、新しい市の合意をつくり出すものとなりうるのだろうか。観光客と観光業者に対する調査から見ていこう。

なお、この章で使われた調査は湯布院町が由布市の一部となる前に行われたものであり、外国人観光客が増え続ける二〇一七年現在の状況とは異なるが、観光とは直接関係をもたない生活者や、「観光地」イメージの異なる住民を多く抱えた由布院温泉が抱える矛盾点や問題点が、この時点に噴出したととらえることができることから、現在においても分析された状況は基本的に変わらないと考える。

3　調査から見た由布院

私たちは由布院における観光客の調査を二〇〇〇年より二〇〇五年までほぼ毎年行っていた。ここでは、これらのデータを使い、この時代における観光客の中の観光地「イメージ」の分裂について分析する。二〇一七年現在から一〇年前のデータであるが、外国人観光客の増加以外は、観光客数もそれほど変わらず（むしろ減少傾向にある）、町の状況も変わらない。また、駅前の通りも一新され、少しだけ新しい施設もでき、二四時間営業のコンビニやファミレスが開店し、土産物店等も変化しているが、町全体に大きな変化はない。

したがって、まず基本的な観光客のアンケートデータにあたるものを四年分（一部二年分）示して、由布院の観光客の特徴をつかみ、そのうえで観光客が由布院の観光地に求めるイメージについて考察しても、現在の由布院をほぼ言い当てることはできると思う（筆者は毎年学生を連れて由布院で実習を行っているが、実感としても変化はない）。しかしながら、増え続ける外国人（二〇一五年のデータでは宿泊外国人客の約七割が韓国人観光客である［由布市商工観光課 2017］）に対しては日本語のアンケートが不可能なため、ここには含まれないことを断っておこう（調査時にも外国人観光客は現在ほどではないが年間約五万人程度は存在した［由布市商工観光課 2006］）。

(1) 観光客の基本的データ

由布院を訪れる観光客が何を求めているのか、というテーマを検討する前に、筆者の行った観光客に対する調査をもとに観光客の基本的な特徴をいくつか挙げておきたい。調査は四年とも主に湯の坪地区で（そのときの天候によって多少変えた）、時期は二〇〇〇年から二〇〇二年はほぼ同時期に（七月中旬から末）、二〇〇四年のみ五月の連休明けの日曜日の昼過ぎに行われたものである。曜日、天候、調査員の人数（ゼミ生を調査員に使ったためその年のゼミ生の数と質に左右される）等、年によって差があるうえに、(1) 路上での調査のためデータの代表性も充分信頼できるようなものではない。したがって、四年間のデータの差はその変化を意味するものではなく、さまざまな要因による誤差の範囲内であることを断っておきたい。

まず観光客がどこから来ているのかを見ていくと、六割程度が九州内であり、そのうちの半数は福岡県から来ていることがわかる（図1）（由布市による二〇〇六年の観光動態調査［由布市商工観光課 2006］、二〇一五年の観光動態調査にほぼ等しい［由布市商工観光課 2017］）。圧倒的なリピーターの多さもそのことと関係していると思われる（図2）。しかし、九州以外から来ている観光客も三分の一以上はおり、九州の観光地としては「全国区」であることもわかる。

次に旅行の形態を見てみると、家族旅行と友人（恋人）との旅行を合わせた「個人旅行」客が圧倒的に多く、由布院温泉が個人客の観光地であることがわかる（図3）（由布院温泉の宿泊施設は小規模のものが多く、団体客を受け入れるこができる施設は少ないことにもよる）。したがって、由布院温泉までの交通手段（二〇〇二年と二〇〇四年の合計のデータのみを合計）もマイカーが圧倒的に多い（図4）。

性別・年齢に関しては調査の性格上充分信頼できるものではないが、参考までに挙げておく（図5・6）（路上調査であり、調査員が対象者を恣意的に選んでいるおそれがある）。全体的に女性が多く、比較的若い世代が多い。

以上のようにリピーターを中心とした個人客が比較的近くからやってくるといった特徴をもった由布院なのであるが、図7で「これ以上観光開発は必要ない」という回答がどの年も多いことからわかるように、観光客は由布院に人工的に開発された観光地を求めていないことがわかる。彼らは由布院に「素朴さ」を求めていると言え

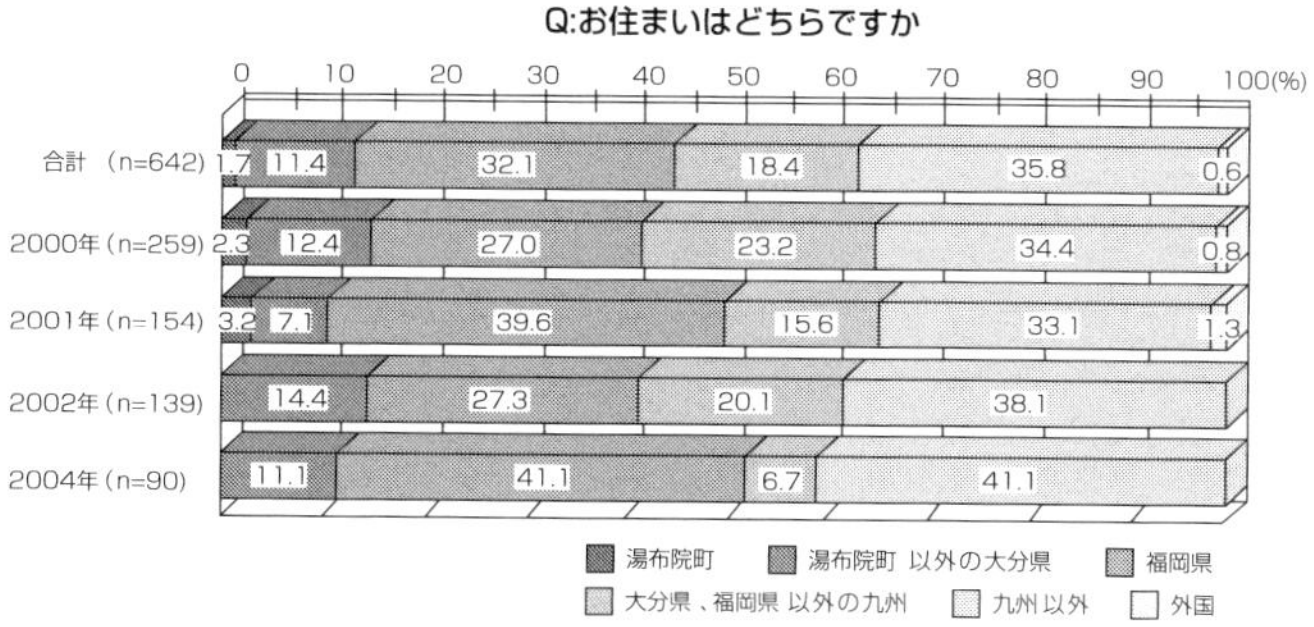

図1　観光客の居住地

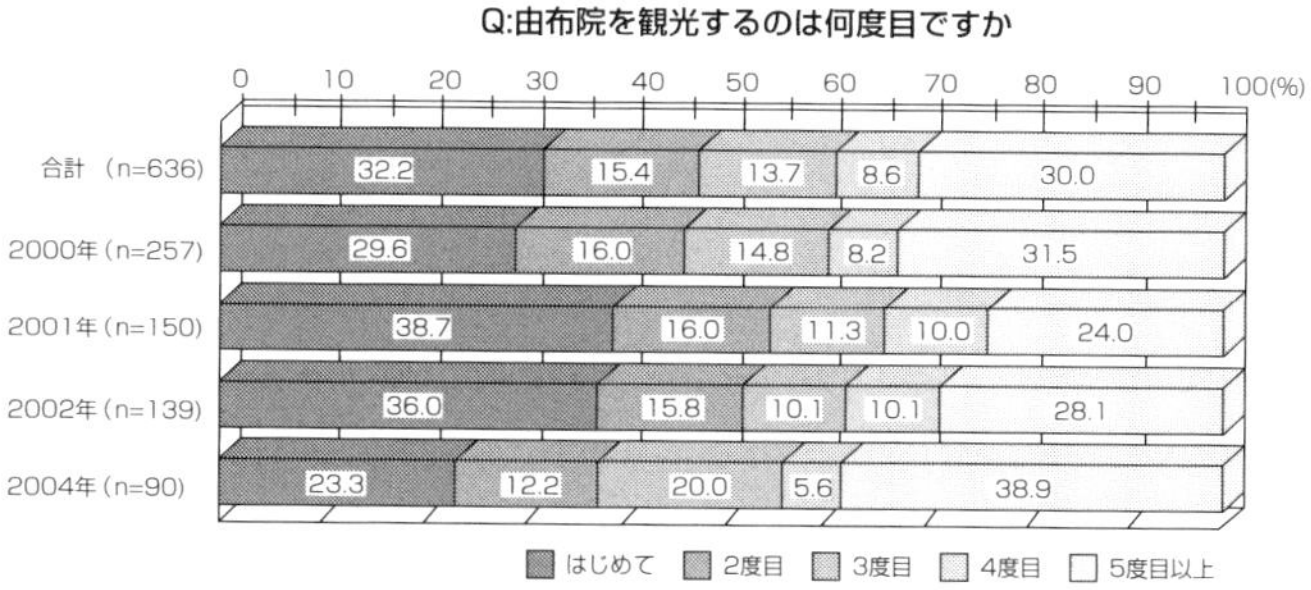

図2　リピーターの存在

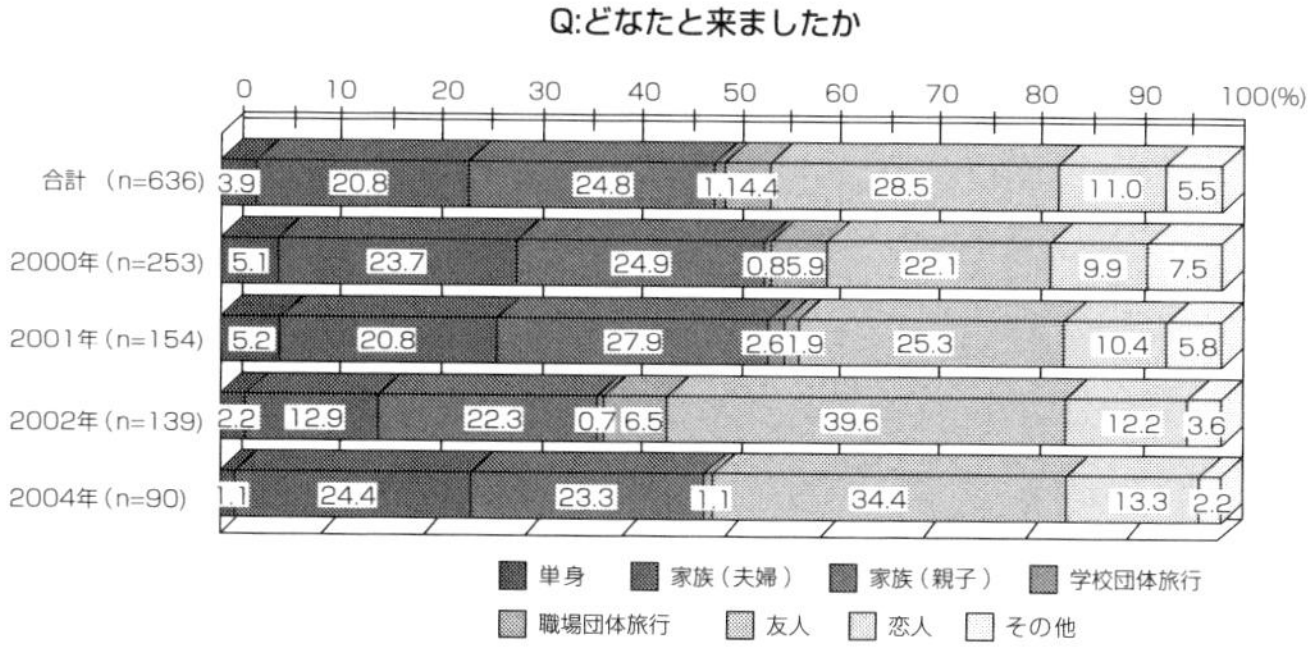

図3　観光の形態

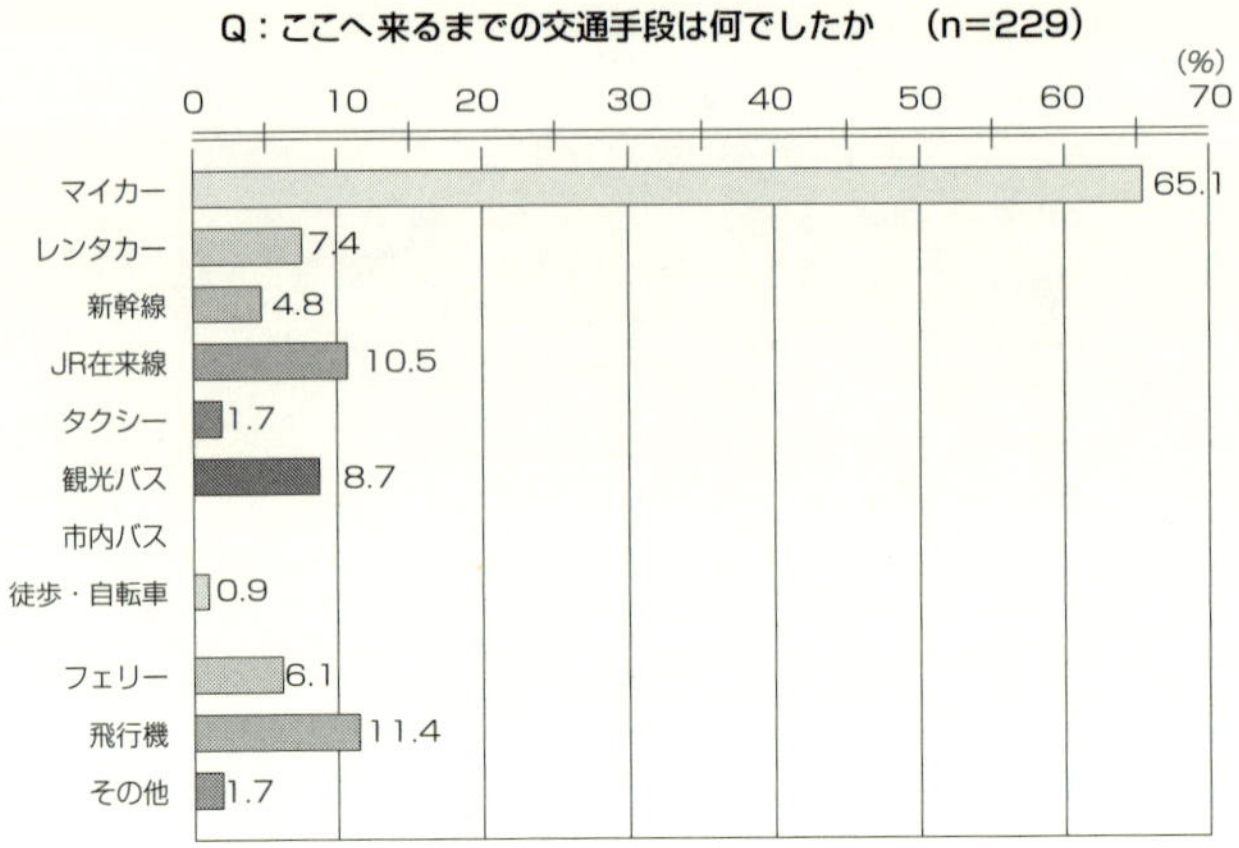

図4　交通手段（複数回答、2002 年と 2004 年のみを合計）

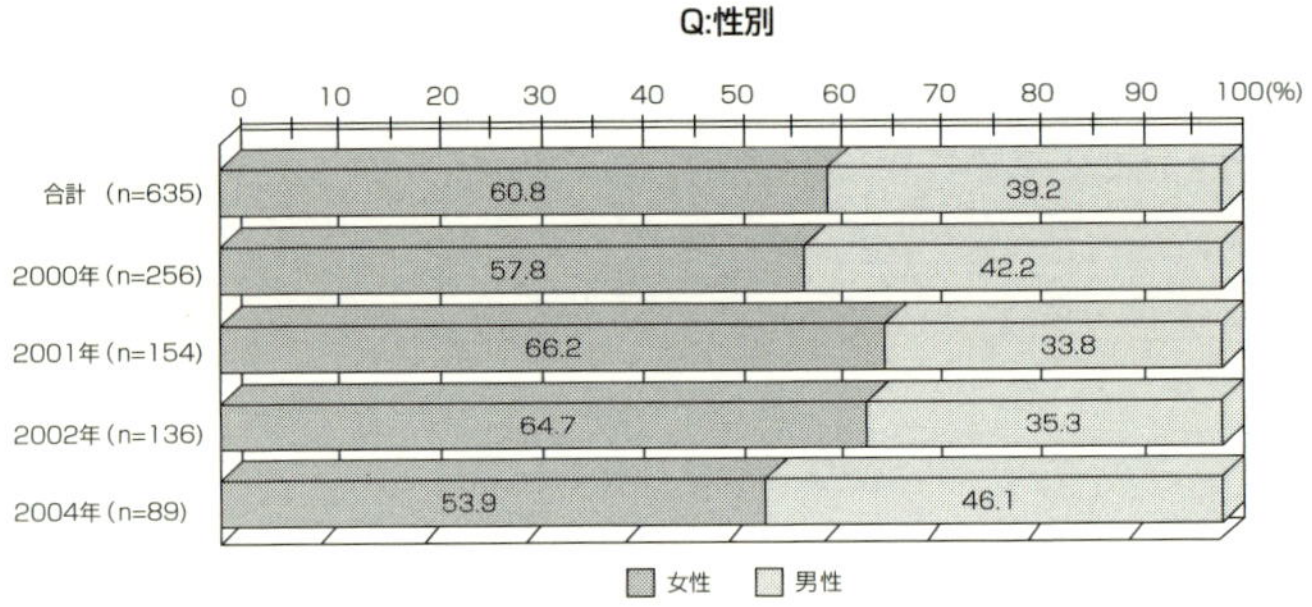

図5　性別

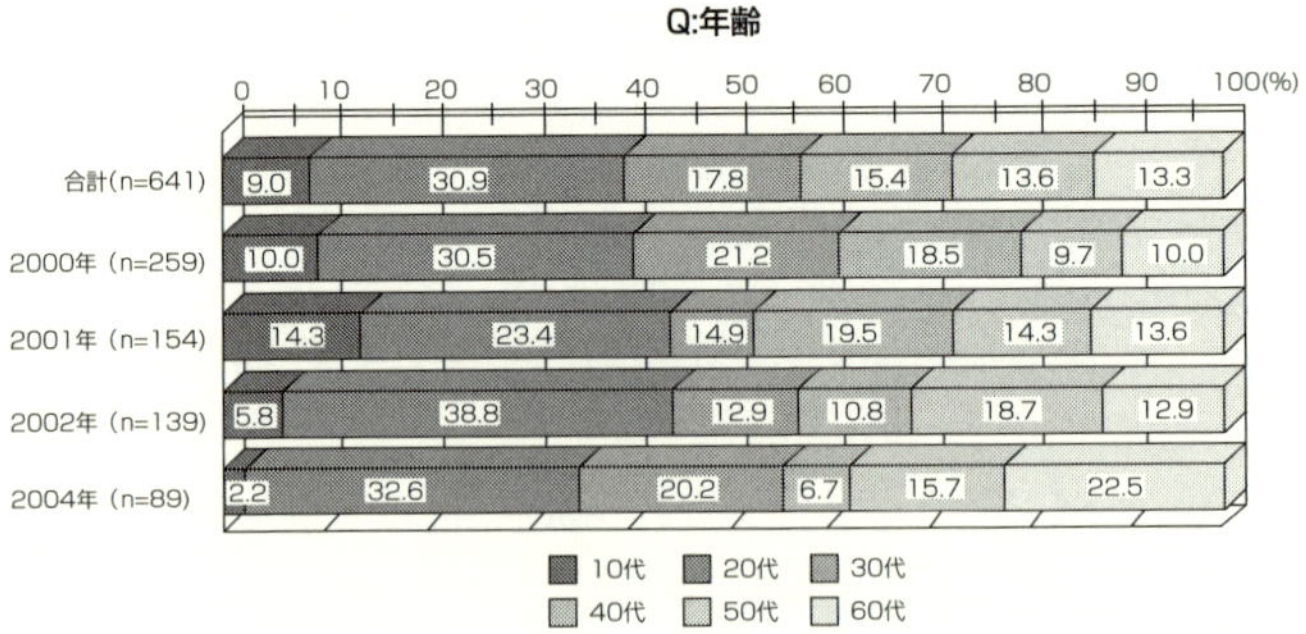

図6　年齢

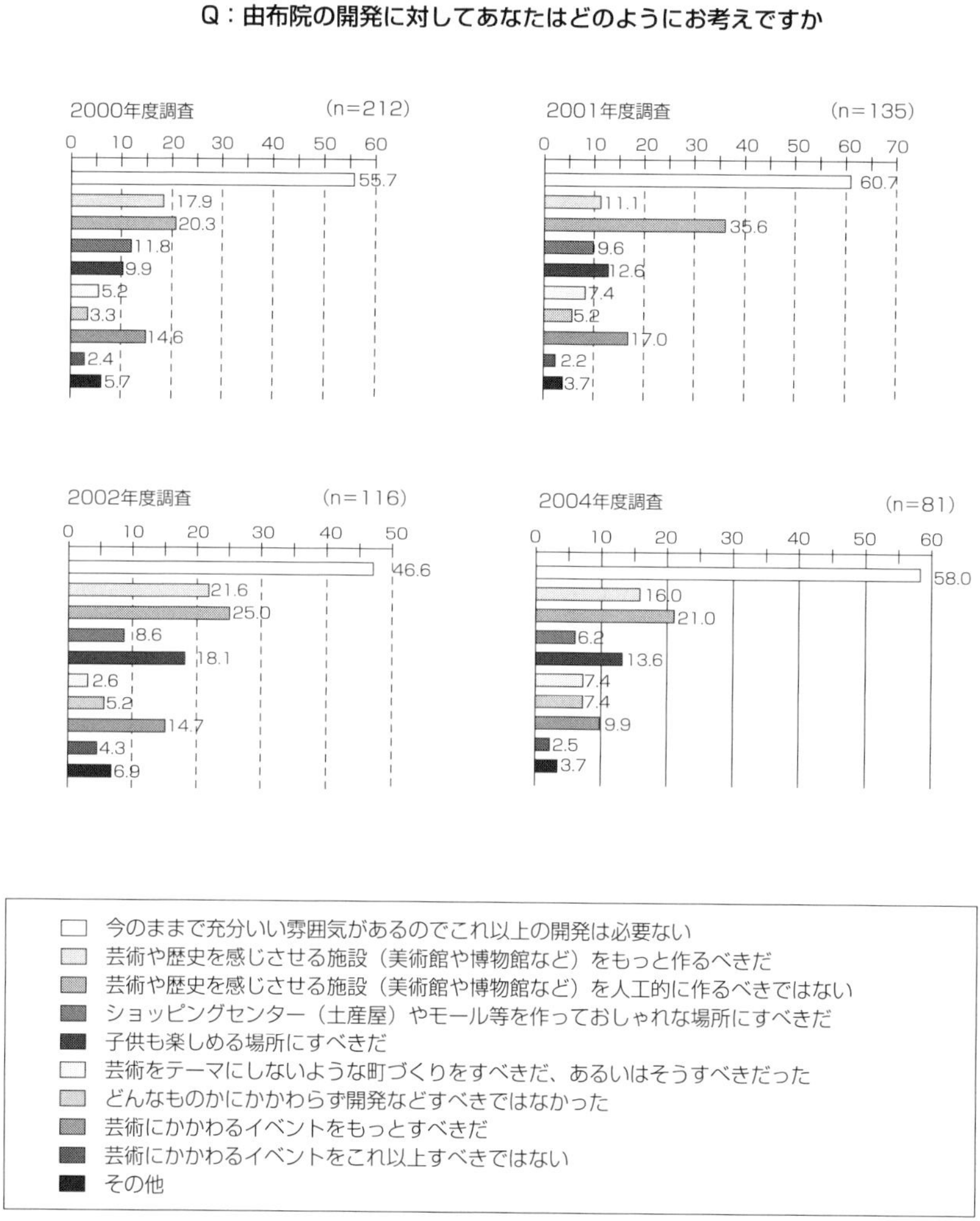

図7　観光開発に対する態度性向（複数回答）

る。由布院の観光客は「ロマン主義的まなざし」を前提としている。ガイドブックや雑誌等で最もよくアピールされる由布院の魅力は「芸術の香り」なのだが、博物館・美術館の建設に関してはどちらかというと否定的であり（由布院にはすでに多くの「博物館」「美術館」がある）、一方、芸術にかかわるイベントの企画には比較的肯定的である。すなわち由布院の観光客は施設の「建設」による「開発」には否定的であるが（おそらく商業的な美術観や博物館は求めていないと思われる）、芸術的行事には期待している。

次に、自由回答で書かれた文章をたどりながら、由布院の観光客の〈まなざし〉について分析していこう。自由回答は二〇〇二年と二〇〇四年のもの（合計二〇六サンプル）を使った。

「今回由布院に来て一番楽しかったことは何ですか」という質問に対する回答を見ると、温泉、自然、景色等、「自然」を評価するものが四九サンプルと最も多かった。とくに温泉と自然の景観の組み合わせに言及するものが多い。

*景色がきれい。温泉の雰囲気がいい。（女性二〇代）

*自然（樹木や川・湖）の中に身を置いてゆっくりできたこと。（女性三〇代）

次に多いのは、ショッピングを挙げたものであり、二八サンプルあった。

*いろいろなお店で買い物をみんなでできたこと。（女性四〇代）

*以前来たときと比べて、個性的な店（テーマを持った店）が増えていて、面白かった。（女性四〇代）

三番目に多いのが食べ物に関する回答である。食べ物に関する感想が一七サンプル（すべて女性）あった。

*冷やしうどんがおいしかった。（女性二〇代）

*ソフトクリームがおいしかった。（女性一〇代）

以上、最も多いのは「自然の景観」という「ロマン主義的まなざし」に属するものであるが、買い物と食事に関してはある程度の人混みをそれらの楽しみの前提にしていると思われるため、「集合的まなざし」に属するものである。

次に、由布院観光に関する一般的な意見感想を求めた質問（「由布院観光についてのあなたのご感想をお聞かせください」）に対する回答を挙げよう。

「観光地化」に対する批判的意見、個性がない等の意見が二四サンプルと最も多かったのであるが、これらは、次に挙げるように明らかに「ロマン主義的まなざし」によるものである。また、これらの意見は、手づくりの「まちづくり」へと取り組む人びとの言説（たとえば「由布院らしさが失われている」といった言説）との共通点が多い。

＊改善してほしい点。レトロな感じを期待してきたのに観光地化しすぎていて少しがっかりしたこと。もっと個性を出してほしい。（女性四〇代）

＊思ったよりも観光地化されていてびっくりした。もっと温泉、温泉という雰囲気だけかと思っていた。（女性三〇代）

＊観光地はどこもいっしょに思える。もう少し特色を出す方がよい。値段も高い。（女性四〇代）

＊九州の軽井沢。若者。外の資本でしょ？　湯治場的雰囲気を求めているのに商業的になりすぎている。自然を壊すべきではない。金鱗湖が汚い。このようなものならどこにでもある。スイスになれ！　季節別のイメージ管理が必要（季節別のイメージがあるはず）。（男性五〇代）

＊由布岳が見えて、自然が美しいと思った。観光地化を過度にするべきではない。（男性六〇代以上）

＊どこも同じ。ケーキ、コーヒー……うるさい。作るべきではない。（男性五〇代）

しかし一方で、若い女性を中心に「観光地化」に肯定的な意見も見られた。これらは明らかに大勢の人が集まる「カーニバル」的非日常性を楽しむものである。

*思ったより観光スポットとして開けていたので、見応えがあった（もっと温泉街らしい雰囲気のみだと思っていた）。もう少しガイドマップがあちこちにあると助かる。（女性三〇代）
*たくさんお店があったので、よかった。（女性二〇代）
*三回目ですけど、すごく店がいっぱいで見るところがあるからいい!!（女性二〇代）
*まったりできてとてもよい。人が多いこともよいのでは？（女性二〇代）
*食べ物がおいしく、観光スポットやお店が多いので楽しめた。（女性二〇代）
*歩行者天国にするべき。にぎわっているところがよい。（男性三〇代）

また、手づくりの店といったような個性的な店を巡ることを楽しみに来ている様子も見受けられた。

*一ヵ月に一度くらい来る。個人の方が出している店の手づくり品を見に来るのが好きです。（女性二〇代）
*香水の専門店がよい（自分で作れるところ）。（女性五〇代）

以上、アンケートによる観光客の調査から、由布院の観光客には大きく分けて、農村の手つかずの自然と日常的風情（都会人にとっては非日常なのであるが）を求める観光客と、芸術や文化の香り、さらには人通りの多い道の両側に土産物屋が建ち並ぶ「縁日」的祝祭空間（土産物屋が建ち並ぶ街道は湯気立ち上る幻想的な「池」である金鱗湖へと続き、その先には霊峰由布岳がそびえる）を求める客の二種類があることがわかる。これらは由布院の二つの魅力であり、前者は反都会（脱近代化）および自然を志向し（以降「反都会的自然志向」と呼ぶ）、後者は商品化されたアイコン的グッズと食べ物、および人間関係を志向する（以降「人間関係的消費志向」と呼ぶ）と考えられる。両者とも由布院の「ロマン主義的まなざし」を支えるものとも言えるのであるが、とくに後者には土産物屋やレストラン等が集中する商店街の人混みの中での他者との共在を楽しむ「集合的まなざし」の要素が多く存在すると思われる。両者の分裂ははっきりあるわけではなく、「楽しかったこと」に「温泉での休養と買い物」両方を挙げた例もあり、あるいは「おしゃれな雰囲気と景色が（山々）よくて気持ちいい」（女性二〇代）といったように一人の人間が同時に両者のまなざしによる回答を書いているものも多くあった。由布院の言説空間には「ロマン主義的まなざし」が支配的なものの、「集合的まなざし」も多く混在しているのである。

次に、由布院観光のホストである地元の観光業者に焦点を移して、主に「ロマン主義的まなざし」が、それぞれの立場とどのように関係があるのか分析してみよう。

4　地元観光業関係者に対するインタビュー調査

(1) 調査の方法

由布院にはさまざまな観光業者が存在している。旅館ホテル業、タクシー等交通関係、美術館、飲食業、物販店、食料品店……。筆者は、多くの観光客が金鱗湖へ向かう途中にある、この町の観光メインストリート、湯の坪街道周辺の商店を中心にインタビュー調査を行った。主に商店主がインタビュー対象であったが、その従業員も対象にした。録音機材を使わずメモをとりながら行うインタビューと録音機材を使うインタビューを併用した（非調査者の意向に従った）。調査日時は二〇〇二年一月、五月、七月の週末の午後であり、調査方法は由布院地区の商店にて商店主および従業員に調査員が直接インタビューする方法をとった。サンプル数は三〇であった。

(2) インタビュー結果

インタビュー結果の中から、主なものを使い（プライバシーが露呈してしまう情報は極力掲載を避け、また掲載前に掲載の可否を確認した）、観光客と直接接触している観光業者がもつ観光に対する〈まなざし〉とまちづくりへのかかわり方をもとに、以下観光業者を分類してみたい。分類は「理念型」的なものであり、実際には、一人のインタビュー対象者の中にいくつかの要素が混在しているものと思われる。発言の特徴的な個所には傍線を引いた（Dさんの発言に関しては「　」内は実際に話された言葉であり、あえて話されたままの言葉を記した。その他はメモから再構成した）。

① 比較的古くから由布院のまちづくりにかかわり、観光地化には批判的な業者たち、および彼らに賛同して由布院に来たニューカマー。とくに、AさんBさんはともに由布院文化創成期（一九七〇年代）に、由布院のイメージづくりに貢献した人たちである。Aさんは旅館の経営にかかわっており、集客に神経を尖らせている。Bさんはそういった立場にいないため、文化運動に対する見解は少し異なったものとなっているが、現在のような、個性なき観光地化に反対している点では同じである。両者とも由布院のイメージづくりに誇りをもっており、外から来る商業的な業者に対して何らかの規制の必要を感じ、彼らに対してはあまりよい印象をもっていない。Cさんは由布院に来た時期が比較的新しく、①のタイプと②のタイプの中間くらいに位置しているのかもしれない。

A：由布院は、地元の観光業者と外の観光業者の意識のずれがある。由布院の統一イメージをつくるために、観光業者は統一した意識をもつべきだ。客の批判の声に経営者が気づいていない。客に直接接している従業員から意見を聞く必要がある。由布院の今後のためには規制が必要だ。このままでは黒川（温泉）に負けてしまう。

B：自分にとって由布院は芸術と人の出会いの場であった。現在では、芸術村としての由布院は過去の話

（聞き取り時より一〇年くらい前まで）になってしまった。芸術には静けさが必要なので、にぎやかになった由布院は芸術にはふさわしくない。「由布院的」でないものが増えすぎた。しかし、由布院に住む人間としては、価値観の交流を含めた人間の交流をより重視したい。芸術は観光業界の発想で行われるべきではない。芸術は人寄せではなく、教育や人間の交流手段とするべきだ。由布院を精神面（「やすらぎ」や「癒し」等）で評価されるように活動したい。

C：絵画のよさを広めたい。観光協会へはときどき顔を出す。観光客と住民の意識のギャップがあり、地元の人にストレスがあるかもしれない。交通規制の話が町で上がっているのはいいことだ（交通規制の試みはこの後二、三年で頓挫した）。

②　地元出身の比較的若い観光業関係者。まちづくりには距離をもってかかわる。自由な立場を保ちつつ文化発信を目指すが、個人主義的な芸術家肌が多い。D、E、Fさんに共通しているのは、さまざまな由布院の顔を容認している（相対主義的視点をもつ）点である。三人とも客のために魅力あるものをつくれば、由布院はよくなるという確信をもっている。湯布院町の改革への参加意識はあるが、町が統一したイメージづくりのためにさまざまな規制をすることにはあまり賛成していないようだ。しかし、彼らの多くは①の人たちとも人間関係をもちながら活動をしている人も多く、①との厳密な差を見つけるのは難しい。また、Gさんは外から来た者だが、来た時期が比較的早いため、地元業者との関係も強く、地元社会への参加意識が強い。

D：「手作りのもので、自然を生かすという雰囲気」を大切にしている。「あまり深く考えないで、今できることをやる」。「由布院はもともとアートの町って言われてて……でも、ここの観光客はあまりそういうのないから……ギャラリーの数が減った」。食べ物屋や旅館は増えたが、ギャラリーは減った。「どんどんできてくる美術館は、どちらかというとすごいお金のかかった美術館が多くて……これまではどちらかというと個人の人が収集したものを、美術館にかけておいて、そこにコーヒーを飲みに来たりしながら、そこの館長さんと話をして、絵を見たりとかいう雰囲気だったかな」。

由布院はもともと、ものをつくったりするアーティストが集まる町だった。観光客は後からやってきた。「由布院って観光名所がないでしょ……ここでは観光名所ってお店のことだから、個性あるお店とか、その店が好きっていう人は、その店を訪ねてまわるっていうのが由布院の過ごし方だから」。「いつ来てもここはここだなあってね。だけど変えてゆくものも必要だと思うし」。県外の全国展開しているような商業的な土産屋企業が入ってきて、ここ四、五年で町が変わってしまった。でも、それがとくに迷惑とも思っていない。「もちろんそう思っている人も当然たくさんいると思うし……自分に経済力があれば、それを止められると思うけど、それはムリだから……やっぱり観光名所がないから、自分のお店を自分のこだわりでやってゆくことがお客さんが増えることにつながるし……」。

町のイベントについては、協力し合ってやっているけれど対立もある。「でも、対立していても言ってることは一緒だよね、見方とか言い方が違うだけで。……いろんな言い方してるけど、でも住んでる町だし、みんなよくしたいと思ってると思うし……立場が違ったら、物の見方や目線が違ってくる」。「観光協会には参加すること自体はないんだけど、なんかイベントがあるときに協力する程度しか俺たちが協力することは基本的にない」。「自分の店をいい店にすることが観光協会への協力になる」。「観光協会自体は必要だと思うけど、内容によっては必要なものと必要じゃないものがあるね」。由布院をあまり「観光地としては見てなくて、どちらかといったらみんなそれぞれ頑張っているよなあって。変な店ができたときあるよね。それは由布院じゃなくてもいいよなって思う店もあるけど、その人にはそれしかできなかったんだろうなあって」。観光地だからといった「そんな意識があまりなくて、本当にここに来てくれる人は由布院に来てくれてるわけだから、この店に立ち寄っているわけだから、この店でほっとしてくれたことを由布院に来てほっとしたことにつながってくれればそれでいい。旅館やっている人たちもみんなそう思ってると思うよ」。「のんびり散歩して、ここで買ってくれなくてもいいからほっとして、天井桟敷（亀の井別荘の茶房）でコーヒー飲んで、金鱗湖行って、疲れ取れたらいいと思う。人それぞれのね、由布院の過ごし方できるくらいのお店の量があるし」。

E：観光は水ものなので、観光にあまり頼らないように考えている。生き方として、型にはまるのは好きではない。由布院は人の出入りが激しく、規制があまり行き届かない。金儲けのみが目的の業者が外からやってきて店を開き、地元の人が大変な思いをするというのが由布院のパターン（外からやってくる人の中にはそうではない人もいる）。駐車場問題等、計画倒れになる傾向がある。駐屯地（日出生台）という問題も抱えている。観光協会等にはあまり興味はない。もっとメッセージ性のある観光地を目指すべきではないか。

F：観光地から文化発信することをライフワークにしたい。由布院に観光客が押し寄せるようになってから、昔なじみの人の足が離れた。地元の人たちの考え方、方針がしっかり決まっていない。役場はあまりあてにならないので、自分たちで問題を解決するしかない。観光協会等の組織はあまり好きではない。

G：陶芸などを通じて地元の人と人間関係を築いてきた。由布院が好きであるが、由布院ブランドだけではもうダメなのではないか。芸術等文化的なものをもっと大切にしてほしい。畑と観光的雰囲気のマッチングが売りなのだから。何日かいないと由布院のよさはわからない。店によく来るリピーターは自然よりも人間関係が好きらしい。観光協会には加入していないから町の人に何か発言することはない。

③　近年（二〇〇〇〜〇五年）外から来た比較的若い業者で、自作のものを中心に、制作と販売を同時に行おうとする者。芸術家タイプで個人主義的。由布院の自由な雰囲気にあこがれて来る。リピーターの客との人間関係を

大事にするが、地元の業者とはかかわりをもちたがらず、町としてのイメージづくりにはあまり関心をもたない。地域社会のまちづくりへの態度には彼らの中でも濃淡があるが、総じて、連帯をもとうとする相手は地域社会ではなく観光客だけである。「ロマン主義的まなざし」をもっている人もいるが、どちらかというと観光客の「集合的まなざし」の方に関心がある。

H：開店して三ヵ月、自作の工芸品を売る。店の賃貸料を友人と二人で支払っている。売り上げがあまりなく経営は苦しい。自分の作品を理解してくれるリピーターがいるのがうれしい。由布院については地元の人と人間関係がほとんどなくよくわからない。

I：手づくり雑貨に興味があったので、雑貨屋に転職。自分の作品も置くが、複数の作家の作品の委託販売も行う。委託をもっと増やして、もっと店を活性化させたい。

由布院では人間関係がまだないが、現在、店の前の広場でアコースティックライブ等のイベントを計画中。観光客のマナーの悪さが気にかかる。

J：湯布院の町役場は環境破壊に甘い。このままでは湯布院町の生態系が崩れる。由布院はテーマパーク化している。そのうち、黒川にお客が取られると思う。でもアートだけではダメだと思う。観光協会は入るのにお金がかかり、入らないと地図にも載せてもらえないところが閉鎖的な感じがする。

K：観光協会には最近入会したが、ほとんどかかわりがない。由布院については、交通規制の必要性等、問題はたくさんあるが、自分で解決するしかないと思う。昔の由布院もよく知っているが、昔の由布院と今の由布院のどちらをとるか微妙である。

L：観光協会との人間関係やコミュニケーションはない。地元の人との人間関係はほとんどない。観光客とのコミュニケーションが楽しい。

M：由布院は落ちるところまで落ちて軽井沢にするしかない。町のゾーンをはっきり分ければよい。

N：外から来た大きな店に土地を貸して相当の収入を得ながら、「観光地化」を嘆く地元民は矛盾している。小物をひっそりと売っているような零細な店は、「観光地化」の恩恵を受けていない。行政のさまざまな規制はあてにならない。観光協会ともかかわっていない。

④　近年外から来た業者で、作品制作志向ではない。地元業者の人間関係とは一線を画す。どちらかというと商業志向（一定の収益が営業の前提になっている）であるが、多くはやはり「由布院らしさ」にあこがれている。地元の閉鎖性に疎外感を感じている者も多い。

O：美しい自然や、空気のよさにあこがれ、人生の転機に由布院に店を出したのであるが、開店の挨拶に行って名刺を出した際、突き返されたり、町の人の閉鎖性を感じる。外から来た人を排斥するように思える。でも、観光客には喜んでもらっている。行政が排水、下水の問題、交通の問題等しっかりやろうとしない。住民の大半はよそものであり、もとから住んでいる地元民との意識のギャップがあるのではないか。観光協会については、加入していなくても困らないし、どういうものかも知らない。所詮力がある人たちがしているだけで、声もかからない。

由布院で商店を営業する業者を大きく四つのタイプに分けてみたが、実際にはそれぞれがオーバーラップするものをもっており、厳密には分けることは難しい。とくに③と④（③が商業主義的になれば④になる）はいつでも各々が入れ替え可能で、①と②も運動の進み方次第で、あるいは世代交代のあり方次第で個々が入れ替わる。②と③もやはり運動のあり方次第で変わる。由布院の商業者たちは比較的ニューカマーに対して寛容で包容力があるため、人間関係次第で「まちづくり」へのかかわりが変化することもあり、立場が違う中でそれぞれのアイデンティティが揺れているものと思われる。

幻想的な金鱗湖

以上の四つのタイプの差は「まちづくり」への関与の程度やアイデンティティのもち方による差という要素を多く含んでいると思われるが、そればかりでなく「観光」に対する了解の仕方の違いも含まれているように思われる。すなわち、①のタイプは、古くからある静かな由布院の「日常」や自然をそのまま観光客に伝えようとしているのに対し、③のタイプに近づくにつれ、芸術活動も含めて人工的（アート的）な要素が強調される。①②③とも由布院の「個性」をつくろうとしているのだが、①から③（あるいは④）に近づくにしたがって「個性」の含意が異なってくる。③に近いほど個人主義的、相対主義的（④に近づけば商業主義的）になる。

前節で筆者は、観光客に「反都会的自然志向」と「人間関係的消費志向」とが存在することを指摘しておいた。そして観光客の「反都会的自然志向」が①のタイプに親和的であり、「人間関係志向的消費主義」は②③④のタイプに親和的であるように思われる。「反都会的自然志向」の〈まなざし〉は地元業者、観光客双方が共有しているのだが、「人間関係的消費志向」の内容にはそれぞれ、「ロマン主義的」なものから「集合的」なものまで多様な形がありうる。由布院の「個性」とは何か。比較的単一な「反都会的自然志向」への合意の形成は難しくはないが、多様な「人間関係的消費指向」への合意は難しい。「ロマン主義的まなざし」の共有にもかかわらず、「集合的まなざし」の許容度が今後の由布院のあり方を変えそうである。

前述したように、「ロマン主義的まなざし」は絶対的希少性を前提にしている。大勢の人が無秩序に来たのでは「ロマン主義的まなざし」の価値は目減りしてしまうのである。今後、由布院温泉の町は観光客や業者の多様性に対応するためにゾーニングするか、観光客やそれに対応する業者を限定するか、どちらかの選択を迫られるかもしれない（＊この調査から現在一〇年以上の時が過ぎたが、状況はほとんど変わっていない）。

5 おわりに

由布院の地元住人、業者と観光客のほとんどの者が由布院の無個性化、俗化、「観光地」化を嘆き批判する（④に属すると思われる業者でさえ「由布院の俗化」を口にする）。「俗化」批判をすることで、自らの考える「由布院らしさ」を保とうとしているかのようにさえ思われる。しかし、「由布院らしさ」の定義においては、とくに「集合的まなざし」をどう受け入れるかによって、それぞれの意味が異なっているのである。

「集合的まなざし」をどう受け入れるかという問いかけは、一方においては、観光客と観光業者との匿名的関係をどう受け入れるかという問いかけでもある。多くの人が集まることによりカーニバル的非日常性が生まれるには、そこにおける人間関係が匿名的であることが前提とされる。他者をまなざし、また他者によってまなざされることによって発生する上演的世界がカーニバルである。カーニバルの興奮をつくり出すのは集合的な人間関係で、個々の対面的な人間関係ではない。しかし「ロマン主義」を「反都会的自然志向」に加えてさらに「反人工性志向」「反機能性志向」というように解釈するならば、観光地の繁華街における店の店員と客との関係は「集合的」でもありうるし、「ロマン主義的」でもありうる。多くの客を相手にする土産物屋では、客と店員との関係は非常に匿名的なものであるが、芸術志向の商店においては、両者の関係は対面的で人格的なものであり、観光客はそこで自分のライフスタイルやアイデンティティを確認してもいる。リピーターともなれば、宿の主人や従業員と客との関係も人格的なものとなるだろう。したがって、「人間関係的消費志向」は人格的関係が強い「ロマン主義的」なものから、匿名的関係が強い「集合的」なものまでバリエーションがありうる。先に挙げた観光業者の分類の中でも、人間関係において①が最も「ロマン主義的」であり、④が最も「集合的」である。②

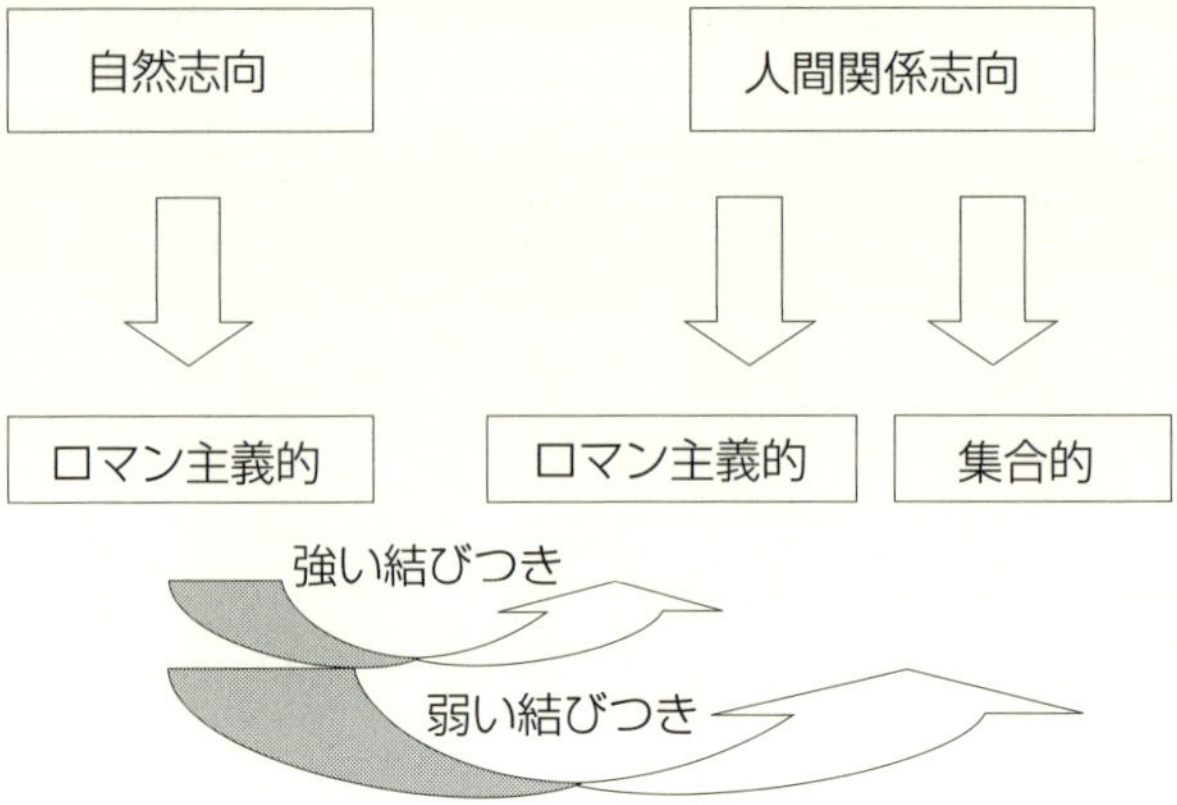

図8　「自然志向」対「人間関係志向」と「ロマン主義的」対「集合的」との関係

③はその中間にあたる。

「集合的まなざし」は消費主義（または商業主義）とイコールではないが、親和的である。とくに消費社会における商業主義は、「集合的まなざし」の中の「見る」「見られる」といった上演的な関係を介して、記号的商品に対する欲望を刺激する。観光に「集合的まなざし」を期待する観光客あるいは観光業者は、町の消費主義あるいは商業主義的開発に反対しないであろう。一方、「ロマン主義的まなざし」を向ける観光客あるいは観光業者は、消費主義や商業主義に反対し、それを容認する（あるいは推進する）「集合的まなざし」をもつ人たちをあまり歓迎しない。二〇一七年現在、由布院では二四時間営業のコンビニやファミレスがいくつか進出している。夜中でも煌々と輝く文字通り便利な店たち、機能性と合理性、そしてそのうえに飾り立てられる意味過剰であるがゆえに無意味なキッチュ、由布院はこうした都市の景観にすでに囲まれている。

由布院は「ロマン主義的」な言説に満ちた町である。自然の賛美と人間性の回復（本来の意味でのレクリエーションだ）といった「ロマン主義」を求めることは、ホスト、ゲストの誰もが認めるところであろう。しかし、この「ロマン主義」は二つの大きな反対運動から生じたものであり、当初は人工的な「開発」に対する一つの対抗文化であったことを思い起こそう。それは、ダム建設、ゴルフ場開発

週末の昼間は「原宿」と化す湯の坪街道

といった近代主義的で産業主義的な「開発」に反対する明確な反近代主義的理念をもってきた。都市に対する田舎、人工に対する自然、匿名に対する人格、効率的システムに対する「手づくり」、そういった「対抗的」価値が「由布院らしさ」をつくり出していた。しかし、二つの反対運動はほぼ成功し、成功したがゆえに観光客があふれんばかりに訪れる。運動が初期の役割を果たせば理念の神秘性は衰退してゆく。理念の多様化あるいは理念に向けた姿勢の多様化は、神秘性の衰退とともに生じるプロセスである[2]。

由布院は「開発」の「人工性」に反対することによってそのイメージづくりをしてきた。また「開発」反対運動が守るべき主役は観光ではなく住民の生活であったため、町を映画のセットのように人工的につくり変えることもあえてしてこなかった（近くにある日田市の豆田地区等と比較すれば明らかである。二〇九頁の注3写真を参照）。建築、出店、あるいは交通に関する規制も（あるにはあるが）緩やかなものであった。しかし、都市の「荒地」がすでに由布院を包囲している。これ以上都市の「不毛な」文化に浸食されれば、住民の生活と抵触しない範囲ではあろうが、「イメージ」の確立（防衛）に向けたブランドイメージ創造の気運（たとえばゾーニング等の動き）が高まることも予想される[3]。

週末、湯の坪街道は金鱗湖へと向かう観光客であふれる。湯気が立ち上る幻想的な池、金鱗湖への「表参道」であるこの田舎の「原宿」は、日帰り客が立ち寄る昼間だけだが、「本物の」原宿同様カーニバル的な「虚構の」世界を繰り広げる。そして、そのすぐ先には、神々しく切り立った「本物の」由布岳がそびえる。一方、この道から少し外れれば昔ながらの田園風景が広がり、そこには「田舎の」人びとの「本物」の生活がある。田園の向こうに絵葉書から飛び出してきたような美しい由布岳がやはりそびえる。「田園」の由布岳も、そして「原宿」の由布岳も、それぞれの観光客にとってはそれぞれの「聖なる」ものなのかもしれない。観光地のイメージは決して一様ではない。

一見、単一に見える由布院の〈まなざし〉への見解は、ゲスト（観光客）サイドにおいても、（観光業者も含む）ホスト（受け入れ）サイドにおいても、多元的で多声的なものなのである。その結果、その理念と現実の妥協点を見つけ出すことは難しいものとなるのだが、再帰的な討議や実践による妥協点の模索と合意の再形成こそが、今後の由布院の内発的な力を試す契機となるだろう。観光地のイメージは「ステレオタイプ」で語られるが、観光研究は「ステレオタイプ」で語ることは許されない。

《補節》調査から一二年の月日が過ぎ

この調査の終了からから一二年の月日が流れ、湯布院町も三町合併でできた由布市の一地域となった。前述したように、開発反対運動を何度か経験した湯布院町はきわめて住民自治の力の強い町であった。それゆえに、三町合併には、旅館組合を中心に反対する住民も少なくはなかった。しかしながら、二〇〇五年の町長選挙において合併派が勝利した後、三町が合併し現在の由布市となった。ともあれ、行政のあり方が変わっても、観光客数や宿泊客数にはあまり変化がない。一時的に盛り上がった車の乗り入れ規制の計画も頓挫している。駅前の通りに関しては美観の整備が行われたが、それ以外はほとんど変化がない。

二〇〇八年の著書［須藤 2008］において私は「癒やしの里のフレームワーク——由布院温泉住民の観光地解釈フレームをめぐって」という章を設け、この三町合併直前の由布院住民への聞き取り調査を行った。住民の語りからわかったのは、外部資本の導入に強く反対する、賛成はしないまでも無頓着である、これ以上の観光地化に賛成する、反対するというさまざまな「語り」の存在であった。この「語り」が選挙という政治と重なり合ったことは、その後の由布院住民の様子から容易に想像できる［ibid.: 75-95］。そこでわかったことは、一定年齢層以上の住民において、外部資本の導入だけではなく、由布院の観光地化そのもの、観光客の存在そのものを嫌悪する「語り」が厳として存在することであった。筆者は、現在も簡単な聞き取り調査は続けているが、この年代層が約一〇歳上昇し存在感が薄くなっている。したがって、観光客そのものを嫌悪する「語り」はあまり聞かれなくなった。しかしながら、現在気がかりなのは、観光客そのものを嫌悪するのではなく「外国人」観光客を嫌悪する「語り」をよく耳にすることである。由布院は現在、訪れる観光客の約二割が外国人（宿泊する外国人は少ない）（うち七割が韓国人）観光客である（統計上二割であるが、日本人観光客とふるまいが異なるため実感では四割位の外国人観光客がいるように見える）。たしかに、生活者としてはゴミの処理の仕方、トイレの使い方、レストランやカフェでのふるまい方等、気になる部分は多々あるかもしれない。狭い街中に年間四〇〇万人の観光客が、一定の時間帯にどっと押し寄せるのは限界に近く、週末の道路の渋滞も重なり、一部であるが住民のストレスが蓄積している可能性はあり、こういった住民を強く非難することにも躊躇《ちゅうちょ》がある。外国人観光客との共存はどこの観光地でも抱えている問題なのであるが、観光客がいる地区が狭いこと、増加が急激であったこと等が他の地域と異なるところであるかもしれない。

これまで述べてきたように由布院は自治志向が強い町である。由布院という地域は、問題が多く発生はするが、それを修復しようとする運動も多く生成する場所なのである。観光客（とくに外国人観光客）と地域住民、あるいは長期滞在をしながらボランティアをする若者も間に入り、観光による町の分断を修復しようとする、自治的なＮＰＯがすでに生まれている。次に現在由布院のメインストリート湯の坪街道近くにある「ムラづくりＮＰＯ風の原っぱ」の活動を紹介しよう。

全国のＮＰＯを紹介するCANPAN FIELDSのサイトには、このＮＰＯは「食と農を通じて地域の内外の様々な住民が交流する場と安心できる居場所を作ることを目的としている」［CANPAN FIELDS 2011］とある。創立は二〇〇六年七月である。代表のR氏は由布院出身であり、東京の大学を卒業し、帰郷したUターン組である。帰京後は実家の酒店を継ぎながら、一時は町会議員を務めていた。前述した合併の可否を分けた二〇〇五年の町長選に合併反対の立場で立候補し、このときは落選している。そして、その後は政治からは離れ、草の根活動を行っている。

NPO創立当時は、観光地とは離れた地域で、地域の高齢者支援を中心に地域支援を、ボランティアとともに行っていた。とくに、高齢化で農作を放棄した土地を借りて有機農法や合鴨農法に挑戦し成功させていた。二〇〇八年には町の中心に移転し、そこでは今までの活動であった地域支援や有機農法や合鴨農法の普及の他に、地域の農産物を使った「コミュニティ・レストラン」を運営している。このレストランは、主に有機農業（や田舎生活）を支援しながら、世界中の人びとと旅を通じてつながる世界的組織WWOOF（World Wide Opportunities on Organic Farms）のメンバーとなっている。WWOOFとは別に、滞在しながらまちづくりを学びボランティアも受け入れている（筆者のゼミ学生たちも一〇年来何人もお世話になっている）。またこのNPOのウェブサイトには、今までの地域支援の他に、次のことが掲げられている。

これまで続けられてきた湯布院の様々なまちづくり文化活動に対しても積極的に連携、支援を行い、地域での文化、教養、芸術面における生活の質を高め、内面的にも充実した豊かな暮らしづくりに寄与することをめざします。さらに、地域の安定は地球環境や国際平和と切り離しては考えられず、草の根の国際交流などを通じてこれからの地球時代にふさわしい国際感覚を持った地域住民コミュニティの実現をめざします。

［ムラづくりNPO風の原っぱ 2017］

観光地は、あまりにも現地の生活の複雑性を縮減し、単純化して「見せもの」にしてしまう。極端に言えば、観光とは観光客による地域の生活への（いい意味でも、悪い意味でも）「偏見（臆見）」で成り立っているのである。このことはまた地域の住民による観光客に対する「偏見（臆見）」も同じである。第5章でも取り上げた、このような嫌悪感（あるいは住民にまで強いられた感情労働）やそれと複雑に絡みつつ、この町のプライドを形成してもいる実践的（あるいは商業的）態度との温度差が、明らかに町の分断を生んでいるのである。

こういった「分断」を解消するにはどうしたらよいのか、その回答の一つがこのNPO活動にあると筆者は考える。このNPOでは、若者、高齢者、障がい者、外国人、居場所を失った者、すべてを「客」として、あるいは「住居食事付きボランティア」として受け入れている。ホスピタリティという言葉が、単なる商業活動におけるサービスを意味するのでなく、すべてを受け入れ癒やすという意味のラテン語の「Hospics」（ここから「Hospice」や「Hospital」という語が派生するのであるが）の意味で用いられるとすれば、このNPOはまさにホスピタリティそのものを体現している。

ムラづくりNPO風の原っぱが
経営する「いいね！食堂」

このレストランのランチには世界中の国から旅人ボランティア（WWOOFer）や国内の実習生たちが自分たちで考え、つくった料理がバイキング式の大皿料理として並んでいる。そして極めつけが、この食事の料金の設定である。世界でもまれな制度なのであるが、驚くことに食べた客の「言い値」なのである。二〇一六年に始め、二〇一八年一月現在、約二年続いていることになる。その名も「いいね！食堂」と名づけられたこの制度でも、活動を維持できる程度には収益は上げられていると代表は言う。人と人との信頼関係である「つながり」は、ここではレストラン経営全体を支えている。「分断」の解消と「つながり」の回復は、草の根の根っこの下からしか生まれないことをこのNPOは教えてくれる。こんなところにも、由布院の自治と自立の精神は根付いているのである。

［注］

（1）調査の概要は以下の通り。

- 二〇〇〇年、七月三〇日（日）、三一日（月）の午後一時から四時まで
湯の坪地区、由布院駅および金鱗湖付近の通行人に対する質問紙調査
サンプル数　二五九
- 二〇〇一年、七月三一日（火）、八月一日（水）の午後一時から四時まで
湯の坪地区および由布院駅の通行人に対する質問紙調査
サンプル数　一五四
- 二〇〇二年、七月一三日（土）の午後二時から五時まで
湯の坪地区周辺通行人に対する質問紙調査
サンプル数　一三六
- 二〇〇四年、五月九日（日）の午後一時から四時まで
湯の坪地区周辺通行人に対する質問紙調査
サンプル数　九〇

（2）田園の景観をもつ観光地の「イメージ化」の例として、英国のコッツウォルドを挙げることができる。コッツウォルドでは、田舎を「イメージ化」しようと保存・保護運動を繰り広げる、新しく都市から移住してきた勢力と、「イメージ化」に反対する古くからの住民が対立してきた［塩路 2003: 107-219］（コッツウォルド観光は、一九六〇年代以降に生じた都市の新興階級による農村生活に対するロマン主義的まなざしによって「再解釈」され「発見」されたものなのである）。前者は都市にはない反機能主義的なイメージを求めていたのに対し、後者はむしろ田舎の生活の不便さを克服する機能性を求めていたのだ。両者はそれぞれの代表者を出して委員会をつくり、「イメージ化」をしつつ機能性も守るとい

う妥協の中、問題をほぼ解決している（注2写真参照：田園の景観と干渉しないよう工業団地を谷底にうまく隠している）。

（3）もしもう一度、ある種の「反対運動」が行われれば、理念はまた明確化し、その再生もありうるが、商業的な観光一般に反対するだけの運動は市を二分する葛藤に発展する恐れもあるだろう。また、どんな観光においても商業的要素を否定することは不可能であろう。

注２写真　上：コッツウォルドの田園風景
下：谷間に隠された工業団地

注３写真　電線を地中化して町の「イメージ化」を図る日田市、豆田地区

［参考文献］
CANPAN FIELDS（2011）「団体情報／団体詳細」http://fields.canpan.info/organization/detail/1481492518.
『花水樹完全復刻版』（1995）グリーン・ツーリズム研究所.
木谷文弘（2004）『由布院の小さな奇跡』新潮社.
ムラづくりＮＰＯ風の原っぱ（2017）「特定非営利活動法人ムラづくりＮＰＯ風の原っぱホームページ」http://www.jca.apc.org/~uratchan/harappa/［二〇一七年一一月五日アクセス］.

中谷健太郎（1998）「いま観光協会は何をしているか」『風の計画ふくろうが翔ぶ』vol.8、ふくろうの会.
ＮＨＫ（2005）『プロジェクトX 挑戦者たち 湯布院 癒しの里の百年戦争』ＮＨＫエンタープライズ.
塩路有子（2003）『英国カントリーサイドの民族誌――イングリッシュネスの創造と文化遺産』明石書店.
須藤廣（2008）『観光化する社会――観光社会学の理解と応用』ナカニシヤ出版.
Urry, J.（1990）*The Tourist Gaze: Leisure and Travel in Contemporary Societies*, London: SAGE Publications.〔加太宏邦訳（1995）『観光のまなざし――現代社会におけるレジャーと旅行』法政大学出版局〕.
――（1995）*Consuming Places*, London: Routledge.〔吉原直樹・大澤善信監訳（2003）『場所を消費する』法政大学出版局〕.
由布市商工観光課（2006）『視察資料』.
――（2017）「大分県由布市観光統計情報」http://www.city.yufu.oita.jp/kankou/toukei/〔二〇一七年一一月二〇日アクセス〕.

（須藤　廣）

第7章
ツーリズム・モビリティーズ研究の意義と論点

1　はじめに

現代社会は、人、モノ、資本、情報、観念、技術等が絶えず移動する世界を現出させた[(1)]。世界中で、多くのビジネスマンたちが空を飛びまわって仕事をしており、多くの移民たちが生まれた国をあとにする。多くの留学生たちが他国で勉強し、スポーツ選手も欧州、米国、アジアなどのさまざまな国へと移動しプレイしている。二〇一〇年における国際移住機関（ＩＯＭ）の報告によると、二〇〇五年、世界における海外移住人口は一億九一〇〇万人であったが、二〇〇九年には二億一四〇〇万人となっている。さらに二〇五〇年までに、その数は四億五〇〇万人に達すると予測している（http://www.recordchina.co.jp/group.php?groupid=47417 二〇一七年八月二六日アクセス）。

本章の目的は、こうした移動の中でもとくに観光に注目し、「ツーリズム・モビリティーズ研究の意義と論点」について考察することにある。以下ではまず、現代が「モビリティーズの時代」であり、そうであるがゆえに人文・社会科学においても「移動論的転回」とも呼ぶべき刷新が求められていることを主張する。次に観光がモビリティーズを現出させるうえで大きな役割を果たしていることを指摘し、ツーリズム・モビリティーズ研究の意義を明らかにする。そして最後に、この研究が近年とくに注目する「パフォーマティヴィティ」「マテリアリティ」「リフレクシヴィティ」という三つの論点について説明する。

2　モビリティーズの時代

現代はどのような時代なのか。Ａ・エリオットとＪ・アーリによれば、現代は「モバイル」な特徴を有するに至っており、それにともなって私たちも「モバイルな生」を生きつつあるとされる。彼らは以下のように述べる。

人びとは今日ほぼ間違いなく、以前にはあり得なかったほど「移動」し続けている。社会の大きな変化——グローバリゼーション、モバイル・テクノロジー、徹底的な消費主義、気候変動など——は、人、モノ、資本、観念が世界中をますます移動するようになってきたことと関連している。今日、人びとは一年間でのべ二三〇億キロ旅しているとされ、もし資源の使用に抑制がかからなければ、二〇五〇年までには、人びとが旅するのは一〇六〇億キロにまで達すると予測されている。旅行や観光は世界の一大産業となっており、年間七兆ドルもの利益をもたらしている。飛行機について言えば、国際便の数はほぼ一〇億である。いまや人びとは、より遠くへ、より早く、（そして少なくとも）より頻繁に旅するようになっているのだ。自分で望んで旅をしている人も多くいるが、そうせざるを得ないという人もいる。亡命者、難民、強制移民もまた激増している。これに加え、コミュニケーション手段やバーチャルの領域でもモビリティが急速に拡大しており、自宅電話よりも携帯電話が多くなり、一〇億人以上のインターネット・ユーザーがいる。モビリティの黄金時代がまさに到来していることは明らかで、それがとてつもない可能性とおそろしいほどのリスクをもたらしている。

［Elliott & Urry 2010=2016: i］

人、モノ、資本、情報、観念、技術等が移動する状況においてこそ、現実＝リアルなものは再編され実現されるようになっている。モビリティーズは、人、モノ、資本、情報、観念、技術等のフローを絶えず生み出し、それらを奔流のように合流させつつ、モビリティーズの風景とも呼ぶべきものを現出させている。そうすることで既存の現実を「固定化」「実定化」させず、つねに揺るがせ変化させ、〈新たな現実〉を絶えず生成させているのである。

こうした状況に注目し、A・アパデュライも、その著『さまよえる近代』で、ローカル／ナショナル／グローバルな現実がさまざまな移動の中で、これまでとは異なる形で新たに形成されていくプロセスをとらえようとしている［Appadurai 1996=2004］。アパデュライは、それらプロセスの「現れ方（appearances）」として、「エスノスケープ」「テクノスケープ」「ファイナンススケープ」「メディアスケープ」「イデオスケープ」という五つの次元を挙げる。

彼の言う「エスノスケープ」とは、外国人労働者、移民、難民など、人の移動から見えてくるグローバル社会の現れ方である。次に「テクノスケープ」とは、機械技術的なものであれ、情報技術的なものであれ、テクノロジーが多様な境界を越えて移動している事態を指している。また「ファイナンススケープ」とは、グローバル資本が国境を越えて移動し続けている事態を指す。さらに「メディアスケープ」とは、新聞、テレビ、ウェブ等のメディアを通じてポピュラーカルチャーをはじめ、さまざまなイメージや表象の移動によって見えてくるグローバル社会の現れ方を意味している。最後に「イデオスケープ」とは、イメージの中でもとくにイデオロギー的な価値観や世界観が国境を越えモバイルなものとなることで揺らいでいく事態を指している。アパデュライによれば、これら五つの次元は、それぞれが独立した動きを見せ乖離的でありながら、重層的に結びついていくのだとされる。

ヨーロッパ諸国における近年の動向などは、このことを端的に表しているのではないか［遠藤 2016］。ヨーロッパ諸国の中には、ドイツ、オランダ、フランス、イタリア、デンマーク、ノルウェーをはじめとしてシェンゲン協定に加盟している国々がある。シェンゲン協定とは、ヨーロッパ圏内の人やモノの移動を自由化することを目的とした協定である。この協定があるおかげで、加盟国間では人びとの移動がパスポートチェックなく容易となり、観光も気軽に楽しめるようになっている。ドイツや北欧でも、イタリアやフランスといったヨーロッパ圏の国々から、多くのツーリストがやってきて休日を楽しむ光景がよく見られる。またモノや資本の移動も容易となっているため、貿易も活発に行われている。

だが「エスノスケープ」「テクノスケープ」「ファイナンスケープ」「メディアスケープ」「イデオスケープ」は、つねにポジティヴな形で現れるわけではない。そのことについては、二〇一五年以降に多くの難民がヨーロッパ諸国に押し寄せた「欧州難民危機」を思い浮かべてみてもよいだろう［墓田 2016］。シリア、イラクをはじめとする中東諸国、リビア、スーダン、ソマリアをはじめとするアフリカ諸国、アフガニスタン、パキスタンなどをはじめとする南アジア諸国、コソボ、アルバニアをはじめとするバルカン半島西部の国々で起きた内戦、戦争、宗派対立、テロ、紛争のために、一二〇万人を超える人びとが難民となった。その際、彼らはほかならぬシェンゲン協定を利用しつつ、ヨーロッパ圏内を移動したのである。

このような事態を前にして、人の移動を規制・排除するべきだとするイデオロギー（考え方）が、国を越えてネガティブな形で現れるようになっている。二〇一六年の国民投票の結果を受けてEU（欧州連合）からの離脱（イギリス離脱：Brexit）を通告するに至ったイギリスをはじめ、さまざまな国々では、このように主張する人びとが増えている［伊藤 2016，村上 2016］。反グローバリズム的なイデオロギーが、アイロニカルなことに、グローバルな形態で流通するようになっているのである。その一方で、反グローバリズム的なイデオロギーに対して異を唱える人びとも数多く存在している。

このように人、モノ、資本、情報、観念、技術等はヨーロッパ圏域を縦横に駆け巡り移動しながら相互に重層的に絡み合い、ときに乖離的に反発し、ときに相互に結びつきながら、複雑な形で既存の現実をつねに揺るがせ変化させ、〈新たな現実〉を絶えず生成させ続けているのである。

図　ベルリン・ブランデンブルク門を訪問するヨーロッパ諸国のツーリストたち

3　人文・社会科学の「移動論的転回（mobility turn）」へ

現代が「モビリティーズの時代」となるとともに、人文・社会科学も現在、新たな形に転回＝展開していく必要に迫られている［遠藤 2017］。

もちろん、これまでも人文・社会科学は社会のあり方の変容に応える形で、いくつかの転回を経ながら、自らのレゾンデートルを問い続け刷新を遂げてきた。「言語論的転回（linguistic turn）」と言われるものも、その一つである。「言語論的転回」においては、一九六〇年代ごろより情報・記号・イメージを中心に社会が再編され始めたことを背景としつつ、私たちの社会的現実が、さまざまな言説を通じて構築されているものだと考える。言語は、ただ単に社会的現実を映し出す「透明な鏡」なのではなく、社会的現実を構築するものであるという。

この考え方は、社会的制度や文化は決して無根拠に前提とされるものではなく、つねに言語や記号による言説と密接に結びついて形成されていることを明確にするものである。文化を記号論的に考察する視点もその一つだ。記号論は、スイスの言語学者であるF・ソシュールによって提唱されたものだが、たとえばR・バルトは記号論を用いてポピュラーカルチャーを読み解きながら、そのコンテンツに内在するイデオロギー性をえぐり出して見せる。

その後、一九八〇年代から二〇〇〇年代にかけて、「文化論的転回（cultural turn）」が、情報・記号・イメージの裏で存在する社会的コンフリクトがさまざまな形で噴出してきたことを背景に、人文・社会科学の分野で議論されるようになる。これは、構造主義、ポスト構造主義の影響を受けたカルチュラル・スタディーズを軸に展開されてきたものである。

「文化論的転回」においても、私たちの社会的現実がさまざまな言説を通じて構築されており、記号的に構成され解釈されるものだとみなされる。ただし、「文化論的転回」では、こうした記号性の裏でさまざまな不平等、差別、排除が存在していることが強調される。この点が「言語論的転回」との大きな違いであろう。「言語論的転回」では、社会的現実に内在するイデオロギー性を言語、記号、イメージとの関連で明らかにしていくことに力点が置かれるが、「文化論的転回」においては、社会的現実に内在する記号的なイデオロギー性を指摘することを超えて、多様な社会的ポジションが政治的に折衝＝交渉し合い構築する「表象の戦場」をとらえていくことに力点が置かれる。

だが現在、これら「言語論的転回」や「文化論的転回」の議論を進めて、人文・社会科学はさらに新たな転回＝展開が求められていると言えよう。今や「言語論的転回」がとらえようとしてきた記号のイデオロギー的性質も、「文化論的転回」がとらえようとしてきた記号のイデオロギー性が成立しうる社会的交渉のあり方も、人、モノ、資本、情報、観念、技術等の移動と無関係ではなくなっており、その中においてこそ、これらが実現されるようになっている。こうした点を強調しながら社会を考察する視点を、エリオットとアーリは、「モビリティーズ・パラダイム」と呼んでいる。彼らが整理する「モビリティーズ・パラダイム」のポイントは、以下のようなものだ（Elliott & Urry〔2010=2016: 20-29〕、あるいはUrry〔2007=2015: 74-86〕を参照）。

①社会関係は、ある一定の場所に固定されて形成されるのではない。それは、「モビリティーズ」の中で絶えず形成されていく。

②こうした「モビリティーズ」は、(a)主として仕事や楽しみのための身体性をともなう。それは飛行機や自動車といった輸送手段の発達等を通して、時間を短縮しながら遠くへ移動できる「時間＝空間の再編」から形成される。(b)人の移動と同時に、土産物をはじめとしたモノの移動がある。(c)観光情報誌やテレビ等といった多様なメディアを用いて、想像的なイメージをつくり出す。(d)インターネット等を用いたバーチャ

ルな旅行の場合、地理的・社会的な距離を超える。(e)電話、ファックス、携帯電話等は、コミュニケーションのための移動を実現する。

③身体性をともなう移動は、ジェンダーやエスニシティ等の社会的な問題を内包しており、現代の国家主権や統治のあり方について再考をうながすことになる。

④移動には人ばかりではなく、絶えずモノがついてまわる。そのため人だけではなく、モノに関する考察も重要となる。社会関係を、モノや自然から切り離して考察することはできない。それゆえ、人とモノの関係性を意味する「アフォーダンス」を問う必要性が生じる。

⑤社会が多様で意味深くなればなるほど、人、モノ、情報、知を循環させる「モビリティーズ」が重要なものとして現れてくる。同時に、そうした「モビリティーズ」を実現させているのは、道路、駅、空港、港といった移動しない（動かない）プラットフォームである。

以上のような「移動論的転回（mobility turn）」と呼ぶべきものが、いま人文・社会科学において必要とされ、それに向けた議論が、欧州、環太平洋圏などで国境を越え、まさにグローバルに進められつつある。(2)

4 ツーリズム・モビリティーズ研究の意義

このことからアーリは、「社会的なもの（the social）」の在処がこれまでの（移動しないことを基本とする）「社会」から、「モビリティーズ」へ変化しつつあると主張し、「the social as mobility」という概念を提唱する。彼は次のように言う。

二〇世紀におけるほとんどの社会学が職業、収入、教育、社会移動の研究に基礎づけられてきた。これらの業績は、社会を統一されたものであるとみなし、階級、ジェンダー、エスニシティに結びつけつつ、地域や都市や場所の地理学的相互作用を考えてこなかった。今や社会の領域の内部で、なおかつその領域を越えていくような、人びとのフローが生じている。……人びとだけではない。多くの「モノ」「イメージ」「情報」「消費物」もまたモバイルなものになっているのである。

[Urry 2000: 186]

こうしたアーリの主張については、もちろん、より丁寧な検討を加えていく必要がある。たとえばアーリのように「社会」と「モビリティーズ」を対比的にとらえることが適切なのかについては、よく考えていくべきだろう。かつて近代の成立とともに、社会学は「社会的なもの（the social）」の位相を把握しようと「社会の発見」に至った。その中で「社会学」は、ディシプリンとして制度化されていく［佐藤 2011］。この「社会」が内包するもの、すなわち「社会のコノテーション」が今や「モビリティーズ」を含み込んで、新しいダイナミックな胎動を見せ始めているのだとすれば、「社会」と「モビリティーズ」を対比的にとらえるのではなく、密接に絡み合う関係性の中でとらえていくべきである。

以上のことも含め、アーリの批判的検討を今後さらに精緻に行っていく必要があると思われるのだが、あえてアーリのひそみに倣うとするならば、現在「社会的なもの（the social）」は、「モビリティーズ」の中でも、とくに「観光」においてこそ明白に現れるようになっていると考えられないだろうか。現代世界のモビリティーズは、今や観光や旅を抜きに考えることができなくなっていると思われるのだ。

国土交通省が編集する『平成28年版　観光白書』によると、世界各国が受け入れた外国人旅行者の総数は、一九九五年（平成七）の五億三〇〇〇万人から、二〇一二年（平成二四）には一〇億三五〇〇万人とはじめて一〇億人を突破し、二〇一五年（平成二七）には一一億八〇〇〇万人となっている。日本人の海外旅行者数に限ってみても、二〇一〇年（平成二二）で一六六四万人、二〇一一年で（平成二三）一六九九万人、二〇一二年（平成二四）で一八四九万人、二〇一三年（平成二五）で一七四七万人、二〇一四年（平成二六）で一六九〇万人、二〇一五年（平成二七）には一六二一万人と、毎年一五〇〇万人程度の日本人が海外に渡航している［国土交通省観光庁 2016］。米国やヨーロッパ諸国をはじめ世界各国で発生するテロ事件、SARS（重症急性呼吸器症候群）など感染症の発生、東日本大震災などの災害、リーマンショックなどの経済状況といったさまざまな出来事に影響され旅行者数が減少する場合もあるが、それでもなお世界各地で数億人の人びとが外国へ旅行していることには変わりない。「モビリティーズ」の側面において言えば、J・ボロックが「余暇移民（レジャー・マイグレーション：leisure migration）」と名づけたツーリストの存在を大量に生み出し続けているのである［Böröcz 1996］。「モビリティーズ」を考察するうえで、観光は不可欠なのである。これについて、M・シェラーとJ・アーリは「ツーリズム・モビリティーズ」という概念を提示している。彼らは次のように言う。

我々が「ツーリズム・モビリティ」について言及するのは、明白なこと（観光がモビリティの一形態であること）を単に述べるためだけではない。そうではなく、さまざまなモビリティが観光を形づくり、観光がパフォームされる場所を形成し、観光地をつくったり破壊したりするといったことに焦点を当てるためなのである。人やモノ、飛行機やスーツケース、植物や動物、イメージやブランド、データシステムやサテライト、これらの移動のすべてが観光という行為へと結びつく。

［Sheller & Urry 2004: 1］

観光は、人の移動ばかりではなく、土産物やスーツケースをはじめとするモノの移動も含んでいる。また、人びとは観光情報誌やウェブ、スマートフォン等といったメディアを用いて、情報やデータを検索し、観光地に関する多くのイメージをもって観光へ出かける。それゆえ、情報、データ、イメージの移動も生じている。さらに観光地においてさまざまなモノや事柄を見聞きしたり経験したりすることによって、記憶を形成し、思い出へと変えていく（記憶、あるいは思い出の移動）。他に観光は、旅行代理店、航空産業等の交通業者、ホテル等の宿泊業者をはじめとする諸産業と結びついて成立しているがゆえに、当然のことながらカネの移動をともなう。このように考えるならば、観光はモビリティーズを創出し、社会のあり方や文化のあり方を深部から大きく揺るがせる社会現象となっているのである［Hannam & Knox 2010］。「ツーリズム・モビリティーズ」とは、そのことを明示化する概念である。

社会がモバイルな様相を呈するようになるにつれて、人文・社会科学がこれまで対象としてきたもの――リアリティ、アイデンティティ、文化、地域社会、都市、国家、メディア、宗教的聖性、ジェンダー、労働、環境など――は大きく変容しつつある。観光はモバイルな現代社会の特徴（figures）が先鋭的に現れる場（topos）であるがゆえに、ツーリズム・モビリティーズ研究は既存の人文・社会科学の議論を刷新する可能性を秘めている。観光というモビリティーズにおいて明瞭に現れる社会の揺らぎをとらえていくこと、これがツーリズム・モビリティーズ研究の意義だと言えよう。

5　ツーリズム・モビリティーズ研究における近年の論点

では、以上のようなツーリズム・モビリティーズに関する研究を進めていくにあたって、近年、どのような論点が注目されるようになっているのだろうか。

(1) パフォーマティヴィティ（パフォーマンス性）

これについてはまず、「パフォーマティヴィティ」を挙げられるだろう［Edensor 2000, Coleman & Crang 2002］。

ツーリズム・モビリティーズ研究におけるこの論点においては、日常世界がパフォーマンスによるプロセスから形成されることを主張する社会学者E・ゴフマンの議論が積極的に言及される。

もちろん観光社会学の領域において、ゴフマンの議論に関する言及はかなり早い時期から見られる。事実、一九七六年に初版が出された『ザ・ツーリスト』において、D・マキァーネルがゴフマンの「表局域（表舞台：front region）」「裏局域（舞台裏：back region）」という用語を借りて「観光の真正性」を論じている［MacCannell 1999=2014: 110-131］。

彼によれば、ツーリストたちはつくり上げられ飾り立てられた観光空間を望んではおらず、観光地で暮らす人びとの本物の暮らし、本来の何も手が加えられていない真正な文化を経験したいという、真正なものに対する願望に駆り立てられているのだが、ツーリストが目にするのは彼らが訪問してもいいように演出的なパフォーマンスがほどこされた表舞台であるとされる。

だがマキァーネルの考察は、観光の真正性をめぐる特定の論点にとどまっており、観光がパフォーマンスを媒介として日常世界と密接につながっていることを明示化するには至っていない。近年のツーリズム・モビリティーズ研究がパフォーマティヴィティを論点とするのは、観光がパフォーマンスを媒介として日常世界と密接につながっていることを明示化するためであり、そこでは日常性と非日常性の境界を問い直そうとする試みが模索されているのだ。

また、こうした論点は、ツーリズム・モビリティーズがはらむ「身体性」を強調するうえでも非常に重要である。たとえばアーリはこれまでも社会学の立場からツーリズム・モビリティーズ研究を推進してきた研究者であるが、一九九〇年に出版された『観光のまなざし』においては、M・フーコーの「まなざし」概念を応用しつつツーリストの視線（まなざし）が社会的に形成されることを述べるにとどまっていた。だが、ツーリズム・モビリティーズがさらに大きな広がりと深さをもって社会に大きな影響を与えるようになった二〇年後の二〇一一年には、アーリはJ・ラースンと共著の形で『観光のまなざし』を全面的に改訂し、*The Tourist Gaze 3.0* を出版する。そこでは、パフォーマンスに注目する視点を積極的に取り入れツーリストの身体性を強調するようになっている。本書においてアーリとラースンは、「観光はただ『見ること』にとどまらず、そこにいたり、何かをしたり、触ったり、見たりすることにもとづいた新たなメタファーを必要とするようになっている」と述べている［Urry & Larsen 2011=2014: 190］。それゆえ、飛行機、自動車、自転車といった移動手段と身体性のかかわりも議論されることになる［Featherstone, Thrift & Urry, 2005=2010, Larsen, 2017=2017］。

移動するツーリストたち、観光産業で働く従業員たち、ツーリストを迎え入れる地域住民をはじめとする人びとの身体的パフォーマンスが日常世界と結びつき成立することではじめて、観光は成立する。さらに「ある場所が観光地である」という意味もまた、彼らの身体的パフォーマンスによって支えられているのである。こうして立ち上がってくるツーリズム・モビリティーズにかかわる諸現象が、リアリティ、アイデンティティ、文化、地域社会、都市、国家、メディア、宗教的聖性、ジェンダー、労働、環境のあり方に変容をもたらすようになっているのだ。近年のツーリズム・モビリティーズ研究は、こうした点を浮き彫りにしようとする。

図　ビートルズの真似をして横断歩道を渡ろうとするツーリストたち

このことは、たとえばイギリスのロンドンにあるアビー・ロードという通りを考えてみてもよくわかるだろう。ここには、ロックバンド・ビートルズのアルバム『アビー・ロード』のジャケット写真が撮影された場所がある。このアルバム・ジャケットではビートルズのメンバーがアビー・ロードの横断歩道を渡る風景が写されているのだが、アビー・ロードには多くのツーリストたちがビートルズの真似をして横断

図　キングス・クロス駅の9と4分の3プラットフォームでポーズをとるツーリストたち

歩道を渡ろうと訪れるようになっている。ツーリストたちが世界各地から移動し、ここを訪れているが、横断歩道を渡り、ビートルズを真似たポーズをとり、それをスナップ写真におさめるという彼らのパフォーマンスがアビー・ロードという場所の意味を変化させ、地域社会のあり方に影響を及ぼすようになり、この場所を観光地へと変えてしまっているのだ。そうして、また新たなツーリストを招き入れるようになっているのである。

同様の事例は、ロンドンのキングス・クロス駅でも見て取れる。ここは、映画『ハリー・ポッター』シリーズで主人公ハリー・ポッターがホグワーツ魔法魔術学校に向かう列車に乗車する駅として用いられた場所である。映画の中でハリー・ポッターは、実在しないプラットフォームである9と4分の3プラットフォームから列車に乗るのだが、『ハリー・ポッター』ファンのツーリストたちがこの駅を見ようと世界中から訪れるようになった。そこで、この駅には実在しないはずの9と4分の3プラットフォームが実際につくられ、隣に『ハリー・ポッター』グッズを売るショップが建てられるに至ったのである。今この場所へ行くと、多くのツーリストたちがショップのスタッフから『ハリー・ポッター』ゆかりのマフラーを巻いてもらい、ショップのスタッフと一緒にポーズを決め写真を撮っている。このパフォーマンスがまさに、キングス・クロス駅を観光地へと変えてしまっており、実在する場所の意味を変化させているのだ。

(2) マテリアリティ（物質性）

また「マテリアリティ」に関する論点も近年、注目されている。これは人とモノの関係性を問い直す論点である。これまで私たちは、人とモノを二項対立的に分けて考えてきたが、現在こうした思考様式を再考しようとする動向が顕著となっている。アクター・ネットワーク理論も、そうした思考様式を揺るがそうとする試みである。アクター・ネットワーク理論を牽引するB・ラトゥールによれば、これまではモノ（あるいは自然）は、人（あるいは社会）から切り離され、モノは人が働きかける単なる対象＝客体とされてきた（ラトゥールはこれを「純化」と呼ぶ）。しかし実は、その背後で、人（社会）とモノ（自然）は深く絡まり合いながら、相互に、「主体」として、すなわち「行為者（エージェント）」としてネットワークで結びつけられてきたのだと言う（ラトゥールはこれを「翻訳」と呼ぶ）[Latour 1987=1999]。

これについては、ラトゥール自身が挙げている逸話がわかりやすいだろう。それは次のようなものである。ホテルのルームキーを持ち帰ってしまう顧客が後を絶たないことに業を煮やしたホテルの支配人がいた。鍵を渡すときに「フロントに返却してください」と、口頭で注意したり、そのことを書いた札を付けたりしたものの、うまくいかない。そこで支配人は、キーチェーンを付けることにした。キーチェーンを付けてポケットに入れていると、顧客はポケットが気になってしまい、フロントに戻すようになったという逸話である。ここで見て取れることは、ルームキーを返すという行為を引き起こしたのは、顧客たち自身ではなく、キーチェーンというモノなのだ[Latour 1993]。この場合、モノは単なる客体なのではなく、人と結びついて、人の行動を変化させるエージェント（行為者）なのである。

このことは観光において先鋭的な形で現れる。観光では人ばかりではなく、絶えずモノの移動がついてまわっている。そこでは、人の移動を、土産物、スーツケース、スマートフォンなどのメディア機器、自動車や自転車などの移動手段といったモノから切り離して考えることはできない。それゆえツーリズム・モビリティーズ研究にあって、マテリアリティ（物質性）は重要な論点となりつつあるのだ。

この事例として、イギリスの湖水地方を取り上げて考えてみよう。湖水地方はイングランド北西部に広がる風

図　湖水地方の風景

光明媚な地域で世界遺産にも登録され、英国ナショナル・トラストによって保護されてきた場所である。アーリもその著『場所を消費する』において、この地域を取り上げ、以下のように述べる。

> 湖水地方は、まさに自然を具体化しているように見える。つまり、そこは自然のままに存在し、そうあり続けるためにはなんら外からの手助けを必要としない一帯のように思われる。だが、これは誤解である。この地方は、発見されなければならなかったのである。審美的なものとして適切に解釈され、さらに何百万もの訪問客にふさわしく飼い馴らされた風景に転換されなければならなかったのである。
>
> [Urry 1996=2012: 323]

アーリによれば、湖水地方は風光明媚な自然があるから訪問されるべき場所となっているのではなく、ツーリストたち外部からやってくる人びとの「ロマンチックな視線（まなざし）」のもとで解釈されるからこそ、「訪問されるべき場所」となっているのである。その意味で、ツーリストという解釈主体の存在こそが不可欠なのだと彼は言う。

こうしたアーリの議論は非常に重要ではあるものの、湖水地方が「訪問されるべき場所」となるうえで、ツーリストという解釈主体の存在を指摘するだけでは不充分であろう。その際には、この地域におけるモノの存在を無視することはできない。具体的に言えば、それは、ビアトリクス・ポターが湖水地方を舞台に書いた絵本に登場するキャラクターたちを模して博物館で展示されている人形、キャラクターたちをぬいぐるみ等にした土産物の存在である。うさぎのピーターラビットや、カエルのジェレミー・フィッシャー、子猫のトム、これらの人形や土産物といったモノの助けを借りて、私たちはビアトリクス・ポターを、そして湖水地方の美しい風景をイメージすることができるようになり、湖水地方を「ロマンチックな視線（まなざし）」のもとで解釈し「訪れるべき場所」とするようになるのである。

そうであるならば、モノという客体は、ツーリストという解釈主体に対して、それを「客体」として働きかける「行為者（エージェント）」＝「主体」とも言えるのではないか。湖水地方にあっては、ツーリスト、ナショナル・トラスト、この地域に横たわる自然、そして土産物や人形といったモノがつながり合いネットワークを形成し、それらが相互に働きかけ合いながら湖水地方という場所の意味を形成しているのだ。

このようにツーリズム・モビリティーズ研究においてマテリアリティ（物質性）を論点とすることで、現代社会における人とモノの関係性を問い直すことが可能となるのである。

図　博物館「ビアトリクス・ポターの世界」で展示されている人形

(3) リフレクシヴィティ（再帰性）

「リフレクシヴィティ」もまた現代世界を特徴づけるものとして、ツーリズム・モビリティーズ研究における主要な論点となっている。リフレクシヴィティとは、「光が鏡にあたって自分自身に再び帰ってくるように、ある存在・行動・言葉・行為・意識がそれ自身に再び帰ってきて、ときにそれ自体の根拠を揺るがせてしまうこと」を指す概念である。

A・ギデンズやU・ベック、あるいはS・ラッシュやエリ

図　長崎のオランダ坂

図　コペンハーゲンの人魚姫

オットたち、論者によって議論の色彩にさまざまなヴァリエーションがあるが〔中西 2013〕、現代世界を特徴づけるものとしてリフレクシヴィティを指摘する点では共通している。このようなリフレクシヴィティは、観光現象において顕著な形で現れている。

これについては、「がっかり名所」への旅を事例に取り上げたい。「がっかり名所」とは、観光スポットとして有名であるにもかかわらず、実際に行ってみると、期待していたほどではなく「がっかり」してしまうような場所を言う。観光スポットには、こうした「がっかり名所」とされている場所がいくつかある。たとえば「世界三大がっかり名所」であるとされているのは、ブリュッセルの小便小僧、コペンハーゲンの人魚姫、シンガポールのマーライオンである。日本にも「三大がっかり名所」があり、それが札幌の時計台、高知のはりまや橋、長崎のオランダ坂（オランダ坂ではなく、沖縄の守礼門を挙げる人もいる）である。

ある場所が「がっかり名所」であるというラベリングをされることは、通常であれば観光にとってマイナスのことで、地域住民にとっても、観光産業にとってもとても避けたいことであるはずだ。ツーリストもせっかく楽しみにして訪れたのに、「がっかり」するようなことはしたくないだろう。しかしながら近年、ツーリストの中で、こうした「がっかり名所」を好んで旅する人たちが現れ始めている。

彼らはその場所が本当に「がっかり」するようなものであることを自分の

目で確認し、その「がっかりする」ことを楽しむ。彼らにとっては、その観光スポットが「楽しめないもの」すなわち「がっかりするもの」でなくてはならないのである。彼らにとって、自分たちが訪れた観光スポットが「楽しめるもの」であってはならないのだ。「がっかり名所」を好んで見にやってくるツーリストたちは、「楽しめないこと」を楽しんでいるのである。もしも訪れた観光スポットが立派なものでテンションが上がる楽しいものであれば、彼らは「せっかく、がっかり名所に来たのに、がっかりできないなんて、がっかりだ！」と不満を口にするだろう。

このような「がっかり名所」ツアーの事例を見ると、観光するという行為は「楽しむ」ことが基本であるはずだが、その行為自体がリフレクシヴな特徴を帯び、「楽しめない」ことを「楽しむ」ようになっていると言えるだろう。

このように、観光は、さまざまな次元でリフレクシヴィティを深めつつある。だが、観光がリフレクシヴな特徴を帯びつつあるというにとどまらず、それは社会そのものの諸領域にリンクし、影響を与え、シンクロしつつ変化をもたらし、社会総体のリフレクシヴィティを深化させる現象になっている。たとえば観光地はテロの標的になりやすい。観光がテロ行為とのインターフェイスを濃密にもってしまうことで、リフレクシヴィティの帰結としての「リスク社会」化［Beck 1986=1998］を促進させるといった側面も否定できないだろう。

6　おわりに

以上、「ツーリズム・モビリティーズ研究の意義と論点」について考察を加えてきたが、この研究はまだ緒についたばかりである。それゆえ、そこには多くの課題が存在していると言わねばならない。

たとえば、より多様なフィールドのもとで、ツーリズム・モビリティーズの形態、方向性、意味、強度をめぐって、具体的な調査研究をいっそう蓄積していくことが重要であろう。また、そのための理論的枠組みもより洗練させていくことが必要である。(3)

このようにさまざまな課題があるものの、これまでに見てきたように、ツーリズム・モビリティーズ研究は、人文・社会科学の「移動論的転回」をさらに推進していくうえで不可欠なものであることは間違いない。世界各地の研究者たちが相互につながり、連携し合いながら、この研究をまさにモバイルな形でグローバルに展開していくこと――このことが今ますます求められるようになっているのである。

[注]

(1) 人、モノ、資本、情報、観念、技術等が移動する形態、方向性、意味、強度は多様かつ重層的である。第1章でもふれているように、ときに、移動に対する反発や嫌悪感でさえ世界を駆けめぐり移動しながら現れる。そのため本章では、移動の多様性や重層性を表現できるよう基本的に「モビリティーズ」と複数形で表している。

(2) たとえば欧州では、K・ハンナンやM・シェラーなどがエディターとなって *Mobilities* という雑誌が刊行されている(http://www.tandfonline.com/rmob 二〇一七年八月二六日アクセス)。また日本でも、二〇一六年七月に観光学術学会と立命館大学人文科学研究所が共催し、「ツーリズム・モビリティ」というタイトルでシンポジウムを行っている。その際には、アーリと共著で *Tourist Gaze 3.0* を著し、*Mobilities* にも寄稿するラースンを基調講演者にすえており、その成果は学会誌『観光学評論』第五巻第一号に掲載されている(http://jsts.sc/journal/journal-top/vol5-1 二〇一七年八月二七日アクセス)。

(3) 本章においては近年の論点を、「パフォーマティヴィティ」「マテリアリティ」「リフレクシヴィティ」という三つに限っているが、この研究においては、上記以外にも多くの論点が議論されている。これらについても、より丁寧に整理し、議論を展開していくことが必要である。

［参考文献］

Appadurai, A.（1996）*Modernity at Large: Cultural Dimensions of Globalization*, Minnesota: University of Minnesota Press.［門田健一訳（2004）『さまよえる近代――グローバル化の文化研究』平凡社］.

Beck, U.（1986）*Risikogesellschaft: Auf dem Weg in eine andere Moderne*, Berlin: Suhrkamp Verlag.［東廉・伊藤美登里訳（1998）『危険社会――新しい近代への道』法政大学出版局］.

Böröcz, J.（1996）*Leisure Migration: A Sociological Study on Tourism*, Oxford: Pergamon Press.

Cohen, E., and S.A. Cohen（2012）"Current Sociological Theories and Issues in Tourism," *Annals of Tourism Research*. 39(4): 2177-2202.

Coleman, S. and M. Crang eds.（2002）*Tourism: Between Place and Performance*. Oxford: Berghahn.

Edensor, T.（2000）"Staging Tourism: Tourists as Performers," *Annals of Tourism Research*. 27(2): 322-344.

Elliott, A., and J. Urry（2010）*Mobile Lives*, Oxford: Routledge.［遠藤英樹監訳（2016）『モバイル・ライブズ――「移動」が社会を変える』ミネルヴァ書房］.

遠藤乾（2016）『欧州複合危機――苦悶するＥＵ、揺れる世界』中央公論新社.

遠藤英樹（2011）『現代文化論――社会理論で読み解くポップカルチャー』ミネルヴァ書房.

――――（2017）『ツーリズム・モビリティーズ――観光と移動の社会理論』ミネルヴァ書房.

遠藤英樹・寺岡伸悟・堀野正人編著（2014）『観光メディア論』ナカニシヤ出版.

遠藤英樹・松本健太郎・江藤茂博編著（2017）『メディア文化論［第２版］――想像力の現在』ナカニシヤ出版.

Featherstone, M., N. Thrift, and J. Urry eds.（2005）*Automobilities*, London: SAGE Publications.［近森高明訳（2010）『自動車と移動の社会学』法政大学出版局］.

墓田桂（2016）『難民問題――イスラム圏の動揺、ＥＵの苦悩、日本の課題』中央公論新社.

Hannam, K., G. Butler, and C.M. Paris（2014）"Developments and Key Issues in Tourism Mobilities," *Annals of Tourism Research*,

44(1): 171-185.
Hannam, K., and D. Knox（2010）*Understanding Tourism: A Critical Introduction*, London: SAGE Publications.
伊藤さゆり（2016）『EU分裂と世界経済危機——イギリス離脱は何をもたらすか』NHK出版.
国土交通省観光庁（2016）『平成28年版　観光白書』昭和情報プロセス.
Larsen, J.（2017）“Leisure, Bicycle Mobilities and Cities,” in J. Rickly, K. Hannam, and M. Mostafanezhad eds., *Tourism and Leisure Mobilities: Politics, Work and Play*, London: Routledge, pp.39-54.［遠藤英樹訳（2017）「レジャー、自転車のモビリティーズ、都市」『観光学評論』5(1): 49-61］.
Latour, B.（1987）*Science in Action: How to Follow Scientists and Engineers Through Society,* Cambridge, MA: Harvard University Press.［川崎勝・高田紀代志訳（1999）『科学が作られているとき——人類学的考察』産業図書］.
———（1991）*Nous n'avons jamais été modernes: Essai d'anthropologie symétrique*, Paris: La Découverte.［川村久美子訳（2008）『虚構の「近代」——科学人類学は警告する』新評論］.
———（1993）*La Clef de Berlin et Autres Leçons d'un Amateur de Sciences*. Paris: La Découverte.
MacCannell, D.（1999）*The tourist: A New Theory of the Leisure Class*, Berkeley and Los Angeles: University of California Press.［安村克己・須藤廣・高橋雄一郎・堀野正人・遠藤英樹・寺岡伸悟訳（2012）『ザ・ツーリスト——高度近代社会の構造分析』学文社］.
村上直久（2016）『EUはどうなるのか——Brexitの衝撃』平凡社.
中西眞知子（2013）「再帰性の変化と新たな展開——ラッシュの再帰性論を基軸に」『社会学評論』64(2): 224-239.
佐藤俊樹（2011）『社会学の方法——その歴史と構造』ミネルヴァ書房.
Sheller, M., and J. Urry（2004）*Tourism Mobilities: Places to Play, Places in Play*, London: Routledge.
Urry, J.（1990）*The Tourist Gaze: Leisure and Travel in Contemporary Societies*, London: SAGE Publications.［加太宏邦訳（1995）『観光のまなざし——現代社会におけるレジャーと旅行』法政大学出版局］.
———（1995）*Consuming Places*, London: Routledge.［吉原直樹・大澤善信監訳（2012）『場所を消費する』法政大学出版

局〕.

——（2000）"Mobile Sociology", *British Journal of Sociology*. 51(1): 185-203.

——（2007）*Mobilities*, Cambridge: Polity Press.〔吉原直樹・伊藤嘉高訳（2015）『モビリティーズ——移動の社会学』作品社〕.

Urry, J., and J. Larsen（2011）*The Tourist Gaze 3.0*, London: SAGE Publications.〔加太宏邦訳（2014）『観光のまなざし〔増補改訂版〕』法政大学出版局〕.

［付記］

本章は、『関西学院大学社会学部紀要』第一二八号に掲載された論文を加筆修正したものである。

（遠藤英樹）

おわりに——境界（ボーダー）をめぐる「両義性の社会学」へ

両義性の場所

社会学者でもあり哲学者でもあったゲオルグ・ジンメルに、「橋と扉」というエッセイがある。そのエッセイの中でジンメルは「扉」の両義性について論じている。「扉」は外界と室内の境界をつくり、室内を閉ざすものである。と同時に、それは外界と室内をつなぐものである。私たちは「扉」を通じて境界を越えて、室内から外界へと出ていく。まさに扉は、「閉ざすもの」であると同時に「開くもの」、「分離するもの」であると同時に「結合するもの」、「境界をつくるもの」であると同時に「境界を越えるもの」なのだとジンメルは言う。

空港で出国審査したあとに歩いているとき、私（遠藤）は、よくこのエッセイのことを思い出す。出国審査後の空港の中も、「自分のいる国の社会」でもなく「これから行く国の社会」でもない場所、「自分のいる国の社会」でもあり「これから行く国の社会」でもある場所として、両義性に彩られた場所ではないか。それは境界（ボーダー）が意識される場所でもあり、越境（ボーダー）を越えていくことが意識される場所なのだ。私は、こうした両義的な場所が好きだ。

両義性に引き裂かれること＝相対主義の徹底

こうした両義性こそが、グローバルな現代社会において大切になっているのではないか。現代社会がグローバルでモバイルなものになるとともに、逆説的なことにこれまで以上に、「自国が最もすぐれている」「自分が信仰する宗教以外は異教である」「移民をシャットアウトせよ」といった「閉じてゆく思考」が目立ち始めている。移動の機会が増えれば、境界（ボーダー）を意識することも多くなり、境界（ボーダー）を越えていくことに対してさまざまな怖れも生じやすくなる。そのために、「差異性」や「新奇性」に対する拒否感をともなった「閉じてゆく思考」が現れるようになる。

だが、こうした「閉じてゆく思考」によっては、グローバルな現代を多様な他者とともに生きることは叶わない。そのためには「閉じてゆく思考」ではなく、「開かれた思考」こそが必要になるのである。「開かれた思考」とは、境界（ボーダー）を越えていく経験をする中で、これまで培ってきた自らの文化・価値観・信仰等のすべてが相対的なものにすぎないと認め、「差異性」や「新奇性」を積極的に受け容れていこうとする思考である。

もちろん「すべてが相対的である」ということは、言うまでもなく、その主張それ自体もまた相対的であるということである。だが「すべてが相対的である」という主張が相対的であるということは、「絶対的なもの（閉ざされたもの）への回帰」を意味するわけではない。では、それはどういうことを意味するのか。

それは、安易に一つの立場に自分を固定しないこと、「相対的である」というポジションそれ自体もつねに再帰的にとらえ返していくこと、場合によってはそのポジション自体を他者との出会いの中で揺るがせ、新たなものへと生まれ変わらせていくことを意味する。「つねに両義性に引き裂かれた状態に身をおくこと」、これが「すべてが相対的である」の意味なのである。「境界は……境界を越えて、いつでも好きなときに自由な世界へとはばたいていけるという可能性によってはじめて、その意味と尊厳を得るのだ」という、ジンメルのエッセイ「橋と扉」にある結びの言葉のように（『ジンメル・コレクション』ちくま学芸文庫、p.100)。

相対主義を越えていくのは、相対主義への否定ではなく、相対主義の徹底である。この意味で、「差異性」や「新奇性」に背を向けることなく、積極的にそれらを楽しみ、自らの思考をつねに旅させていくような、ドゥルーズ＝ガタリが主張する「ノマド」を実践することが重要となるだろう。観光は、そこに大きな力をもつと言える。なぜか。それは、観光もつねに両義性に晒されている現象だからである。

観光の両義性

観光は、地域の文化、自然、暮らしを変え、ときに衰退させてしまう「負の力」をもつ。観光研究においても、観光が地域の文化を、観光客が楽しむことのできるスペクタクルに変えて提供するという、「観光における文化の商品化」の事例などが数多く報告されている。マサイ観光の事例でも、狩猟文化を有しているることが過度に強調され、「マサイの戦士」となって観光客を楽しませることが行われ、観光客はそれこそマサイ文化だと満足するといったことが見て取れる。観光客が地域の文化、自然、暮らしなどを受動的に消費し、それ以上の関心を向けないようになる。観光にはそうした作用がある。フランスの哲学者であるベルナール・スティグレールが用いる「象徴的貧困（misère symbolique=symbolic misery）」という用語に倣って、観光におけるこの「負の力」を「観光的貧困（touristic misery）」と呼ぼう。

しかしながら同時に、観光は、これまで知らなかった驚くような文化や暮らし、新しい出会い、想像を絶するような雄大な自然などをもたらしてくれることもある。観光は、その場所に暮らす人びと、異文化、雄大な自然等に観光客が接することで、自らの価値観や文化を揺るがせ、思いもかけず豊穣かつ刺激的な経験を得させてくれる力を有するのである。私はそれを、「観光的想像力（touristic imagination）」と呼んでいる。

「観光的貧困」と「観光的想像力」、この両者は別々のものではなく、両義性のもとにある。観光は、地域の文化、自然、暮らしなどを受動的に消費させるよう観光客を導きつつも、まさにそのことによってそれまで知らなかった文化、暮らし、新しい出会いなどを観光客にもたらすのである。

「多数」で書かれた本として

それゆえ、こうした観光を考察しようとする私たち自身も、つねに両義性に身をゆだねたいと考えてきた。そのため当初ドゥルーズ＝ガタリに倣い、本書の章すべてについて、どちらが書いたかわからないような形で二人共同で書こうと語り合っていた。しかしながら結局、そのことはさまざまな事情で実現できなかった。

だが今回、出来上がってきたものを見て、私たちは非常に驚いている。各章は、須藤と遠藤のどちらが書いているか明白で、章末尾には執筆者の署名もされているのだが、すべての章は、相互の存在がなければ書くことができなかったことに気づいたのだ。須藤が執筆した章には遠藤の影が、遠藤が執筆した章には須藤の影が濃厚に漂い彷徨《さまよ》っている。私たちは「須藤と遠藤」であったはずなのだが、無意識の部分で「須藤＝遠藤」（須藤でもあり遠藤でもある）という両義性を実践していたのである。その意味で、私たちは本書『観光社会学2.0』をつねに二人で書いたのだと言える。

いや「二人」というよりも、「多数」で書いたと言う方が正確かもしれない。須藤も遠藤も安易に一つの立場に自分を固定することを好まず、「相対的である」というポジションそれ自体をつねに再帰的にとらえ返していこうとしており、つねに他の誰かへと生成しつつある者であろうとしてきた。本書は「両義性に引き裂かれること」＝「相対主義の徹底」を目指し、私たちが影響を受けた人びと、私たちとともに研究をしてきた人びと、さらに読者の方々等とともに、まさに「多数」で書かれた書物なのである。したがって読者の方々が、まさに私たち執筆者の一人として、さまざまな批評・意見をお寄せいただき、本書を新たな形へと絶えず生成させていってもらえるならば、これほどうれしいことはない。

（遠藤英樹＝須藤　廣）

［著者紹介］

須藤　廣（すどう・ひろし）

1953年栃木県足利市生まれ。東京外国語大学英米語学科卒業。高校教員を経て、日本大学大学院人文科学研究科博士後期課程社会学専攻単位取得退学。北九州市立大学文学部、跡見学園女子大学教授を経て、現在法政大学大学院社会学研究科教授。
領域：観光社会学、文化社会学
主な著書：『観光化する社会――観光社会学の理論と応用』（ナカニシヤ出版、2008年）、『ツーリズムとポストモダン社会――後期近代における観光の両義性』（明石書店、2012年）。
主な訳書：スコット・ラッシュ著『ポスト・モダニティの社会学』（法政大学出版局、1997年、共訳）、ディーン・マキァーネル著『ザ・ツーリスト――高度近代社会の構造分析』（学文社、2012年、共訳）、ジョン・アーリ著『オフショアリング』（明石書店、2018年、監訳）。

遠藤英樹（えんどう・ひでき）

1963年生まれ。関西学院大学大学院社会学研究科後期博士課程社会学専攻単位取得退学。現在、立命館大学文学部教授。
領域：観光社会学、現代文化論、社会学理論、社会調査法
主な著書（単著）：『ツーリズム・モビリティーズ――観光と移動の社会理論』（ミネルヴァ書房、2017年）、『現代文化論――社会理論で読み解くポップカルチャー』（ミネルヴァ書房、2011年）など。
主な著書（編著）：『ポケモンGOからの問い――拡張される世界のリアリティ』（新曜社、2018年）、『メディア文化論［第2版］――想像力の現在』（ナカニシヤ出版、2017年）、『観光学ガイドブック――新しい知的領野への旅立ち』（ナカニシヤ出版、2014年）、『よくわかる　観光社会学』（ミネルヴァ書房、2011年）など。
主な論文：「"Transference of Traditions" in Tourism: Local Identities as Images Reflected in Infinity Mirrors」（『Asian Journal of Tourism Research』Vol.2 No.1、2017年）、「The Interconnection between Popular Culture and Tourism」（『Asian Journal of Tourism Research』Vol.1 Special Issue、2016年）など。
主な訳書：アンソニー・エリオット&ジョン・アーリ著『モバイル・ライブズ――「移動」が社会を変える』（ミネルヴァ書房、2016年、監訳）、ディーン・マキァーネル著『ザ・ツーリスト――高度近代社会の構造分析』（学文社、2012年、共訳）、エドワード・ブルーナー著『観光と文化――旅の民族誌』（学文社、2007年、共訳）など。

観光社会学《かんこうしゃかいがく》 2.0
——拡《ひろ》がりゆくツーリズム研究《けんきゅう》

2018 年 6 月 10 日　初版第 1 刷発行
2022 年 2 月 20 日　　　第 2 刷発行

著　者　須藤　廣
　　　　遠藤英樹
発行者　宮下基幸
発行所　福村出版株式会社
〒113-0034　東京都文京区湯島 2-14-11
電　話　03(5812)9702
FAX　03(5812)9705
https://www.fukumura.co.jp

印　刷　株式会社文化カラー印刷
製　本　協栄製本株式会社

Printed in Japan
ISBN978-4-571-41061-1 C3036